국어 로마자표기의 오늘과 내일

국어 로마자표기의 오늘과 내일

저자┃정경일

고려대학교 국어국문학과 졸업. 문학박사
Cleveland State University 교환교수
現 건양대학교 디지털콘텐츠학과 교수
現 우리어문학회 회장

국어 로마자표기의 오늘과 내일

인 쇄 2012년 5월 02일
발 행 2012년 5월 10일
지은이 정경일
펴낸이 이대현
편 집 박선주
디자인 이홍주
펴낸곳 도서출판 역락
　　　　서울 서초구 반포4동 577-25 문창빌딩 2층
　　　　전화 02-3409-2058(영업부), 3409-2060(편집부)
　　　　팩시밀리 02-3409-2059
　　　　이메일 youkrack@hanmail.net
　　　　등록 1999년 4월 19일 제303-2002-000014호
ISBN 978-89-5556-988-9 93710

정 가 23,000원

• 잘못된 책은 구입처에서 바꾸어 드립니다.

국어 로마자표기의 오늘과 내일

정 경 일

역락

머리말

　21세기 우리들의 삶은 더 이상 개별 국가나 민족 단위의 삶을 영위하기가 어렵게 되어 있다. 소위 세계화나 글로벌이라는 단어가 함축하는 전지구적인 삶의 방식을 바르게 이해하고, 이러한 경향 속에서 나름대로 우리 고유의 가치와 문화를 올곧게 지켜나가기 위해서는 우리가 가지고 있고 추구해 나가는 것을 우리와 접촉하게 되는 외국인들에게 바르게 알리고 전하는 일이 매우 중요한 과제로 대두된다.

　우리말을 로마자로 표기하는 것은 이러한 과제를 충실히 수행해 나가기 위한 일차적인 관문이다. 우리말 로마자표기의 주 대상은 인명이나 지명, 단체명, 문화재명 등 고유명사이다. 이들의 표기는 한 가지 방식에 의하여 통일될 필요가 있다. 만일 이들의 로마자표기가 표기자마다 또는 표기기관마다 달라질 경우 외국사회에 우리 문화의 정체성을 정확히 알리는데 상당한 장애가 될 수 있다. 이런 이유로 우리나라는 국가가 로마자표기법을 제정, 고시하여 사용해 오고 있다.

　필자가 우리말의 로마자표기에 대해 관심을 가지게 된 것은 실로 우연한 기회에서 비롯되었다. 1997년 초 필자는 국회사무처에서 발간된 국회수첩을 입수하게 되었는데 이때 이 수첩에 수록된 국회의원들의 로마자 이름 표기가 제각각인 것을 발견하게 되었고 그 표기를 당시 시행되던 <국어의 로마자표기법>에 비추어 본 결과 대부분 규정에 부합되지 않음을 알게 되었다. 이때부터 필자는 우리말 로마자표기의 실상에 대해 다각도로 살펴보게 되었고 이를 바탕으로 로마자표기법과 관련한 여러 논문들을 발표하게 되었다.

그동안 필자는 주로 로마자표기의 실상과 표기법의 통일을 위한 과제에 대해 생각을 집중해 왔다. 그간 우리 학계에서는 로마자표기의 원리에 대한 논의들이 주를 이루어 왔다. 그러나 필자는 이보다는 우선적으로 시급한 것이 잘못된 표기 양상을 점검하고 이를 바로 잡는 방법을 찾는 것이 더 중요하다고 생각했다. 왜냐하면 로마자표기의 원리적 측면에 대한 논의는 아무리 논란을 벌인다 해도 로마자표기가 지닌 태생적 한계, 즉 로마자는 로만어(Roman Language)를 표기하기 위한 문자인데 이를 언어체계가 상이한 국어를 표기할 때 발생하는 체계적 한계를 극복하기 어렵기 때문에 이에 대한 소모적 논쟁보다는 일단 제정된 표기 방법에 대한 교육과 홍보를 통해 사회적 통일을 꾀하는 것이 중요하다고 판단하였기 때문이다.

이 책에 실린 논문들은 필자가 지난 10여 년간 발표한 글 가운데 11편을 모아 놓은 것이다. 11편의 논문은 2부로 나누었다. 1부는 로마자표기의 실상에 대한 것이며 2부는 로마자표기를 개선하기 위한 과제를 다루고 있다. 논문의 발표 시기가 10여년에 걸쳐 있고 그 사이에 <국어의 로마자표기법>이 개정되어 보기에 따라서는 논문의 내용이 시의에 맞지 않는 점도 발견될 수 있다. 그러나 논문이 발표된 당시 필자의 생각을 그대로 드러내기 위하여 내용의 수정은 하지 않고 수록하였다. 다만 논문이 발표된 학술지의 성격에 따라 논문 체제가 상이한 부분이 있으므로, 전체적으로 통일을 기하기 위하여 국문, 영문초록과 주제어, 필자 소개 등은 생략하였으며, 오자와 탈자 등에 대하여는 수정, 보완하였다.

　앞으로 필자는 이러한 연구를 바탕으로 로마자표기법의 대중화를 위해 일반인들이 알기 쉽도록 로마자표기의 필요성과 원리, 역사를 풀이하는 글들을 쓰고자 한다. 이를 통해 우리 사회의 로마자표기가 혼선과 오류에서 벗어나 통일된 모습을 보이게 되고 이렇게 되는 것이 우리 문화의 세계화에 일조하는 길이라고 생각하기 때문이다.

　이 소박한 논문들을 한 권의 책으로 엮어 내는데 주위 분들의 많은 도움을 받았다. 특히 도서출판 亦樂의 이대현 대표와 박태훈 본부장에게 감사드린다. 그리고 언제나 필자가 하는 일을 적극적으로 지지해주고 동감을 표해주는 아내와 딸에게도 사랑을 전한다.

2012. 3.

반야산 기슭에서 정경일 적음

▌머리말

제1부 로마자표기의 실상

韓・中・日의 로마자표기법 _ 181

제1부

로마자표기의 실상

한국인명의 로마자표기 양상에 대하여

1. 서론

국제화시대에 외국인과의 교류는 이제 더 이상 특수한 분야에 속한 사람들만의 일이 아니다. 우리는 다양한 분야에서 외국인과 함께 하며 일상을 살아가고 있다. 이와 같은 상황 속에서 우리를 외국인에게 정확히 알리기 위하여는 일차적으로 우리의 이름을 로마자로 표기하여야 한다.

그런데 우리 국민들이 전부 제각각의 표기 방식을 취한다면 외국인들로 하여금 상당한 혼란을 초래하게 할 우려가 있다. 본디 이름이라는 것은 이름의 피지칭자 본인을 위한 것이라기보다는 타인이 자신을 혼란 없이 불러 주도록 요구하는 언어적 행위이다. 따라서 한국 인명의 로마자표기는 한국인의 이름을 외국인에게 정확히 인식시키기 위한 수단이다.

그렇기 때문에 일정한 통일성을 유지하기 위하여 정부에서는 이에 대한 규정을 정해 놓고 있으니 1984년 1월 문교부가 제정 고시한 「국어의 로마자표기법」(이하 '표기법'으로 약칭)이 바로 그것이다. 이 표기법은 1939년에 마련된 「McCune-Reischauer 표기법」과 1959년에 문교부에서 제정, 공고한 「한글의 로마자표기법」 등의 미비점을 보완하기 위하여 제정되었다. 특히 인명의 표기에 관하여는 이전의 표기법들이 명시적으로 밝히지 않았던 것을 분명히 하였다는 점에서 커다란 의의가 있다.

그러나 이와 같은 규정이 있음에도 불구하고 실제로 한국인들이 사용하는 표기양상에는 매우 다양한 방식이 혼재되어 있다. 이는 결국 로마자로 표기된 우리의 인명을 접하게 되는 외국인에게 혼란을 줄 우려가 있다.

이 글에서는 인명을 로마자로 표기하고 있는 자료[1]를 분석하여 혼란상의 유형을 분석하고 필요하다면 표기법 규정의 개정 방향에 대하여도 검토하기로 한다. 특히 실제 표기의 분석에서는 인명을 표기할 때 한글 자모와 로마자표기와의 대응관계에 나타나는 혼란 뿐 아니라, 기존의 논의들에서는 소홀히 해온 姓과 이름의 표기 순서 및 방식에 대한 검토를 중점적으로 시도하기로 한다.

---

1) 이 글에서 채택한 자료는 대한민국 국회사무처에서 발행한 『국회수첩』(1996.8)에 수록된 국회의원 299명의 인명표기를 대상으로 한다. 이 자료의 로마자표기는 국회의원 당선자가 스스로 작성, 신고한 표기를 그대로 싣고 있기 때문에 임의로 가공하지 않은, 실제 사용 표기라는 점에서 가치를 지니고 있다.

2. 표기의 양상

2.1. 인명의 로마자표기규정

현행 표기법(문교부 고시 제 84-1호, 1984.1.13)은 "국어의 로마자표기는 국어의 표준 발음에 따라 적는"것을 대전제로 하며 "로마자 이외의 부호는 되도록 사용하지 않"고 "1음운 1기호의 표기를" 원칙으로 한다.

인명의 표기에 대하여는 제2장 4항에 규정하고 있는데 이를 그대로 옮겨 본다.

> **제4항** 인명은 성과 이름자의 순서로 쓰되 띄어 쓰고, 이름 사이에는 '-'(짧은 줄표)를 넣는다. 다만, 한자식의 이름이 아닌 경우에는 '-'를 생략할 수 있다.
>
> 김 정호　　Kim Chǒng-ho　　　남궁 동자 Namgung Tong-cha
> 손 미희자 Son Mi-hǔi-cha　　　정 마리아 Chǒng Maria
> 한 하나　　Han Hana

이 규정이 의미하는 바를 좀 더 자세히 살펴보면 다음과 같다.

1. 인명을 두 부분으로 나누어 성과 이름을 각각 대문자로 시작하도록 규정하고 있다. 이는 우리나라 사람의 인명을 일단 '성'과 '이름'으로 양분한다는 것을 의미한다.[2] 한국인의 인명에서 성은 부계의 혈통을 따르는 가문의 표지로 아이가 태어나기 전부터 이미 정해져 있는 것이

---

2) 이 글에서 필자는 표기법에서 사용한 용어대로 '이름'은 '성'과 구별되는 부분만을 지칭하고 성과 이름을 모두 합한 것은 '인명'으로 구분하여 부르도록 하겠다.

며, 이름의 부분이 개인을 나타낸다.[3] 인명의 한글표기도 이와 같은 입장을 지켜왔으나 1988년 고시한 「한글 맞춤법」에서는 이들을 구분하지 않고 붙여 쓰는 것으로 전환하였다. 그러나 로마자표기에서는 여전히 이들을 구분하고 있다.

2. 통상적으로 漢字 2음절로 되어 있는 이름은 일단 하나의 단어로 인정하되 각각의 음절의 고유 발음을 인정하여 '-'로 연결하도록 하였다. 이는 한자의 특성에 기인하는 것으로 한국인의 이름에 쓰인 각각의 글자는 단순히 개인에 대한 지시적 기능 뿐 아니라 의미적 유연성을 통하여 아이에 대한 父母의 소망을 나타내는 기능도 아울러 가진다. 따라서 이름을 구성하는 두 개의 음절은 각각의 독립된 의미소로 기능한다고 보아야 하고 이들은 마치 지명 표기의 전부요소와 후부요소를 구별하듯이 '-'로서 구별하고 있는 것이다.

'-'표는 2항에서 규정하고 있는 바와 같이 "발음상 혼동의 우려가 있을 때"나 "기타 분절의 필요가 있을 때" 적는 것인데, 한자식 이름의 표기에 이의 사용을 원칙적으로 규정하고 있는 것은 이름의 음절 간에 일어날 수 있는 음운변화를 인정하지 않는다는 입장이다.

3. 영어식 이름이나 요즘 확산 추세에 있는 한글 이름은 음절의 독자성을 인정하지 않는다. 이는 앞에서 언급한 바와 같은 맥락에서 이해할 수 있다. 한자식 이름은 각각의 음절에 의미가 담겨 있으나 영어식 이름이나 한글 이름은 각 음절의 의미를 구별 짓기가 어렵기 때문에 하나의 단어로 취급한다는 것이다.

---

3) 물론 '이름'의 부분도 통상적인 두 음절 가운데 어느 하나는 항렬, 즉 가문 내부에서의 자신의 위치를 표시하고 나머지 한 음절만이 실제로 특정 개인을 나타내는 것이 전통적인 명명법이었다.

한편 이 표기법은 여기에서 정한 바 이외의 표기를 사용하고 있는 관례에 대하여 이를 허용하는 예외적 규정을 두고 있다. 다음의 7항이 그것이다.

> 제7항 고유 명사의 표기는 국제 관계 및 종래의 관습적 표기를 고려하여 갑자기 변경할 수 없는 것에 한하여 다음과 같이 적는 것을 허용한다.

서 울 Seoul	이 순신 Yi sun-shin
이 승만 Syngman Rhee	연 세 Yonsei
이 화 Ewha	

그러나 이 규정은 국제적으로나 역사적으로 상당한 범위에서 영향을 끼치는 경우에만 국한하여 엄격히 제한적으로 적용하여야 한다. 곧 개인의 이름 표기가 규정에서 벗어난 것을 예외적으로 인정하는 근거 조항이 되어서는 아니 된다는 것이다.

2.2. 성과 이름의 표기 양상

2.2.1. 성(姓)의 표기 양상

국회의원 299명의 성은 모두 52가지로 나뉘어져 있다. 먼저 이들이 로마자로 각각 어떻게 표기되었는가를 표기규정과 실제 표기를 비교하여 다음에 제시한다.

성	규정표기	실제표기	성	규정표기	실제표기
강	Kang	Kang(7)	구	Ku	Koo(1)
국	Kuk	Kook(1)	권	Kwon	Kwon(8)
길	Kil	Kil(1)	김	Kim	Kim(72)
나	Na	Lah(1)	남	Nam	Nam(1)
남궁	Namgung	Nam-Kung(1)	노	No	Ro(1), Roh(1)
류	Ryu	Ryu(1), Lew(1)	맹	Maeng	Maeng(1)
목	Mok	Mok(1)	박	Pak	Park(24)
방	Pang	Bang(1)	배	Pae	Bae(1)
백	Paek	Paek(2)	변	Pyŏn	Byon(1), Byun(1)
서	Sŏ	Suh(6), Seo(1)	설	Sŏl	Sul(1)
손	Son	Son(1), Sonn(1)	송	Song	Song(1)
신	Shin	Shin(6)	심	Shim	Shim(1)
안	An	Ahn(2), An(1)	양	Yang	Yang(2)
어	Ŏ	Auh(1)	오	O	Oh(3)
원	Won	Won(1)	유	Yu	Yoo(3)
윤	Yun	Yoon(2), Yun(1)	이	I	Lee(55), Rhe(1), Rhee(1)
임	Im	Lim(4)	장	Chang	Chang(5)
전	Chŏn	Jun(2)	정	Chŏng	Chung(17) Jeong(1)
제	Che	Jei(1)	조	Cho	Cho(8), Joh(2), Chough(1)
주	Chu	Choo(1)	지	Chi	Chi(1)
차	Ch'a	Cha(1)	채	Ch'ae	Chae(1)
천	Ch'ŏn	Chon(1), Chun(1)	최	Ch'oi	Choi(6), Choe(1)
추	Ch'u	Choo(1)	하	Ha	Ha(1), Har(1)
한	Han	Han(6)	함	Ham	Ham(1), Hahm(1)
허	Hŏ	Hur(2), Huh(1)	현	Hyŏn	Hyun(1)
홍	Hong	Hong(4)	황	Hwang	Hwang(6)

* ( )안의 숫자는 표기례의 숫자

서정수(1991)은 92개 성의 로마자표기를 분석한 결과를 다음과 같이 정리하고 있다.

1) 현행 표기법이 대다수를 차지하는 경우 : 약13%

2) 현행 표기법이 다수를 차지하는 경우 : 약15%

3) 현행 표기법이 상당수를 차지하는 경우 : 약21%

4) 현행 표기법이 소수를 차지하는 경우 : 약13%

5) 현행 표기법이 안 쓰이는 경우 : 약38%

이와 같은 분석의 결과는 현행 표기법이 비교적 잘 쓰이는 경우와 그렇지 않은 경우가 49%와 51%로 대체로 양분되는 듯한 모습을 보여 준다고 볼 수 있다. 그러나 5번의 경우 전혀 쓰이지 않는 경우가 38%에 달하고 있음은 현행 표기법이 일반인들에게 상당히 많은 거부를 받고 있음을 뜻하는 것으로 주목하여야 한다.

필자가 사용한 자료에 나타난 52가지 성의 분포를 위와 유사한 방식으로 분석하여 보면 다음과 같은 결과를 얻게 된다.

1) 표기법에 완전히 부합하는 표기 : 18성 : 35%

2) 표기법에 부합하는 표기와 그렇지 않은 표기의 혼합형 : 8성 : 15%

3) 표기법에 전혀 부합하지 않는 표기 : 26성 : 50%

위의 서정수(1991)의 결과와 마찬가지로 표기법을 정확히 지키고 있는 경우보다 그렇지 않은 경우가 훨씬 높은 비율로 나타나고 있다. 역시 표기 규정이 제대로 지켜지지 않고 있는데 이는 비단 성의 표기에 국한 되는 것은 아니며, 뒤에서 살필 성과 이름의 표기, 한글 자모에 대한 로마자의 대응 등에서도 마찬가지 현상을 보여 준다.

특히 '이', '노', '나'씨 등은 실제 발음과 관계없이 한자의 원음에 충실한 표기를 보여주고 있다. 물론 이는 관례로 해석할 수도 있으나 전체적인 표기법의 울타리 안에서 재점검해야 할 사항으로 생각된다.

2.2.2. 성과 이름의 표기 순서 및 방식[4]

서양인의 인명 표기 순서는 '이름 –성'(personal name-family name)의 순이다. 그러나 우리 나라의 인명 표기 방식은 '성-이름'(family name- personal name)의 순서로 되어 있다. 따라서 이와 같은 구조적 차이로 인해 로마자로 우리의 인명을 표기하는 경우 상당한 혼란을 겪어 왔다. 곧 서양식 표기순서를 따르는 경우와 우리 식의 순서를 따르는 경우로 나뉘어 표기되어 왔다. 광복 이후부터는 서양식의 표기가 주류를 이루어 왔으나 차차 우리식의 표기 방식이 확산되어 현재에는 우리 식의 표기법이 정착되어 가고 있다. 표기법도 우리 방식을 규정으로 정하고 있다. 자료에 나타난 성과 이름의 표기 양상을 분석하여 보면 다음 <표 1>과 같이 8가지의 유형으로 나누어지는 것을 볼 수 있다.[5]

〈표 1〉 성과 이름의 표기 양상

유 형	표 기 양 상	표 기 자 수	백분율 (%)
제 1 유형	성 이 - 름	17	5.7
제 2 유형	성, 이 - 름	34	11.4
제 3 유형	성, 이 름	109	36.4
제 4 유형	성 이 름	121	40.4
제 5 유형	성, 이름	2	0.7
제 6 유형	이 - 름 성	5	1.7
제 7 유형	이 름 성	9	3.0
제 8 유형	이름 성	2	0.7
계		299	100

---

4) 이 항에서는 한글자모와 로마자의 전사 체계 일치 여부는 논외로 하고 표기방식만 검토하기로 한다.
5) 도표의 표기 양상은 통상 인명의 3음절을 순서대로 1음절씩 나누어 '성', '이', '름'으로 구분, 표기한다.

여기에서 먼저 눈에 띄는 것은 인명의 표기가 우리 식으로 자리잡았다는 점이다. 즉 제1유형에서 제5유형까지의 283명의 표기는 성을 앞세우는 우리 식의 표기방식이고, 서양식으로 이름을 앞세우는 표기는 나머지 3개 유형의 표기례는 16예로 5.4%에 불과하다. 따라서 우리식의 표기가 우리 사회에 뿌리 내리고 있음을 알 수 있다. 다음에 각각 유형의 특징을 간략히 살펴보도록 하자.

제1유형은 표기법에서 규정한 바를 가장 가깝게 지키고 있는 경우이다. 즉 성과 이름을 띄어 쓰고 이름의 두 음절 사이에는 '-'표를 넣는 방식이다.

김민석[6]	Kim Min-Seok	박성범	Park Sung-Vum
안상수	Ahn Sang-Soo	정상천	Chung Sang-Chun

물론 이들도 규정에 완전히 일치하는 것은 아니다. 이름의 제이음절을 소문자로 시작하고 있지 않기 때문이다.[7] 자료에 나타난 실제 표기례들을 보면 이름의 두 음절을 하나의 단위로 생각하여 붙여 쓴 제5유형과, 제8유형을 제외하고는 이름의 두 음절을 구분하여 표기한 모든 경우, 제2음절의 시작은 제1음절과 마찬가지로 대문자로 되어 있다.

우리 이름의 경우 두 개의 음절을 각각 독립적인 것으로 인식하고 있는데 이는 앞에서 언급한 바와 같이 한자어를 기반으로 하는 우리 이름의 특성에 기인하는 것으로 보인다. 이런 현상은 인명을 수록하고 있는 여타 자료들에서도 공통적으로 나타나는 현상으로 전혀 규정이 지켜지지 않고 있다.

---

6) 이후 인명의 한글 표기는 1988.1 고시한 「한글 맞춤법」에 따라 모두 붙여 적는다.
7) 다음의 표기 1예만이 규정에 정확히 부합된다 : 천정배 Chun Jung-bae

제2유형은 성과 이름 사이에 쉼표를 찍어 이들을 구별하고 이름의 두 음절 사이에 '-'표를 넣는 표기 방식이다.

강성재 Kang, Sung-Jae   김윤환 Kim, Yoon-Hwan
이동복 Lee, Dong-Bok   하순봉 Ha, Soon-Bong

이 방식은 제1유형보다 더욱 확실하게 성과 이름을 구별하여 주는 효과를 갖는 표기 방식이다. 주지하고 있는 바와 같이 서양인의 인명표기에서 쉼표(,)는 성과 이름의 순서를 바꾸어 표기할 때 사용한다. 따라서 이러한 관습에 익숙한 서양인에게 쉼표의 사용은, 쉼표의 앞 부분이 성(family name)임을 분명히 하는 효과를 가져 온다. 그러나 두 가지 특수기호의 사용으로 표기가 번거롭다는 단점이 있다.

제3유형은 제2유형과 유사하나 이름의 음절 사이에 '-'표를 넣지 않는 방식이다.

김명섭 Kim, Myung Sup   이원복 Lee, Won Bok
박구일 Park, Koo Il   전용원 Jun, Yong Won

이러한 표기는 성과 이름은 분명히 구별하되 이름의 내부 음절 사이의 구별은 따로 하지 않는 방식이다. 우리 사회에서 사용 빈도가 매우 낮은 특수기호인 '-'표를 일일이 넣어야 하는 불편을 꺼리는 심리적 기제가 작용한 것으로 보인다. 그러면서도 성과 이름 사이에 쉼표를 쓰는 것은 제2유형에 쓰인 두 가지 구분 표기 중에 '-'보다는 ','가 더 일반인의 의식에 친숙한 문장부호이기 때문이라 생각된다.

이와 같이 로마자 이외의 표기 사용을 꺼리는 심리는 이미 로마자표기법 전체의 대전제가 되어 있다.8) 그럼에도 불구하고 인명의 표기에 '-'표를 사용하도록 한 것이 이 규정이 지니는 본질적인 문제로 지적되고 있다.9) 이러한 일반의 심리상태는 다음의 제4유형이 수적으로 가장 우세한 것에서도 읽을 수 있다.

제4유형은 성과 이름의 세 음절을 아무런 구분 표시 없이 순서대로 표기하는 방식이다.

김영구	Kim Yung Koo	이상현	Lee Sang Hyun
조순형	Chough Soon Hyung	황학수	Hwang Hak Soo

이 유형은 앞의 세 가지 방식이 나름대로 지니는 불편함을 해소하여 표기가 매우 간편한 것이 장점이다. 그러나 인명에 쓰인 세 음절을 모두 대문자로 시작하는 이러한 표기는 우리 식의 인명 표기에 익숙지 못한 외국인으로 하여금 성과 이름의 혼란을 초래하게 할 가능성이 있다. 즉 세 음절의 마지막 음절을 한국인의 성으로 인식하는 오해를 일으키는 경우가 종종 있다. 실제로 위에 든 예의 경우, 우리 성에 '구'(Koo)씨와 '현'(Hyun)씨 등이 실재하기 때문에 이와 같은 가능성은 더욱 커진다.

제5유형은 이름을 하나의 단위로 생각하여 표기하고 있는 예이다.

신낙균	Shin, Nakyun	이미경	LEE, MIKYUNG

---

8) "로마자 이외의 부호는 되도록 사용하지 않는다."(「국어의 로마자표기법」 제1장 제2항)

9) 이 점을 비판하여 한글학회(1984)에서는 다음과 같은 독자적인 안을 주장하고 있다.
　"성과 이름은 띄어 쓴다" (예) 김 철수 Gim Cheolsu 강 복동 Gang Bogdong

성과 이름의 구별이 용이하고 이름을 하나의 단위로 생각하는 표기법의 정신에 비교적 일치하는 방식이다. 한글학회(1984)의 이름 표기방법과도 정확히 일치한다. 그럼에도 사용 빈도가 매우 낮은 것은 이름에 쓰인 한자 각각의 의미를 중시하는 우리의 의식에 부합되지 않기 때문이다.

다음에는 서양식의 표기방식 즉 이름을 먼저 쓰고 성을 뒤에 쓰는 방식을 택하고 있는 유형들을 살펴보겠다.

제6유형은 제1유형의 역순이다. 즉 이름의 두 음절사이는 '-'표로 연결하고 있으나 성과 이름 사이에는 특별한 표시를 하고 있지 않다.

이우재 Woo-Jae Lee   박관용 Kwan-Yong Park

서양식의 표기를 지키면서도 서양인들에게 이름과 성을 비교적 정확히 구별하여 인식시키기 위한 표기 방식으로 이해된다.

제7유형은 제4유형의 역순으로 인명의 세 음절을 모두 띄어 쓰는 표기이다.

맹형규 Hyung Kyu Maeng   전석홍 Suk Hong Jun

이러한 표기는 이미 제4유형에서 지적한 바와 같이 성과 이름의 구별이 매우 모호해지는 약점을 지닌다. 더욱이 제4유형과 제7유형이 현실적으로 혼재되어 있는 상황에서는 자신의 인명을 정확히 외국인에게 전달하기가 어려울 수 있다.

마지막 제8유형은 이름을 하나의 단위로 보고 표기하는 방식이다.

정제문 Jeymoon Chung   최연희   Yeonhee Choi

역시 제5유형에서 지적한 바와 같은 점을 지적할 수 있겠다.

이상에서 성과 이름의 표기에 관한 유형들을 살펴보았다. 우리의 인명을 로마자로 표기하는 것은 단순히 인명의 소개에 그치는 것만은 아니다. 이를 통해 우리의 문화를 전파한다는 의미도 함께 해야 한다. 따라서 성과 이름의 표기방식이 서양인의 방식을 따르지 않고 우리 식의 순서를 택하는 것은 매우 당연한 일이다.

그러나 위에서 검토한 바와 같이 실제의 표기에서 규정이 전혀 지켜지지 않음은 매우 심각한 상황이다.[10] 표기법의 문제를 지적하고 새롭게 제시한 한글학회(1984)의 표기안도 역시 지켜지지 않고 있다. 특히 짧은 줄표(-)의 사용 빈도가 매우 낮은 것도 주목해야 할 사항이다.

그렇다면 표기법의 규정이 어떠한 방향으로 손질이 되어야 하는가에 대해서는 상당한 시사점을 얻을 수 있다. 즉 우리 식의 표기 순서를 따르면서 성과 이름을 분명히 구별하여 주고, '성명 3자'라는 우리의 전통적인 성명관을 나타내 주는 제3유형에 대한 적극적인 검토가 있어야 할 것이다.

한편 개인의 표기에서 위의 표기 규정과는 관계없이 표기자 스스로의 개인적인 표기 방식의 일관성이 있어야 한다. 표기법의 규정을 지키는 것이 원칙이기는 하나, 편의에 따라 변형하여 표기하는 것도 결국은 개인의 선택에 따라서는 허용할 수밖에 없는 것이 현실이다. 그러나 어떠한 표기법을 취하더라도 표기체계 내부의 일관성은 있어야 한다. 다

---

10) Korea Annual 1996(연합통신사)에 실린 846명의 인명 가운데도 표기규정에 부합되는 표기는 16명으로 약 1.9%에 불과하다.

음의 예를 보자.

  ㄱ. 김원길 Kim, Won Gil 박성범 Park Sung-Vum
    정몽준 Chung Mong Jun
  ㄴ. 정상천 Chung Sang-Chun 조찬형 Cho, Chan Hyong
  ㄷ. 정재철 Chung Jae Chull
  ㄹ. 이석현 Lee, Seok-Hyun 권철현 Kwon Chul Hyeon
  ㅁ. 어준선 Auh June Sun 이웅희 Lee Woong Hee

 ㄱ)은 동일한 자음의 표기에 각각 다른 로마자가 쓰인 경우이다. 물론 이들 표기의 상이자들을 무성음과 유성음의 구분 표기로 해석할 수도 있으나 과연 표기자가 이를 인식하고 표기하였는가는 의문의 여지가 남는다. ㄴ)은 서로 다른 자음의 표기에 동일한 로마자가 쓰인 경우이고, ㄷ)은 ㄱ)과 ㄴ)의 경우가 함께 섞여있는 표기예이다. ㄹ)은 동일한 모음의 표기에 각각 다른 로마자가 쓰인 경우이고 ㅁ)은 서로 다른 모음의 표기에 동일한 로마자가 쓰인 경우이다.

 이와 같은 표기는 표기자 개인의 실수라기보다는 우리 사회의 관례적인 표기를 답습한 결과로 해석된다. 그러나 조금 더 관심을 가지고 살펴보아야 할 부분으로 생각된다.

2.3. 자음과 모음의 표기 양상

2.3.1. 자음의 표기 양상

'ㄱ'의 표기에는 표기법에서 규정한 대로 'k'의 사용이 압도적이다. 'k'가 유성음으로 발음 될 때의 허용 표기인 'g'도 소수이기는 하나 실제

표기에 나타난다.

김근태 Kim, Geun Tae   권기술 Kwon Gi Sool

그러나 성과 이름 사이 또는 이름의 제1음절과 제2음절 사이에서 일어나는 음운의 변화를 인정하지 않는11) 현행 표기법 체계 아래에서는 이러한 표기는 정당한 것이 아니다.

특이한 표기로는 'q'가 쓰인 경우인데

이규택 Lee, Q Taek

이 경우는 'q'를 'ㄱ'의 표기로 사용했다기보다는 /kyu/와 유사한 Q의 음가를 그대로 사용하여 표기한 것으로, 이 표기는 서양인들이 흔히 Middle name을 initial로 표기하는 방식을 모방한 것으로 생각된다.

'ㄴ'은 모든 환경에서 혼란없이 'n'으로 표기 된다. 다만 성의 표기에 나타나는 다음의 예외는 한자의 원음에 치중한 결과이다.

나오연 Lah, Oh Yeon   노기태 Roh Ki Tae
노승우 Ro, Seung Woo

'ㄷ'의 표기는 'd'와 't'로 나뉜다. 성으로 쓰인 경우는 없고 이름의 제1음절초에 11회, 제2음절초에 10회가 쓰였는데 'd'가 19회, 't'가 2회 쓰였다. 표기법은 't'를 원칙으로 규정하고 있다. 이러한 현상은 'd'의 표기가

---

11) "인명과 행정 구역 단위명 표기에서 '-' 앞뒤에서 일어나는 동화작용은 표기에
    반영하지 않는다."(「국어의 로마자표기법」 제3장 2항의 붙임)

'ㄷ'의 유성음 환경임을 인식한 표기라고 생각할 수도 있다. 그러나 일반적인 한국인의 로마자 인식은 聲의 유무는 무시하고 'd'는 'ㄷ'을, 't'는 'ㅌ'을 나타내는 것으로 파악하려는 경향이 강하다. 실제 표기에서 'ㅌ'의 표기에 한결같이 't'를 사용하고 있음을 통해서도 이를 분명히 확인할 수 있다. 이는 한국어의 음운체계에 성의 존재여부가 전혀 변별력을 갖지 않기 때문에 나타나는 당연한 현상이다. 따라서 이러한 현상은 전사표기 체계의 설정과 관련하여 재고해 보아야 할 부분이다.

'ㄹ'이 음절말에 쓰인 경우는 한결같이 'l'로 표기된다. 음절 첫음으로 쓰인 경우 'l'과 'r'이 나뉘는데 'r'이 규정에 맞는다.

류종수 Ryu Chong Soo   김덕룡 Kim Deog Ryong

'ㅁ'은 모든 환경에서 혼란없이 'm'으로 표기되고 있다.

'ㅂ'의 경우는 어말자음으로 쓰인 경우는 예외없이 'p'로 표기되어 있다. 어두자음인 경우 이름의 표기에는 모두 'b'가 쓰이는데 'v'가 한 예 등장한다.

박성범 Park Sung-Vum

성의 표기인 경우 자료에는 박, 방, 배, 백, 변씨가 성에 따라 표기가 갈린다.

즉 박, 백씨는 'p'로 방, 배, 변씨는 'b'로 표기하고 있다.12)

---

12) KOREA ANNUAL 1996(연합통신사)에 실린 인명 가운데 박씨는 49명 모두가 P로, 백씨는 5명 가운데 4명이 P로 1명이 B로 시작하고 있다. 그리고 배씨는 3명 모두 B, 변씨는 B와 P가 각각 1명씩이다.

박헌기	Park, Heon Ki	박희태	Park Hee Tae
백남치	Paek Nam Chi	백승홍	Paek Seung Hong
방용석	Bang Yong Seok	배종무	Bae Chong-Moo
변웅전	Byun Woong Jun	변정일	Byon, Jong-Il

이에 관하여 음운론적인 이유를 찾기가 어렵다. 다분히 관습적인 표기로 이해된다. 한편 'ㅍ'의 표기에는 한결같이 'p'가 쓰이고 있다.

'ㅅ'은 표기법의 규정에 정확히 일치하고 있다. 즉 모두 's'로 표기 되고 있고 / i/에 선행하는 경우에는 'sh'로 표기되어 있다.

'ㅇ'은 어말에만 쓰이는데 언제나 'ng'로 표기된다.

'ㅈ'의 표기는 'ch'와 'j'로 나뉘어 표기되고 있고 심지어 동일인의 표기 내부에서도 두 가지가 혼용되는 모습을 발견할 수 있다.

조성준   Cho, Sung Joon   이중재   Lee, Choong Jae

성의 표기에는 'ch'의 표기가 'j'로 표기되는 경우보다 압도적이나 이름의 표기에는 'j'가 'ch'보다 월등한 비율로 많이 표기되고 있다. 그러나 이는 'j'를 'ch'의 유성음 표기로 규정한 표기법의 규정에 따른 것이라기보다는 우리 의식 속에서 'ㅈ'의 표기에 대해 'ch'보다는 'j'를 더 선호하고 있음을 알 수 있게 해주는 예로 보인다. 앞의 'ㅌ'의 경우와 마찬가지로 'ㅊ'의 경우에는 한결같이 'ch'로 표기하고 있는데 반해 대체로 'ㅈ'은 'j'로 표기하는 것이 더 일반적으로 받아들여지고 있다.

'ㅎ'은 모두 'h'로 표기되어 규정에 부합하고 있다.

이를 통해 보면 결국 자음의 표기에서 나타나는 혼란은 다음의 두 가지로 요약된다.

먼저 유성음과 무성음의 구분 표기에 관한 혼란이다. 표기법은 무성음과 유성음을 각각의 환경에서 정확히 구별하여 쓰도록 규정하고 있다. 그러나 실제 표기에서는 이를 거의 지키지 않고 있다. 유무성이 변별되지 않는 우리 음운체계 아래서 음운론적인 지식이 기초되어 있지 않은 일반인에게 이를 구별하여 표기하도록 요구하는 것은 사실상 그 성과를 기대하기 어렵다.

또 유성음과 무성음의 구분 표기는 "1음운 1기호"를 원칙으로 하는 표기법의 대전제에도 부합되지 않는다. 따라서 이들을 구분하지 않고도 표기할 수 있는 적절한 표기자를 선정하여야 한다.

다음은 후두확산음의 표기이다. 표기법은 'ㅋ, ㅌ, ㅍ, ㅊ, '에 대해 'k', t', p', ch'"를 규정하고 있다. 그러나 실제 표기를 보면 모두 어깨점(')을 뺀' k, t, p, ch'로 적고 있다. 이는 표기법의 규정이 인쇄상의 불편은 물론이고 이러한 표기의 성격과 유래에 대해 낯선 일반인들에게는 매우 어려운 표기 방식이기 때문이다. 또 일반적으로 로마자와 영어를 동일시하는 일반의 관점에서, 'k, t, p, ch' 등은 그대로 후두확산음으로 읽히고 있기 때문에 아무 거리낌없이 이를 표기에 사용하고 있는 것이다.

2.3.2. 모음의 표기 양상

모음의 표기에 사용되는 로마자를 살펴보자

'ㅏ'는 예외없이 'a'가 쓰이고 있고 'ㅑ'는 모두 'ya'로 표기되어 있다. 'ㅓ'는 'u, eo, eu, o' 등 매우 다양하다. 'u'가 주류를 이루고 'eo'가 상당수이다. 'ㅓ'를 정확히 표기할 수 있는 로마자는 없다. 표기법에서는 'ŏ'를 원칙으로 하되 인쇄의 편의를 위해 'o'도 허용하고 있다. 그러나 이와같은 표기는 다음의 한 예만 보일 뿐 거의 나타나지 않는다.

변정일   Byon, Jong-Il

이는 'o'로 표기할 경우 'ㅓ'와 'ㅗ'를 전혀 구별 할 수 없기 때문이다. 'eo'는 1959년에 제정된 표기법에 규정된 방식으로 그후 한글학회(1984)에서도 이를 채택하였는데 실제 표기 예들은 상당수 이를 따르고 있다.

'ㅕ'도 'you, yo, yu, yeo' 등으로 혼란한 양상을 보이는데 역시 'ㅓ'의 정확한 표기가 불가능하기 때문에 생긴 양상이다.

'ㅗ'의 표기는 모두 'o'로 통일 되어 있다. 다만 성이나 이름이 '오'인 경우에 Oh로 표기하는 예가 보이는데 1음절을 1개의 로마자로만 표기할 경우 나타나는 시각적 불안정을 없애기 위한 것으로 이해된다.

오양순 Oh, Yang Soon   나오연 Lah, Oh Yeon

'ㅛ'는 모두 'yo'로 되어 있다.

'ㅜ'는 'u'와 'oo'로 나뉘는데 일반적으로는 'oo'가 많이 쓰이나, 'y'와 결합하여 'ㅠ'를 나타내는 경우에는 'u'가 많이 쓰이고 있다. '우'인 경우에는 대부분 Woo로 쓰인다.

'ㅡ'에는 규정의 'ŭ'는 전혀 보이지않고 'eu'가 주로 쓰이고 있는데, ŭ는 표기가 까다롭고 'u'로 표기할 경우 'ㅜ'와 구별이 안되기 때문에 이를 피하는 것으로 보인다. 'eu'는 'ㅓ'의 표기에 쓰인 'eo'와 마찬가지로 1959년에 제정된 표기법에 규정되고13) 그 후 한글학회(1984)에서도 채택한 표기방식이다.

---

13) 1948년에 문교부가 제정한 「한글을 로오마자로 적는 법」에서는 'ㅡ'의 표기에 'ŭ'를 규정하고 'eu'를 허용하고 있다.

‘ㅣ’는 ‘i, y, ee’ 등이 쓰이는데 특히 성의 표기에서 이씨의 경우 Lee는 물론 Rhe, Rhee 등으로 표기된다.

‘ㅢ’는 ‘ee, i’ 등이 나타나는데 특이하게 ‘yeui’로 표기한 경우도 있다. ‘ㅘ, ㅝ, ㅟ’ 등의 이중모음은 모두 ‘w’를 가진다. 즉 ‘ㅘ’는 ‘wa’로, ‘ㅝ’는 ‘wo’로 ‘ㅟ’는 ‘wi’로 나타난다.

모음 표기에 나타나는 혼란상은 중설모음의 표기에 주로 나타나는데 고모음의 ‘ㅜ’와 ‘ㅡ’, 중모음의 ‘ㅗ’와 ‘ㅓ’끼리의 혼란이 표기체계 전반적인 문제가 되어 있다. 이는 로마자로 대표되는 영어와 한국어 사이의 음운체계의 불일치로 인해 나타나는 어쩔 수 없는 양상이다. 물론 정확한 일대일 대응 표기가 불가능한 것은 현실이나, 그렇다 하더라도 이를 적절히 표기할 수 있는 간결한 표기법의 정리가 시급하다.

3. 결론

현재 우리 사회에는 인명을 로마자로 표기할 때, 표기법의 규정을 준수하기보다는 이를 무시하고 나름대로의 방식을 취하는 경우가 대부분이다. 이로 인해 외국인과의 교류에 종종 혼선을 빚고 있음도 우리는 목격하고 있다. 이는 특정 개인과 외국인 사이의 문제 뿐 아니라 한국문화의 정체성을 그릇 인식하게 하는 결과를 초래하기도 한다.

성과 이름의 표기 순서는 대다수가 우리식의 성, 이름 순으로 되어 있어 매우 바람직하다. 그러나 이름의 표기에서는 전체를 하나의 단위로 보는 표기법의 규정을 무시하고 대부분이 이름의 두 음절을 각각 존중하여 한 음절씩 구분 표기하는 입장을 취하고 있다.

표기에 쓰인 자음과 모음도 비단 인명 뿐 아니라 지명이나, 단체, 기관 등 모든 로마자표기에 공통적으로 나타나듯 원칙이 지켜지지 않고 있고 특히 유성음과 무성음의 표기, 후두 확산음의 표기, 'ㅡ'와 'ㅜ', 'ㅓ'와 'ㅗ'의 표기 등에 혼란이 두드러진다.

아울러 어깨점이나 반달표, 짧은 줄표 등의 특수기호들도 대체로 사용되지 않고 오히려 규정에 없는 쉼표가 성과 이름을 구별하기 위한 표지로 사용되고 있다. 어깨점이나 반달표, 짧은 줄표 등의 사용이 제대로 되지 않을 것이라는 점은 이미 표기법의 제정 당시부터 예견된 일이기도 하였다.[14] 더욱 모음의 표기에서 특수부호를 사용하는 'ŏ'와 'ŭ'보다 옛 규정에서 정했던 'eo'와 'eu'가 여전히 널리 쓰이고 있음은 시사하는 바가 크다.

한편 하나의 인명에서 동일한 소리의 표기에 상이한 로마자를 사용하고 있는 경우가 간혹 나타나는데 이는 표기법의 체계와 관계없이 개인적인 일관성을 위하여 재고되어야 할 문제이다.

이와 같은 현상은 마땅히 개선되어야 한다. 이를 위해서는 현행 표기법 규정에 대한 더욱 적극적이고 지속적인 계몽과 교육, 홍보가 필요하다. 아울러 현실적으로 지켜지지 않는 규정에 대하여는 그 문제점을 파악하고 이를 바로잡는 노력도 수반되어야 한다. 김세중(1997)이 지적하듯 먼저 누구든 표기법을 지킬 수 있게 만들어 주고 그 다음에 만들어진 표기법을 모두가 준수하도록 교육과 계몽을 하는 것이 중요하다.

---

14) 표기법은 3항 8장에 "인쇄나 타자의 어려움이 있을 때는 의미의 혼동을 초래하지 않을 경우 반달표와 어깨점을 생략할 수 있다"고 정하고 있다.

독립신문의 로마자표기방식

1. 서론

「독립신문」은 조선 건양(建陽) 원년(1896년) 4월 7일에 창간되었다. 국민계몽과 개화사상의 보급을 목적으로 서재필에 의하여 창간된 이 신문은 우리 나라 최초로 순 한글로 표기한[1] 신문이고 또 최초로 영문표기를 한 신문이었다.

이 신문은 모두 4면으로 발간되었다. 1면에서 3면까지는 한글로 표기되었는데, 1면과 2면은 논설, 관보, 잡보, 외국 통신 등의 내용으로 꾸며져 있고, 3면은 광고면이다. 4면은 영문판으로 1, 2면의 기사를 영역하여 싣고 있는데 영문판의 제호는 [The Independence]이다.

이 글은 독립신문의 우리말 로마자표기에 관심을 가진다. 이 글이 이에 관심을 가지는 이유는 우리말의 로마자표기에 관한 서재필을 비롯한 당시 우리 지식인들의 의식을 확인하기 위해서이다.

---

1) 1880년 우리나라에서 최초로 창간된 「한성순보」는 순한문으로 표기되었다.

독립신문이 창간된 1896년을 전후한 시기에 우리는 아직 통일된 로마자표기법 규정을 갖고 있지 못하였다. 물론 당시 이미 몇몇 종류의 로마자표기법이 존재하고 있기는 하였으나, 이들은 모두 외국인에 의하여 작성된 것이었고, 창안자의 필요와 관점에 따라 서로 다른 모습을 띠고 있었기 때문에 당시의 우리 지식인들이 그러한 로마자표기법의 원리에 대해서 얼마나 이해하고 있었는지는 미지수이다. 즉 원초부터 한국어를 로마자화하는 일은 한국인의 필요에 의해서가 아니라 외국인들이 당면한 일상적 필요에 의하여 우선적으로 착수했던 사업이다(이상억, 1981, 1982). 그런데 독립신문은 최초로 우리의 관점에서 우리말을 로마자로 표기하였다는 점에서 관심의 대상이 되는 것이다.

더욱이 최근 우리말을 로마자로 적는 방식에 대한 논란이 계속되고 있는 시점에서 우리가 로마자를 받아들일 무렵에 자연스레 설정된 독립신문의 로마자표기 방식은, 앞으로의 로마자표기법을 결정하는 데에 중요한 참고가 될 수 있기 때문이다.

이 글에서는 독립신문의 로마자표기에 관해 두 가지 점에 주목하고자 한다. 첫째는 각 음소별 표기 규칙의 정리이다. 이는 전체적인 로마자표기 규칙의 확인을 위한 것이다. 다음으로는 인명 표기 방식에 주목하고자 한다. 로마자표기의 주 대상은 인명과 지명 그리고 관직명 등의 고유명사일 수밖에 없다. 그 가운데서도 인명 표기는 개화기 이래 아직까지도 일정한 원칙이 없이 다양한 모습으로 나타나고 있다. 따라서 우리 스스로의 관점에서 최초로 광범위하게 인명을 표기한 독립신문에서 어떤 방식으로 표기했는가를 알아보는 것은 그것이 우리들의 의식에 가장 알맞는 표기일 것이라는 추측을 가능하게 해 준다는 점에서 흥미가 있다.[2]

2. 음소 표기 방식

2.1. 모음의 표기

독립신문의 인명, 지명 표기에 사용된 모음 표기 문자는 단모음으로 'ㅏ, ㅓ, ㅗ, ㅜ, ㅡ, ㅣ, ㆍ, ㅐ, ㅔ, ㅚ'의 10종, 반모음 'j'를 가지는 이중모음 'ㅑ, ㅕ, ㅛ, ㅠ, ㅖ, ㅢ'의 6종, 반모음 'w'를 가지는 이중모음 'ㅘ, ㅝ, ㅚ, ㅟ'의 4종 등 20모음이 표기되어 있다.3)

각 표기 문자별로 어떻게 로마자로 표기되었는지를 알아보기로 한다.

'ㅏ'의 표기에는 일률적으로 'a'가 쓰이고 있다. 이는 대단히 규칙적이고 예외가 없다. 이는 로마자 'a'가 시현하는 음성과 한글 'ㅏ'의 음가 사이에 아무런 차이를 인식하지 못한 결과로 보인다. 이러한 의식은 현재까지도 계속 이어져 오고 있다. 한편 'ㆍ'의 경우는 이미 음운변화가 종료된 상태에서 표기만이 존속되는 상황이었으므로 로마자표기에서는 'ㅏ'와 동일하게 표기된다.4)

---

2) 독립신문은 1896년 4월 창간되어 1899년 12월 4일 제 776호를 끝으로 폐간되었다. 필자는 이 가운데 창간호부터 제50호(1896년 7월 28일자)까지의 영문판, '관보(Government Gazette)'란에 실린 인명과 지명을 대상으로 검토하였다.

3) 이는 인명과 지명의 자료적 특성에서 나타난 제한적 현상으로 당시 음운체계에 실재하던 'ㅐ, ㅔ' 등이 표기되지 않고 있다. 또 'ㆍ, ㅚ'는 문자의 보수성에 기인한 것일 뿐, 당시 실제 음운으로 인정할 수는 없다. 다만 음운변화의 추이를 인정하여 단모음에 포함시킨다. 따라서 후술할 자음의 경우와 마찬가지로 이들 자료의 표기 문자가 당시의 음운체계를 정확히 반영하는 것은 아니다.

4) 예외적으로 'ㆍ' → 'ㅡ' 변화를 인식한 듯한 표기도 나타난다.
　　김종희 Kim Chong Heui

안종슈5) An Jong Su	정만죠 Chung Man Cho
김스익 Kim Sa Ik	김즈응 Kim Cha Eung
부 안 Pu An	안 산 An San

　또 ‘ㅏ’를 핵으로 하는 이중모음들인 ‘ㅑ, ㅘ’의 표기를 함께 검토하여
도 역시 ‘ㅏ’의 표기에는 ‘a’가 쓰이고 있음을 알 수 있다. 그리고 상향이
중모음의 표기에는 한결같이 ‘y’가 반모음 /j/의 표기에, ‘w’가 /w/의 표
기에 사용되고 있다.

　‘ㅐ, ㅢ’의 경우에도 이미 음운적 차이를 드러내지 못하고, 창간 초기
에 ‘a’와 ‘ai’의 두 가지 표기가 함께 나타나고 있다.6)

정태현 Chung T'a Hyun	노터우 No Ta Wo
윤태홍 Yun Tai Heung	니지각 Yi Chai Kak

---

5) 치조마찰음과 파찰음에 후행하는 이중모음은 18세기 이래 모두 단모음화된다.
　그러나 이러한 음운적 변화에도 불구하고 19세기말의 표기에는 그대로 이중모
　음 표기가 전승되고 있다. 독립신문의 경우에도 이중모음으로 표기된다. 그러
　나 로마자표기에서는 이들의 음운변화를 인정하여 이를 단모음으로 바꾸어 표
　기하고 있다.
　ㄱ. ‘ㅑ’→‘ㅏ’의 표기
　　　한진챵 Han Chin Chang　　　　쟝연 Chang Yun
　ㄴ. ‘ㅕ’→‘ㅓ’의 표기
　　　졍원셩 Chung Won Sung　　　　빅쳔 Pak Chun
　ㄷ. ‘ㅛ’→‘ㅗ’의 표기
　　　죠죵셔 Cho Jong Sö　　　　　　숑화 Song Wha
　ㄹ. ‘ㅠ’→‘ㅜ’의 표기
　　　림샹쥰 Im Sang Chun　　　　　츙쥬 Chung Ju
　ㅁ. ‘ㅖ’→‘ㅔ’의 표기
　　　김셰형 Kim Sé Hyeng　　　　김졔 Kim Jé
6) 앞의 4)에서 밝힌바 와 같이 극히 예외적으로 ‘eui’로 표기하거나, 또는 ‘ya’로 표
　기한 예외가 보이기도 한다.
　김죵히 Kim Chong Heui　　　　　빅윤긔 Pyak Yun Ki

‘ㅐ, ㅢ’를 음가대로 정확히 반영하지 못하고 ‘a’로 표기하고 있음이 특이하다. ‘a’의 실제 발음이 영어에서 /æ/와 같이 나는 경우의 유추가 아닌가 해석된다. 그러나 이러한 두 가지 표기는 발간 10여일이 경과되면서부터는 ‘ai’로 단일하게 정리되어 나타난다.

그러나 ‘ㅓ’의 표기는 상당히 혼란스럽다. ‘ㅓ’의 표기에는 ‘u, o, ö, eu’ 등이 뒤섞여 쓰이고 있다.

젼위셥	Chun Wi Sup	곡셩	Kok Sung
황범슈	Whang Pom Su	회덕	Hyo Dok
니건하	Yi Kön Ha		
리죵건	Yi Chong Keun	언양	Eun Yang

그런데 이들 사이의 빈도를 조사하여 보면 다소 차이가 있음을 발견하게 된다. 필자가 검토한 자료에 나타난 ‘ㅓ’의 표기는 모두 290회였다.[7] 이 가운데 ‘u’를 사용하여 표기한 경우가 183회로 약 63%에 달한다. 또 ‘o’와 ‘ö’를 사용한 경우가 각각 55회와 31회로 19%, 11%를 차지한다. 그리고 나머지 경우에 ‘eu’로 표기되어 있다.[8] 이렇게 볼 때 ‘ㅓ’의 표기에는 ‘u’가 가장 일반적이었던 것으로 보인다. 이중모음 ‘ㅕ, ㅝ’를 표기한 경우에도 핵모음 ‘ㅓ’의 표기에는 앞의 양상과 크게 다르지 않다.

‘ㅔ’의 표기에는 ‘é’가 사용되어 일관성을 보인다.[9] ‘ㅖ’의 표기는 ‘yé, é’가 뒤섞여 쓰이다가 차차 ‘yé’로 통합된다.

---

7) 주 5)에서 언급한 치조마찰음과 구개음에 후행하는 이중모음의 표기도 포함한다.
8) 극히 예외적으로 ‘ü’로 표기한 경우가 2회, ‘ou’로 표기한 경우가 1회 나타난다.
9) ‘인제’를 ‘In Chai’로 표기한 경우가 보이나 이는 ‘ㅐ, ㅔ’의 혼동에서 비롯된 것이다.

‘ㅗ’의 표기에는 인명과 지명의 구분 없이 예외 없이 ‘o’가 쓰이고 있으며 ‘ㅛ, ㅝ, ㅚ’도 ‘yo, wo, oe’로 표기된다.

민샹호 Min Sang Ho   김원표 Kim Won Pyo
옥 구 Ok Ku   용 인 Yong In
최원쟝 Choe Won Chang   윤죵회 Yun Chong Hoe

‘ㅜ’의 경우에는 ‘wö, wo, wu’로 쓰인 소수의 예10)를 제외하면 모두 ‘u’로 표기되어 있고 ‘ㅠ’도 ‘yu, iu’로 표기된다.

손붕구 Son Pung Ku   나 쥬 Na Ju
윤길션 Yun Kil Sun   신승균 Sin Seung Kiun

그런데 ‘ㅟ’의 경우, ‘wi’로 표기되는 것이 기대되나, 이외에도 오히려 ‘iu, yu, u, eui, oi’ 등도 나타나 통일되지 않은 모습을 보인다.

전위셥 Chun Wi Sup   위 원 Wi Won
리귀영 Yi Kiu Yung   조병귀 Cho Pyeng Kiu
노흥귀 No heung Kyu   김귀인 Kim Ku In
신장휘 Sin Chang Heui   진 위 Chin Oi

‘ㅡ’의 표기에는 ‘eu’가 쓰이고 있다.

---

10) 이 경우는 ‘우’의 표기에만 나타난다.
   홍우덕 Hong Wö Duk   윤우영 Yun Wo Yong   리병우 Yi Pyeng Wu
   ‘wö’는 초기에 주로 사용된다. 제12호(4월 30일자)부터 ‘wo’로 쓰이기 시작한다.
   그러나 성의 표기에 ‘우락션 U Rak Sun’처럼 단독으로 ‘U’로 표기하는 경우도
   보인다.

　　은세챵　Eun Sé Chang　　　　　이승원　Yi Seung Won
　　금　구　Keum Ku　　　　　　　홍　덕　Heung Dok

'ㅣ'의 표기에는 'i'가 주로 쓰이고 있다. 예외적으로 'eui'가 쓰이고 있다. 그런데 'ㅢ'는 'i'와 'eui'로 나뉘어 표기되고 있는데 이로 보아 당시에 이미 'ㅣ'와의　음성적 차이를 변별하기 어려웠던 것으로 보인다.

　　니길하　Yi Kil Ha　　　　　　니슌익　Yi Sun Ik
　　젼쥰긔　Chun Chun Ki　　　　유긔승　Yu Keui Seung

이상에서 살펴본 독립신문의 인명과 지명 등 고유명사의 표기에 나타난 모음의 로마자표기를 귀납하여 정리하면 다음 표와 같다.11)

<표 1> 독립신문의 모음 음소별 로마자표기

음소	로마자표기	음소	로마자표기
ㅏ	a	ㅓ	u, o, ö, eu
ㅗ	o	ㅜ	u, wö, wu, wo
ㅡ	eu	ㅣ	i, eui
ㆍ	a	ㅐ	a
ㅔ	é	ㅢ	a, ai, eui, ya
ㅑ	ya	ㅕ	yu, yo, ye, you
ㅛ	yo	ㅠ	yu, iu
ㅖ	yé, é	ㅢ	eui, i
ㅚ	oe, yo	ㅝ	wi, iu, yu, u, eui, oi
ㅘ	wa	ㅝ	wu, wo

---

11) 표 안의 굵은 글자는 해당 음소의 표기에 주로 사용된 로마자이다.

2.2. 자음의 표기 양상

독립신문의 인명과 지명에 사용된 자음 표기는 'ㄱ, ㄴ, ㄷ, ㄹ, ㅁ, ㅂ, ㅅ, ㅇ, ㅈ, ㅊ, ㅌ, ㅍ, ㅎ' 등 모두 13가지이다. 유기음 'ㅋ'과 후두음 'ㄲ, ㄸ, ㅃ, ㅆ, ㅉ' 등이 쓰이지 않고 있는데 이는 인명과 지명에 국한한 자료의 특수성에 기인한다. 따라서 이들이 당시의 음운체계를 그대로 반영하는 것은 아니다. 먼저 각각의 한글 자음 표기에 대응되는 로마자표기를 살펴보도록 하겠다.

'ㄱ'의 표기에는 모든 환경에서 'k'가 쓰여 일정한 규칙성을 보여 준다.12)

김영환 Kim Yong Whan　　　박게혁 Pak Keui Hyok
공 주 Kong Ju　　　　　　 양 구 Yang Ku
영덕 Yong Dok

'ㄴ'의 경우에도 'n'이 일정하게 사용되었다.

남샹은 Nam Sang Eun　　안태원 An Tai Won
나 쥬 Na Ju　　　　　　 원 산 Won San

그런데 'ㄴ'이 'ㅣ'에 선행하는 경우, 한글 표기에는 두음법칙을 인정하지 않고 그대로 형태를 좇아 표기하고 있으나, 로마자표기에는 음운

______

12) 유성음 환경에서 'g'가 쓰인 것으로 보이는 지명 예가 두 곳 등장한다.
　　영광 Yong Gwang　만경 Man Gyung.
　　그러나 이들 예만으로는 환경에 따른 표기의 구별이라고 말할 수는 없다.

의 변화를 인정하여 'n'을 탈락시키고 있다. 이는 '니'(李)씨의 표기에 나타난다. 즉 인명의 성(姓) 표기에 '이'씨의 경우 종래의 관습대로 '니'로 표기하고 있다. 그러나 로마자표기에서는 이를 'n'으로 표기하지 않고 주로 'Y'로 표기한다.

니건하 Yi Kön Ha   니한용 Yi Han Yong

또 '임'씨의 경우도 '님'으로 표기하고 있으나 로마자표기에서는 어두의 'ㄴ'을 인정하지 않는다.

님유철   Im Yu Chul

'ㄷ'의 표기에는 't'와 'd'가 혼용되고 있다.

림대쥰 Im Tae Chun   김병도 Kim Pyeng To
덕 산 Tok San   대 구 Tai Ku
정도영 Chung Do Young   니종덕 Yi Chong Dok
덕 천 Dok Chun   벽 동 Pyek Dong

그러나 이들의 혼용은 무원칙하게 이루어진 것은 아니다. 표기의 빈도를 조사할 경우 대강의 원칙이 발견된다. 필자가 조사한 인명 자료에 'ㄷ'이 사용된 예는 모두 42건이다. 한국 인명의 특성상 'ㄷ'이 어두에 쓰인 예는 발견되지 않았다.[13] 또 어말에도 전혀 나타날 수가 없다. 그

---

13) 인명의 특성상 'ㄷ'이 어두에 등장하기 위하여는 都, 董, 段 등의 성을 지닌 인물이어야 한다. 그러나 이들 성을 가진 사람들은 매우 드물다.

런데 이들 42건 가운데 어중의 'ㄷ'이 'd'로 표기된 예가 35예, 't'로 표기
된 예는 7예가 보여 어중에서는 주로 'd'로 표기되는 양상을 나타낸다.

한편 지명표기의 경우, 모두 19예 가운데 어두에 나타난 경우는 5예
인데 이들 가운데 4예는 't'로 표기되어 있고 1예만이 'd'로 표기되었다.
그리고 어중에 나타난 14예는 모두 'd'로 표기되었다.

결국 이러한 자료를 통하여 볼 때 독립신문의 'ㄷ' 표기는 어두에 올
경우 't', 어중에 올 경우 'd'로 구분하여 표기하는 것을 원칙으로 하였음
을 짐작할 수 있다.

'ㄹ'의 경우는 어말자음의 경우 예외없이 'l'로 표기된다. 어두에서는
'r'로 표기되는데 다만 'i'에 선행하는 경우는 앞의 'ㄴ'에서도 언급되었
듯이 두음법칙의 표기가 한글 표기와 로마자표기 사이에 서로 다르게
적용되어, 한글로는 표기가 되나 로마자표기에서는 탈락된다.

신철영	Sin Chul Yong	결 성	Kyul Sung
우락션	U Rak Son	락 안	Rak An
리명현	Yi Myeng Heun	례 천	Yi Chun
황석룡	Whang Sok Yong	니재륜	Yi Chai Yun

또한 형태음소적 교체가 일어날 경우 이를 받아들여 '동리 Tong Nai'
처럼 'ㄴ'으로 표기하기도 한다.

그런데 '이'씨의 한글 표기의 경우, 독립신문은 李씨를 5월 7일자 신
문(제15호)까지는 '니'로 표기하고 다음호인 5월 9일자(16호)부터는 '리'로
표기하는 표기상의 변화를 보여 준다. 이는 '李'의 한자음을 단독으로
발음할 때 ('리')와 뜻과 함께 발음할 때(오얏 리> 니)의 음운 변화의 차

이로 인한 혼란을 본디 한자음으로 정리한 것으로 보인다.

　이는 독립신문의 로마자표기가 전반적으로 형태표기를 좇고 있는 경향에서 볼 때 예외적인 현상으로 주목된다.

　'ㅁ'은 예외 없이 모든 환경에서 'm'으로 표기된다.

목유신　Mok Yu Sin　　　　송문섭 Song Mun Sup
강봉흠　Kang Bong Heum
문　화　Mun Wha　　　　　함흥　Ham Heung

　'ㅂ'의 경우에는 'p'와 'b'가 혼용되고 있다. 'ㅂ'의 경우도 'ㄷ'에서 나타났듯 사용 빈도로 보아서는 대체로 어두에서는 'p'가, 어중에서는 'b'가 주로 쓰이고 있음을 발견하게 된다. 다만 어말 자음의 경우에는 모두 'p'로 표기된다.

박윤성　Pak Yun Sung　　　김병규　Kim Pyeng Kyu
정윤협　Chöng Yun Hyop
부　안　Pu An　　　　　　정　읍　Cheung Eup
방한권　Bang Han Kwon　　강봉흠　Kang Bong Heum
비　안　Bi An　　　　　　고　부　Ko Bu

　또한 봉산, 'Bong San'과 'Pong San', 북청, 'Buk Chung'과 'Puk Chung'처럼 2가지 표기가 함께 쓰이고 있는 경우도 볼 수 있다. 또 극히 예외적인 표기로 '부산 Fu San'이 보인다.

　'ㅅ'은 모두 's'로 표기된다.

신승균 Sin Seung Kiun   박봉샹 Pak Bong Sang
송 화 Song Wha   한 산 Han San

그런데 일부 's+i' 표기에 'sh'가 쓰인 경우가 있는데 동일한 환경에서 's'를 사용한 표기가 더 있음을 보아 원칙적인 것은 아니었고 개인적인 변이형으로 보인다.

목유신 Mok Yu Shin   고준식 Ko Jun Shik
신정식 Sin Chung Sik   민경식 Min Kyeng Sik

'ㅈ'의 표기에는 'ch'와 'j'가 혼용되었다. 이들 역시 그 분포를 살펴보면 어두에서는 주로 'ch', 어중에서는 주로 'j'가 쓰였으나 예외적인 경우도 상당히 발견된다.

죠쥬원 Cho Ju Won   윤종회 Yun Chong Hoe
진 잠 Chin Cham   뎐 쥬 Chun Ju

'ㅊ'은 'ch'로 표기하였는데 예외적으로 'ch''로 표기된 경우가 있다.

최경형 Choe Keng Heung   국치열 Kuk Chi Yul
철 원 Chul Won   홍 천 Hong Chun
청 숑 Ch'ung Song

'ㅋ'의 표기는 자료에 나타나지 않았다. 'ㅋ'의 기능 부담량이 그리 크지 않은(김민수, 1985 : 51) 한국어에서 특히 인명과 지명에는 거의 나타나지 않는 관계로 자료를 확인하기가 어려웠다. 그러나 전술한 'ㅊ' 및 후

술할 'ㅌ'과 'ㅍ' 등 유기음의 예를 미루어 보아 'k'와 'k''가 혼용되다가 차차 'k'로 정리되었을 가능성이 높다.

'ㅌ'에는 't'와 't''가 혼용된다.

노티우 No Ta Wu   김정틱 Kim Chung Tak
정태현 Chung T'a Heun   박원터 Pak Won T'a
티 인 T'a In

그런데 이러한 혼용표기는 독립신문의 초창기에만 나타난다. 't''의 표기는 4월 20일자(제7호)의 현흥틱 'Heun Heung T'ak'을 끝으로 나타나지 않고 모두 't'로 표기된다. 이 시기는 독립신문의 창간 2주일이 경과된 시점이다. 아마 이때쯤에 로마자표기에 대한 새로운 검토가 시행되었던 듯하고 그간의 혼란상을 정리하여 하나로 통합·조정한 것으로 보인다.

'ㅍ'의 표기에도 초기에는 'p'와 'p''의 혼기가 나타난다. 그러나 이 경우에도 앞의 경우들과 마찬가지로 차차 'p'로 정리되어 표기된다.

니긔풍 Yi Ki P'ung   정 평 Chöng P'yong
피샹국 Pi Sang Kuk   박준필 Pak Jun Pil
평 양 Pyeng Yang   지 평 Chi Pyeng

예외적으로 'F'가 쓰인 '파주 Fa Ju'의 예가 보이나, 다른 곳에서는 모두 'Pa Ju'로 표기되고 있다. 'F'는 'ㅂ'의 표기에도 쓰인 경우(부산 Fu San)가 있는데 이들은 모두 예외적인 오표기가 아닌가 생각된다.

'ㅎ'의 표기에는 원칙적으로 'h'가 쓰였다.

홍승민 Hong Seung Min   김인학 Kim In Hak
함 홍 Ham Heung

이들을 정리하여 표로 제시하면 다음과 같다.

〈표 2〉 독립신문의 자음 음소별 로마자표기

음소	로마자표기	음소	로마자표기
ㄱ	k, g	ㄴ	n
ㄷ	t, d	ㄹ	r, l, n
ㅁ	m	ㅂ	p, b
ㅅ	s, sh	ㅇ	ng
ㅈ	ch, j	ㅊ	ch, ch′
ㅌ	t, t′	ㅍ	p, p′, f
ㅎ	h		

2.3. 당시 여타 표기 방식과의 비교

독립신문이 창간되던 1896년 당시에 우리 나라에는 몇 가지의 로마
자표기안이 제안되어 있었다. 물론 이들은 앞서 말한 대로 우리 관료
사회나 지식인들의 필요에 의해서가 아니라 서양인들의 욕구에 의하여
마련된 것이다. 그러나 1896년에는 이미 우리 나라에 영어교육이 비교
적 널리 보급되어 있었던 상황이므로 이들이 제안한 로마자표기안이
당시 이들과 교류하고 접촉한 관료와 지식인들 사이에 일정 정도 알려
졌을 가능성은 배제할 수 없다.

다음에 이 당시의 주요 로마자표기안들과 독립신문의 표기 방식을
비교한다.

2.3.1. 모음 표기의 비교

먼저 당시에 사용되었던 주요 표기안들을 정리하여 표로 제시한다.14)

<표 3> 개화기 주요 로마자표기안의 모음표기

	Ridel (1880)	Aston (1880)	Sat ow (1883)	Gabel entz (1892)	Baird (1895)	Hul bert (1895)	Gale (1897)	독립 신문 (1896)
ㅏ	A	a	ɑ	ɑ	ä	a	a	a
ㅓ	E	ǔ	ö	e	ǔ	ö, ǒ, ǔ	yö, ü	u
ㅗ	O	o	o	o	o	o	o	o
ㅜ	OU	u	u	u	oo	u	yu	u
ㅡ	EU	eu	eu	ö	eu	eu	eu	eu
ㅣ	I	i	i	i	ï	i, ǐ	i	i
ㆍ	Á	ă	ɑ	ă	ä	a	a	a
ㅐ		è	ɑi		ă	ă		ai
ㅔ		é	é		ã	e, ĕ		é
ㅚ			oi		?	oĕ		oe
ㅟ			ui wi		wï	ui		wi
ㅢ			wi		euï	eui		eui
ㆎ		è	ɑi	ăi	ă	ă		ai
ㅑ	YA	ya	yɑ	iɑ	yä		ya	ya
ㅕ	YE	yǔ	yö	ie	yǔ		yö, yü	yu
ㅛ	YO	yo	yo	io	yo		yo	yo
ㅠ	YOU	yu	yu	iu	yoo		yu	yu
ㅒ			yɑi					
ㅖ			yé		yā			yé

---

14) 여기에 제시된 표기안들은 고영근(1985)에 수록된 것들이다. 각각의 구체적인 서지 사항은 그곳으로 미룬다. 독립신문의 표기는 위에서 정리한 여러 표기 예 가운데 가장 빈도가 높은 것을 대표로 삼아 기록한다.

	Ridel (1880)	Aston (1880)	Satow (1883)	Gabelentz (1892)	Baird (1895)	Hulbert (1895)	Gale (1897)	독립신문 (1896)
ㅟ			yui		wï			
ㅘ			wa		wä	oa	wa	wa
ㅝ			wö		wŭ	uŏ, uö	wö, wü	wu
ㅙ					wä			
ㅞ			wé		wä	ué		
ㅚ			wai			oă		

19세기말에 나타난 여러 로마자표기안들 사이에는 상호간 완전히 일치하는 방식이 전혀 없이 다양한 모습을 보인다. 이는 이들 표기방식을 제정, 사용한 외국인들 사이의 교류가 별로 없었음을 보여 주는 것이기도 하고, 또 이 표기안을 만든 이들의 원래 사용언어가 독어권, 불어권, 영어권, 일어권들로 다양하게 나누어지고 있음도(고영근, 1985) 이와 같이 다양한 표기 방식이 나타나게 된 원인의 하나였을 것이라고 생각된다.

독립신문의 표기 역시 위의 어떤 것들과도 일치하지 않는 모습을 보여준다. 이들과 비교하여 나타나는 독립신문 표기의 특징을 몇 가지 요약하도록 한다.

먼저 간결성이다. 국어의 로마자표기나 외래어 표기법에서는 '1음운 1기호' 원칙을 적용하여 가능한 범위 내에서 알파벳 이외의 특수 기호를 사용하지 않는 것이 중요하다. 그런데 위에 보인 여러 표기 방식은 모음의 표기에는 breeve(˘), umlaut(¨), accent grave(`), accent aigu(´)를 비롯하여 '~', '‾' 등의 기호들이 사용되고 있다. 그러나 독립신문의 표기에는 'ㅔ'의 표기에만 accent aigu(´)가 사용되었을 뿐 기타의 기호는 모두 쓰이지 않았다. 아마도 이는 독립신문의 발행을 주도한 서재필이 미국식 표기에 익숙하였기 때문일 것이다.

다음은 'ㅓ'와 'ㅜ'의 표기가 동일한 점이다. 국어의 로마자표기에서 늘 문제가 되어 왔던 것은 'ㅓ' 와 'ㅡ'의 표기였다. (이상억, 1981 ; 이현복, 1981) 이들의 로마자표기가 어떻게 되느냐에 따라 다른 음소들의 표기 방식이 정해지기도 하였다. 이는 이들 두 모음을 제외한 'ㅏ, ㅗ, ㅜ, ㅣ' 들은 로마자와 국어와의 음성 시현이 유사하여 표기로부터 음성의 환원성이 우수함을 의미한다. 그런데 독립신문은 'ㅓ'와 'ㅜ'를 동일하게 표기하고 있음이 눈에 띈다.

2.3.2. 자음 표기의 비교

자음의 경우도 앞서 제시한 바와 같이 표로 제시한다.[15)]

〈표 4〉 개화기 주요 로마자표기안의 자음표기

	Ridel (1880)	Aston (1880)	Satow (1883)	Gabe-lentz (1892)	Baird (1895)	Hul-bert (1895)	Gale (1897)	독립신문 (1896)
ㄱ	K	k	k, g	k, g	k	k, g	k, g	k
ㄴ	N	n	n	n	n, l, y		n, l	n
ㄷ	T	t	t, d	t, d	t, d	t, d	t, d	t, d
ㄹ	R, L	l	l	l, r	l, n, r		l, n	r, l,
ㅁ	M	m	m	m	m		m	m
ㅂ	P	p	p, b	p, b	p, b	p, b	p, b	p, b
ㅅ	S, T	s	s	s	s, sh, t		s, t	s
ㅇ	NG	ng (final)	ng (final)		ng		ng	ng
ㅈ	TJ	ch	ch, j	č, ǰ	ch, j	ch, j	ch	ch, j
ㅊ	TCH	chh	chh	č′	ch′		ch′	ch

---

15) 이들 표기안들은 모두 경음의 한글 표기를 ㄲ, ㄸ, ㅃ, ㅆ, ㅉ 대신 ㅅ계 합용병서인 ㅺ, ㅼ, ㅽ, ㅆ, ㅾ로 하고 있다.

	Ridel (1880)	Aston (1880)	Satow (1883)	Gabe-lentz (1892)	Baird (1895)	Hul-bert (1895)	Gale (1897)	독립 신문 (1896)
ㅋ	HK	kh	kh	k′	k′		k′	
ㅌ	HT	th	th	t′	t′		t′	t
ㅍ	HP	ph	ph	p′	p′		p′	p
ㅎ	H	h	h	h	h, s		h	h
ㄲ	KK				g		g, tg	
ㄸ	TT				d		d, td	
ㅃ	PP				b		b, tb	
ㅆ	SS				s		s, ts	
ㅉ	TTJ				j		j, tj	
ㅿ				z, ṅ				

　자음의 경우에는 당시의 다른 표기법들과 독립신문의 표기법 사이에 커다란 차이를 보이지 않는다. 물론 어떤 표기법과도 정확히 일치하지는 않는다. 다만 유기음의 표기에서는 뚜렷한 특징을 보여준다. 다른 표기법들은 무기음과 유기음의 대립을 정확히 인식하여 이를 표기상에 반영하려고 노력하고 있다. 그러나 독립신문의 표기자들은 초기에는 이들을 구별하려고 하는 듯한 모습을 보였으나 곧 이를 무시하고 무기음과 동일한 표기를 사용하고 있다.16) 이는 아마도 영미인의 발음을 인지하는 과정에서 나타난 현실적인 표기라고 생각된다. 이상억(1981)은 한국인이 영어를 청취할 때 p, t, k는 대개 ㅍ, ㅌ, ㅋ로, b, d, g는 어두에서는 ㅃ, ㄸ, ㄲ나 ㅂ, ㄷ, ㄱ로, 그 이외에는 ㅂ, ㄷ, ㄱ로 인지하는 경향이 있음을 강조하고 있는데, 독립신문이 유기음을 p, t, k, ch로 표기하는 것은 이와 같은 측면에서 이해된다.

---

16) ‘ㅋ’의 경우는 용례가 없어 확증하기 어려우나 이도 다른 유기음의 경우와 크게 다르지 않았을 것으로 짐작된다.

그러나 이러한 경우에는 무기음 ㅂ, ㄷ, ㄱ, ㅈ를 표기하는 데에 b, d, g, j를 사용하여 이들을 구별하는 것이 적절할 것이다.[17] 그러나 이들 로마자는 'ㄱ'을 제외한 파열음의 유성음 표기에 사용되어 유기음과 무기음의 구별에 쓰이지 못하였다. 결국 이 문제에 있어 독립신문의 표기자들은 발간 초기에는 이들을 구별하다가 점차 로마자들에 대한 당시 한국인들의 청각인식이 동일하거나 비슷한 것이었음을 보여 준다.

결국 여타의 표기법들이 나름대로의 체계적인 바탕 위에서 표기법을 구축하였던 것에 비하여 독립신문의 표기법은 한글의 로마자표기법에 관한 체계적 검토를 거쳐 제안된 것이 아니라, 당시 이 신문의 편집에 참여한 사람들의 실용적 편의에 의하여 만들어진 것으로 이해된다. 즉 신문의 창간 당시부터 일정한 규정으로 짜여진 것이 아니라 우선적으로 한가지의 표기를 하여 보고 이를 검토하는 과정에서 다시 바꾸고 하는 식으로 규정해 나간 것이다.

3. 인명의 표기 방식

이 장에서는 독립신문에 나타난 인명의 표기방식을 점검한다. 표기방식이란 인명을 구성하는 단위에 대한 분석 결과를 나타내는 것이다. 즉 성과 이름의 표기 순서, 이름 내부의 각 음절의 독립성 여부 등 한국인의 인명에 대한 구조적 관점을 보여 준다. 따라서 인명에 쓰인 각 음소의 표기 방식은 앞의 분석에 돌리고 여기에서는 그 표기 방식에만

---

17) J.Ross(1882), 정인섭(1935), 조선어학회(1940) 등에서 이와 같은 표기 방식을 취하고 있다. (이상억.1981)

초점을 맞춘다.

3.1. 인명 표기의 여러 방식

우리 나라 사람의 이름을 로마자로 표기하는 방식에는 여러 가지가 있다. 먼저 「McCune-Reischauer표기법」(1939, 이하 「M-R」로 표기)은 한국어의 로마자표기에 전환점을 제공한 중요한 방식이었다. McCune과 Reischauer에 의해 제안된 이 전사체계는 탄탄한 이론적 뒷받침을 근거로 하여 한국어의 로마자표기의 전형으로 널리 사용되었고 현재까지도 강한 영향력을 지니고 있다.

한국어의 로마자표기에 상당한 영향을 끼쳤던 이 방식은 여타 로마자표기 양식과 마찬가지로 분절음의 표기 방식에 치중하여 인명의 표기 양식에 대해서는 아무런 규정을 하고 있지 않다. 그러나 이 규정 안에는 몇몇 인명의 표기례가 나와 이 방식이 준용하고 있는 표기 방식을 짐작하게 해 준다. 다음에 그들을 옮겨 적는다.

<table>
<tr><td>최현배</td><td>Ch'oe Hyŏnbae</td><td>정인섭</td><td>Chŏng Insŏp</td></tr>
<tr><td>김선기</td><td>Kim Son'gi</td><td>최남선</td><td>Ch'oe Namsŏn</td></tr>
<tr><td>김용운</td><td>Kim Yongun</td><td>오세준</td><td>O Sejun</td></tr>
<tr><td>빅락쥰</td><td>Paek Nakchun</td><td></td><td></td></tr>
</table>

결국 「M-R」의 한국 인명 표기 방식은 한국인의 인명을 성과 이름의 두 부분으로 분리하되 이름에 쓰인 두 음절의 독립성은 인정하지 않는 표기법이었다.

「M-R」의 이와 같은 인명표기 방식은 한글학회(1984)에까지 이어져 온다. 한글학회(1984)는 한국 인명의 표기에 대해 "성과 이름은 띄어 쓴다."고 규정하고 다음의 예를 제시하고 있다.

　　　　Gim Cheolsu　김철수　　　　　　　Gang Bogdong　강복동

　한국 인명의 로마자표기가 공식적으로 규정된 것은 1984년에 들어서이다. 그해 1월 문교부가 제정 고시한 「국어의 로마자표기법」(이하 '표기법'으로 약칭)이 바로 그것이다. 이 표기법은 1939년에 마련된 「M-R」과 1959년에 문교부에서 제정, 공고한 「한글의 로마자표기법」 등의 미비점을 보완하기 위하여 제정되었다. 특히 인명의 표기에 관하여는 이전의 표기법들이 명시적으로 밝히지 않았던 것을 분명히 하였다는 점에서 커다란 의의가 있다.

　이 규정은 "국어의 로마자표기는 국어의 표준 발음에 따라 적는" 것을 대전제로 하며 "로마자 이외의 부호는 되도록 사용하지 않"고 "1음운 1기호의 표기를" 원칙으로 한다.

　인명의 표기에 대하여는 제2장 4항에 규정하고 있는데 이를 그대로 옮겨 본다.

　　　제4항 인명은 성과 이름자의 순서로 쓰되 띄어 쓰고, 이름사이에
　　는 '-'(짧은 줄표)를 넣는다. 다만, 한자식의 이름이 아닌 경우에는
　　'-'를 생략할 수 있다.
　　　　보기 : 김 정호　　Kim Chŏng-ho
　　　　　　　남궁 동자　Namgung Tong-cha
　　　　　　　손 미희자　Son Mi-hŭi-cha

정 마리아 Chŏng Maria
한 하나   Han Hana

　이 표기방식의 특징은 인명을 성과 이름으로 2분하여 각각 하나의 단위로 인정하고 있다는 점이다. 이는 앞의 「M-R」의 방식과 전체적인 구조에서 일치한다. 그러나 「M-R」이 이름을 완전히 하나의 단위로 인식하고 있는데 비하여 표기법의 규정은 이름을 이루는 두 음절의 의미적 독자성을 인정하고 있다. 이에 따라 이름의 두 음절 사이에 짧은 줄표로 이를 연결하도록 하였다. 따라서 전체적으로는 두 개의 단위로 나누어지고, 이름 부분은 다시 두 단위로 구별하는 방식이다.

　현재 우리 인명의 로마자표기에는 위의 방식들 이외에도 여러 전문가들의 개인적인 견해들이 제시되어 있다. 이상억(1981)은 Sohn, Ho-min et al(1981)의 제안을 지지하고 있는데, 이 제안은 원칙적으로 「M-R」의 방식을 따르면서 이름의 두 음절 사이의 음운변화도 그대로 수용하자는 입장이다. 예를 들어 김복남의 경우 Kim Pongnam으로 적자는 것이다. 김세환(1998)은 "성명은 한국식 순서대로 쓰고 각 글자의 첫 자는 대문자로 하고 성 다음에는 comma를 넣어 사람의 성명임을 식별하게" 하자고 주장하고 Gim, Bo Eun을 예로 들었다. 정태충(1998)은 정보공학적 측면에서 국어의 음절 단위 표기가 로마자표기의 가장 효과적인 방법임을 지적한 뒤, 인명 표기에서는 성과 이름은 쉼표로 구분하고 이름의 내부에서는 두 음절을 붙여 쓰되 각각 음절의 시작은 대문자로 표기하는 안(Hong, GilDong)을 제시하였다.

　이상의 제안들이 일단은 한국인의 인명표기 순서를 한국식으로 하자고 제안하고 있는데 반하여, 채수원(1994)은 우리의 이름 표기도 서양인들의 인명표기 순서를 따르는 것이 바람직하다고 제안하고, Kil-dong Hong이나 Kildong Hong을 예로 들었다.

한편 유만근(1980)도 성과 이름을 구분하고 이름의 내부 두 음절은 각각 독립 음절로 인정하여 대문자로 시작하되 이를 '-'으로 연결하도록 하였다. 그런데 그의 주장의 특이점은 이름의 표기순서에서 우리 식과 서양식의 상호대등론을 주장하는 점이다. 다시 말하면 '외래어의 한글표기'와 '우리말의 로마자표기' 방식이 일치하여야 한다는 것이다. 즉 John Kennedy를 서양식의 순서에 따라 '존 케네디'로 옮겨 적으면 홍길동도 'Hong Gil-Dong'으로 표기해야 하고 John Kennedy를 우리식인 '케네디 존'으로 적으면 홍길동도 서양식인 'Gil-Dong Hong'으로 적어야 한다는 수용자위주의 표기법을 제안하고 있다.

다음에 위의 제안들의 인명 표기 방식을 정리하여 보자. 이들 여러 제안들의 공통점은 모두 성과 이름을 분리하여 표기하자는 것이다.

즉 인명의 구성 요소를 성과 이름으로 이분하여 각각을 변별적인 단위로 인식하는 이분표기인 것이다.

<표 5> 인명표기에 관한 여러 제안

표 기 안	인명 예	로마자표기
M-R (1939)	최현배	Ch'oe Hyŏnbae
문교부 (1984)	김정호	Kim Chŏng-ho
한글학회 (1984)	김철수	Gim Cheolsu
유만근 (1980)	홍길동	Hong Gil-Dong
Sohn, Ho-min (1981)	김복남	Kim Pongnam
이상억 (1981)	김복남	Kim Pongnam
채수원 (1994)	홍길동	Kil-dongHong, Kildong Hong
정태충 (1994)	홍길동	Hong, GilDong
김세환 (1998)	김보은	Gim, Bo Eun

그러나 실제 우리 사회의 인명표기는 어떠한가? 과연 앞에서 제시된 여러 표기 방식들이 사회 일반 언중들에게 어느 정도 인식되어 있는가? 이에 대한 최근의 연구들은 위의 전문가들의 견해가 우리 사회의 언중들에게는 전혀 인식되고 있지 않음을 보여주고 있다.

국회의원 299명이 스스로 로마자로 자신의 이름을 기록한 자료를 분석한 정경일(1997)에 의하면 인명표기의 양상은 8가지로 나누어지는데 가장 많은 표기례를 보인 방식은 성과 이름의 순서를 우리 식으로 하고, 인명의 세 음절을 각각 독립적으로 표기하는 삼분표기방식으로 Hong Kil Dong과 같은 방식이었다. 이러한 결과는 김혜숙(1998)에서도 확인된다. 김혜숙은 Korea Annual(1996)에 실린 846명 중에서 외자 이름을 뺀 819명의 로마자표기를 분석하였는데 이중 80%에 해당하는 655명이 삼분표기방식을 사용하고 있었다.

이러한 조사 결과는 우리 사회의 언중들에게 인명의 성명 3자는 각각 독립된 의미를 지니는 중요한 요소로 인식되어 있음을 보여 주는 것이다. 따라서 이들을 로마자로 표기할 때에도 이들 구성요소를 분리하지 않고 표기하고자 하는 의식이 강하게 존재하고 있음을 보여 준다.

3.2. 독립신문의 표기 방식

독립신문의 인명표기 방식은 삼분표기방식이다. 중국식 인명 체계의 성립 이래 한국인의 인명은 '성'과 '이름'의 두 부분으로 구성된다. 일반적으로 성은 일 음절이고 이름은 2음절로 되어 인명은 모두 세 음절로 구성된다.

 독립신문이 보여주는 삼분표기방식은 성과 이름을 따로 구별하지 않고 한국식 인명의 구조대로 인명의 세 음절을 모두 각각의 단위로 인식하여 표기하는 방식이다.

 표기에는 영어의 알파벳을 이용하는데 이때 각 음절의 첫 음소는 '대문자'(Capital letter)로, 나머지 부분은 '소문자'(Lower Case)로 표기하는 방식이다. 그리고 각 음절의 표기나 음절간에는 아무런 다른 표지를 사용하지 않는다.

윤길구	Yun Kil Ku	홍병진	Hong Pyeng Jin
김원표	Kim Won Pyo	박용규	Pak Yong Kyu
황 목	Whang Mok	쟝 헌	Chang Heun

 특별한 규정이 없는 상태에서 자연스레 이루어진 이러한 표기 결과는 앞에서 살펴 본 우리 사회에서의 인명표기의 일반적 양식과 일치한다. 독립신문의 로마자표기 방식에서 개별 음소에 대한 표기는 신문의 내부 표기에서도 혼란된 모습을 보이고 있었음에 비해 인명의 표기양상은 삼분표기라는 일관된 원칙을 고수하고 있음은 이러한 표기가 당시에 가장 자연스러운 것으로 받아 들여졌음을 의미한다.

 그리고 이러한 표기 방식이, 여타의 공식·비공식적인 방식들을 제쳐두고 현재까지도 우리 사회의 주류를 이루며 존재하고 있음은 우리 언중들의 인명표기에 대한 가장 자연스런 욕구가 어디에 있는가를 보여 주는 결과라고 할 수 있다.

4. 결론

독립신문의 로마자표기 방식은 당시의 어떤 표기방식과도 같지 않은 나름대로의 독창성을 지닌 표기방식이었다. 이는 기존의 방식들이 외국인에 의하여 제안된 것들이었는데 반해 우리 지식인에 의하여 처음 제안된 것이라는 데에 의의가 있다.

그러나 독립신문의 로마자표기 방식은 처음부터 일관된 체제를 유지한 것은 아니었다. 초기에는 동일 음소, 또는 동일 인명에 대한 표기가 일률적이지 못하였다. 그 후 약 2주가 지나면서 차차 하나로 정리된 모습을 드러내기 시작하였다. 이로 미루어 이 표기는 어느 한 사람에 의하여 마련된 것이 아니라 내부적인 토론과 검토를 거쳐 정리되어 간 것으로 보인다.

물론 일률적이지 않은 이유의 하나로 모든 표기를 표기 대상자의 개인적인 표기로 생각할 수도 있다. 이와 같은 가정의 근거는 당시에 이미 상당한 범위로 영어교육이 진행되고 있었기 때문이다.[18] 독립신문의 표기 대상자들이 모두 당시의 관리들이었다는 점에서 그들이 스스로의 이름을 로마자로 표기할 줄 알고 있었고 또 개인의 필요에 의해서는 로마자표기를 하였을 가능성은 있다. 그러나 모든 관리들이 영어

---

18) 독립신문이 창간되기 이전부터 영어교육이 진행되고 있었다. 공식적인 영어교육기관은 1883년에 국가에서 설립한 통역관 양성기관인 「同文學」이 그 최초이다. 그후 1886년 설립된 「育英公院」에서 양반, 고관의 자제를 모아 영어를 가르쳤는데 이곳에서 교육받은 인원만도 112명에 달하였다. 특히 이곳의 교육은 모두 영어로 이루어졌고 심지어 교과서도 모두 영어로 만들어졌었다. 그리고 앞서 언급한 동문학에서 교육받은 학생들이 조교로 활동하기도 했었다. 또한 이 시기에 배재학당(1885), 이화학당(1896)을 비롯한 신식 교육기관들이 생겨나면서 영어교육이 널리 퍼지게 되었다. (이광린, 1983)

교육을 받았다고 가정할 수는 없고, 동일인의 표기에서조차 표기방식
이 달라짐을 보아 이러한 가능성은 배제된다.

로마자표기법의 교육과 인식실태에 대하여

1. 서론

한국어의 세계화 전략에는 두 가지의 방향이 있다고 생각된다. 첫째는 외국인에게 한국어와 한글을 교육하는 일이고 두 번째는 외국인이 이해할 수 있도록 한국어를 표기하는 일이다. 전자는 적극적이고 효과적인 방법이나 광범위한 실행에는 상당한 시간과 노력이 수반되어야 하는 한계가 있다. 후자는 외국인이 이해하는 효과는 전자에 비해 떨어지나 세계적으로 공인된 표기 수단을 사용하여 표기할 경우 학습에 따른 노력과 시간을 줄일 수 있는 장점이 있다. 이런 점에서 국어의 로마자표기법은 단순한 표기 방식의 차원이 아니라, 한국어의 세계화를 위한 두 번째 방향이라는 관점에서 논의되어야 한다.

국어의 로마자표기법은 외국인에게 한국 문화를 정확히 이해시키는 데 매우 중요한 역할을 수행하고 있다. 로마자표기의 주요 대상은 인명과 지명, 단체명 등을 비롯하여 각종 문화재나 동식물의 이름 등 고유명사인데[1] 이들의 표기가 일관된 원칙 아래 이루어지지 않으면 외국인에게 한국인과 한국문화의 정체성에 혼동을 초래할 우려가 있다. 따라서 우리는 국가에서 공인된 로마자표기법을 제정, 시행하여 표기의 혼선에서 빚어지는 혼란을 예방하고자 노력하고 있다.

그러나 현재 우리 사회에서 일반적으로 표기되고 있는 로마자표기의 실태는 과연 로마자표기에 관한 일관된 규정이 존재하는지에 대해 의심을 갖게 한다.[2] 물론 이러한 현상이 초래된 데에는 여러 가지 원인이 지적될 수 있을 것이다.

이 글은 로마자표기법 혼란의 원인 가운데 한가지로 지적되고 있는 교육의 부재에 대한 현상을 설문조사를 통해 알아보고 이러한 상황이 발생하게 된 교육과정상의 문제를 점검한 뒤 이에 대한 대책을 강조하고자 한다.

2. 로마자표기법의 변천

2.1. 로마자표기법의 원리

로마자표기법이란 로마자를 일상적 표기수단으로 사용하지 않는 언어권에서 단지 특별한 목적에 로마자를 활용하는 방법을 말한다. 이는

---

1) 이외에도 개인간의 통신에서도 한글을 풀어서 로마자로 쓸 수 있다는 주장도 있다.(이현복, 1998) 그러나 이는 일부 예외적인 경우이고 로마자표기의 대종은 아니라고 본다.
2) 표기 실태에 관해서는 서정수(1991), 고정언(1992), 정경일(1997), 김세중(1997), 김혜숙(1998) 등 참조.

활용 정도에 따라 두 가지로 분류된다. 하나는 로마자를 자국어의 발음 기호로 사용하는 경우이다. 중국어의 경우가 여기에 해당하는데 중국 어를 표기하는 공식 문자는 한자이다. 그러나 한자는 그 자체가 음을 드러내기는 하나 표음문자가 아니기 때문에 개별 한자의 음을 정확히 알기 위해서는 개별 한자별로 따로 학습하고 기억해야 한다. 곧 개별 한자의 음을 용이하게 파악할 수 있는 기호가 존재하지 않는다. 이러한 불편을 해소하기 위하여 중국에서는 로마자를 사용하여 개별 한자의 음을 표기하고 있다. 따라서 로마자는 공식적으로 발음을 나타내주는 기호로 사용되는 것이다.

다른 하나는 공식적인 자국어의 발음기호를 보조하는 수단으로, 외국인의 이해를 돕기 위하여 사용하는 경우가 있다. 국어의 로마자표기법이 이에 해당한다 하겠다. 한국인의 발음은 한글을 이용하여 기록할 수 있고 다른 표기수단의 도움을 필요로 하지 않는다. 그런데 외국인들은 한글에 대한 교육을 받지 않았을 경우 이를 이해할 수 없다.

즉 국어의 로마자표기법은 한국어를 로마자로 표기하여 외국인들로 하여금 우리가 일상적으로 사용하는 발음대로 복원할 수 있도록 사용하는 표기법이다.[3] 따라서 로마자표기법의 완성도는 이 표기를 통하여 외국인들이 얼마나 한국인과 동등한 발음을 하도록 유도할 수 있느냐에 달려 있다 하겠다.[4]

---

3) 이익섭(1997)은 문자 표기의 원리상 문자는 단순히 발음을 복원하도록 유도하는 기호일 뿐 아니라 시각적으로 그 의미를 전달하는 기능을 지니고 있음을 강조하고, 로마자표기도 이와 관련시켜 생각해야 한다고 주장한다. 그러나 이 글은 로마자표기법의 경우 그 본질적 속성 상 한글의 대체 수단이라는 측면에서 단순히 발음 복원을 위한 기호로 이해하고자 한다.

4) 이현복(1998)은 로마자표기법의 사용자를 일차적으로는 외국인을 설정하고 부차적으로 한국인에게도 필요한 것이므로 이들 모두를 위한 최대 공약수의 조건

　　로마자표기의 방법에는 일반적인 문자 표기와 마찬가지로 형태 표기 위주의 전자법과 음소 표기 위주의 표음법의 두 가지 방법이 있다. 지금까지 국내에서 제안된 로마자표기법은 19세기 말엽 외국 선교사들의 제안을 비롯하여 2000년 7월 개정된 「국어의 로마자표기법」에 이르기까지 약 40여 종에 이르는데5) 이들은 결국 표음법과 전자법 사이에서의 변동을 보이고 있는 것으로(정희원, 1997) 현행 표기법은 1984년의 표기법과 함께 표음법의 원칙을 유지하고 있다.

2.2. 로마자표기법의 변천

　　정희원(1997)은 우리말의 로마자표기법 변천을 다음과 같이 세 단계로 설명하고 있다. 첫째 단계는 우리 나라에 외국인들의 입국이 공식 허용된 19세기를 전후하여 주로 서양 사람들이 그들의 필요에 따라 표기법을 고안하던 단계이고, 둘째는 일제 통치시기에 일본 및 국내 학자들이 개인적으로 표기법을 만들어 사용하던 시기이며, 셋째는 광복 이후 오늘에 이르기까지 정부에서 공식적으로 로마자표기법을 제정하고 공포하여 사용을 권장한 시기이다.

　　결국 우리말을 로마자로 표기하고자 하는 의식은 애초부터 한국인의 필요에 의해서가 아니라 외국인들이 당면한 일상적 필요에 의하여 우선적으로 착수했던 사업이다(이상억, 1981, 1982).

　　우리 지식인들이 로마자를 공식적으로 표기하기 시작한 최초의 일은

　　을 갖추어야 한다고 주장한다.

5) 로마자표기의 변천과 각종 로마자표기의 특징에 관해서는 이상억(1981, 1998), 김복문(1996), 정희원(1997), 유만근(1998) 등을 참조.

아마 독립신문의 발간을 통해서일 것이다.(정경일, 1999) 독립신문이 창간되던 당시에도 이미 몇 가지의 로마자표기 규정들이 제안되어 있었다.(고영근 편, 1985 참조) 그러나 우리 사회에 가장 널리 영향을 끼친 표기안은 1939년에 제안된 「McCune-Reischauer표기법」이었다. 이 전사 체계는 한국어의 로마자표기의 전형으로 널리 사용되었고 일제시대는 물론 현재까지도 강한 영향력을 끼치고 있다.

대한민국 정부 수립 이후 국가적으로 공인된 표기법의 필요가 대두되어, 1948년 문교부에서 「한글 로오마자로 적는 법」을 채택하여 최초로 공식적인 표기법이 만들어졌다. 이어 1959년 이를 개정한 「한글의 로마자표기법」이 공표되었으나 이 안은 일반의 호응을 크게 받지 못하고, 1984년에 새로운 「국어의 로마자표기법」으로 대체되었다. 1986년의 아시안 게임과 1988년의 올림픽 개최를 앞두고 급격히 늘어난 외국인의 수요에 맞추기 위하여 개정된 이 표기법도 사용 16년만인 2000년 7월에 새로이 개정되어 현재에 이르고 있다.

물론 국가의 공식 표기안과 별도로 그간 국내외 주요 학자들에 의하여 많은 로마자표기안들이 제안되었다.(이상억, 1981, 1998 ; 유만근, 1998 ; 김복문, 1996) 그러나 이들의 제안은 개인적인 소견에 머물고 사회적으로 커다란 영향을 주지는 못하였다.

3. 로마자표기법에 대한 인식 실태

로마자표기법이 정부에 의하여 공식적으로 고시되어 사용된 지도 55

년의 시간이 흘렀으나 이에 대한 우리 국민들의 사용 실태는 매우 혼
란스러운 양상을 보이고 있다. 이러한 혼란스런 사용 실태는 결국 우리
국민들이 로마자표기법에 대한 인식실태를 반영하는 것이라고 생각된
다. 이에 따라 필자는 로마자표기법에 대한 인식과 교육의 실태를 알아
보기 위하여 간략한 설문조사를 실시하였다.[6] 이번 조사의 대상은 대
학 1학년 학생 456명이다.[7]

　다음에 설문조사의 결과를 소개하고 그 의미를 간략히 생각해 보기
로 한다.

> 문항 1) 우리말을 로마자로 적는 「국어의 로마자표기법」이 있는 것을 알고 계십니까?
> 　　① 알고 있다. (32.4%)
> 　　② 모르고 있다. (67.6%)

　첫 번째 질문은 국어의 로마자표기법의 존재에 관한 질문이었다. 이
질문에 대하여 67.6%의 학생들이 규정의 존재에 대하여 모르고 있었다.
물론 모르고 있다고 응답한 학생들이라고 해서 전적으로 로마자표기에

---

6) 이 설문조사가 통계적으로 유의미한가 하는 점에 대해서는 논의의 여지가 있음
　을 부인할 수 없다. 설문의 구성과 표본집단의 추출, 통계의 분석이 매우 평면
　적인 방식으로 진행되었기 때문이다. 그럼에도 불구하고 이번 조사의 결과가
　로마자표기법의 인식과 교육실태에 관한 전체적인 경향을 파악하는 데는 무리
　가 없을 것이라 생각된다.
7) 조사의 대상은 충청지역의 대학(건양대학교, 한남대학교, KAIST)에 재학하고
　있는 1학년 학생들이고 조사 기간은 2000년 9월 20~30일 사이에 이루어졌다. 이
　기간은 새로운 「국어의 로마자표기법」(2000. 7. 7.)이 제정, 고시된 지 약 2개월
　이 경과한 시점이었다. 따라서 학생들이 인지하고 있는 로마자표기법은 여전히
　1984년의 규정일 가능성이 매우 크다.

대하여 인식하지 못한다고는 판단되지는 않는다. 그보다는 그러한 내용을 규정한 공식적 규정의 존재에 대하여 모르고 있다고 생각하여야 할 것이다. 이미 언급한 대로 이 조사의 시점은 새 표기법이 개정, 공고된 지 2개월이 지난 시점이었다. 따라서 당시 사회적으로 새 규정안의 내용이 널리 보도되었기 때문에 이에 대한 인지도가 높을 것이라고 기대했으나 결과는 그와 같지 않았다. 이는 우리 사회에서 로마자표기에 대한 관심의 정도를 보여주는 것이라 생각된다.

> 문항 2) (이하 문항 6까지, 규정의 존재에 대하여 알고 있는 경우) 규정의 내용에 대해 학교에서 수업 시간을 통하여 배운 적이 있으십니까?
> ① 있다. (12.6%)　　② 없다. (87.4%)

위의 질문과 연계된 것으로 규정의 존재를 인식하고 있는 경우에도 그것을 학교교육을 통해 학습한 경우는 거의 드물었다. 그러나 필자는 오히려 12.6%나마 수업시간을 통하여 학습하였다고 하는 비율에 의미를 부여하고 싶다. 왜냐하면 뒤에서 다시 언급하게 되겠지만 현행 교과과정에는 로마자표기법을 교육하도록 규정되어 있지 않다. 그럼에도 비록 소수이나 학생들이 이를 학습했다는 의미는 결국 이 문제에 관심이 있는 교사들이 나름대로 학교 현장에서 이에 대해 교육하고 있다는 의미이기 때문이다.

> 문항 3) 학교에서 수업시간에 배운 적이 있다면 언제입니까?
> ① 초등학교 때 (27.5%)　② 중학교 때 (45.1%)
> ③ 고등학교 때 (9.8%)　④ 대학에 들어와서 (17.6%)

위 질문의 응답결과에 의하면 대부분의 학생들이 중학교와 초등학교에서 학습하였다고 응답하였다. 실제로 로마자표기법에 관심을 갖게 되는 경우는 학생들의 영어학습과 밀접한 관련을 갖는다. 학생들이 영어를 학습하게 되면서 자연스레 자신과 가족의 이름, 학교의 이름 등을 로마자로 표기하는 방식을 익히게 되는 것이다. 따라서 영어교육이 본격적으로 시작되는 중학교 시절에 이에 대해 학습하게 되는 것이 정상적이다.

그런데 27.5%의 학생들이 초등학교에서 배웠다고 하는 응답은 다소 의외이다. 현재 초등학교에서는 1997년도부터 3학년 과정에서 영어를 교육하고 있다. 따라서 현재 대학에 입학한 학생은 초등학교 시절에는 정규교과로 영어를 배우지 않은 학생들이다. 그러나 상당수의 학생들은 학원이나 특별활동 등을 통하여 영어를 접하게 되는데 이러한 시기에 학습한 것에 대한 착오로 인한 응답이라 보여진다. 또 하나의 해석 가능성은 로마자로 표기할 수 있다는 것과 전체적인 규정에 대하여 알고 있다는 것을 혼동한 응답자도 상당수에 달하고 있음을 짐작하게 해준다.

> 문항 4) 학교에서 수업시간에 배운 적이 없다면 누구로부터 알게 되었습니까?
> ① 선생님 (27.1%)   ② 부모 (4.0 %)   ③ 친구 (7%)
> ④ 형제 (2%)   ⑤ 스스로 (59.4 %)

로마자표기에 관하여 스스로 알게 되었다고 하는 응답이 60%에 가깝게 나타나는데 이는 결국 영어 습득 이후에 스스로의 이름과 주소, 학교명 등을 표기하면서 터득한 결과로 보아야 한다. 선생님으로부터 알게 되었다는 응답이 27%에 이르는 것은 일견 당연한 결과라고 생각된다.

문항 5) 스스로 판단하기에 규정의 내용에 대해 어느 정도 정확히 알고 있다고 생각하십니까?
① 규정의 내용을 정확히 알고 있다. (4.3%)
② 규정의 내용을 비교적 정확히 알고 있다. (13.7%)
③ 규정이 있다는 사실은 알고 있으나 내용을 정확히 알지는 못한다. (46.8%)
④ 규정이 있다는 사실은 알고 있으나 내용은 전혀 알지 못한다. (35.3%)

자신의 이름이나 주소 등을 로마자로 표기하면서도 대부분의 학생들은 규정의 내용에 대해 정확히 알고 있지 못하다고 응답하였다. 이는 로마자로 표기할 수 있음과 규정의 존재를 인식하는 것과는 전혀 별개의 사안임을 나타내 준다.

문항 6) 로마자표기법은 여러 차례에 걸쳐 개정되었습니다.
가장 최근에 개정된 것은 언제라고 생각하십니까?
① 1984년 (3.2%)   ② 1987년 (13.7%)   ③ 1998년 (13.7%)
④ 2000년 (30.9%)   ⑤ 모르겠다 (38.5%)

이미 언급한 바와 같이 이 설문의 조사 시기는 2000년 7월에 새로운 로마자표기법이 고시되고 2개월여가 경과한 시점이었다. 로마자표기법의 개정과 고시 당시 각종 언론매체를 통하여 새로운 개정 내용들의 홍보가 이루어졌었다. 그러나 2개월여가 지난 시점에서 2000년의 개정 사실에 대해서 알고 있는 응답자가 30% 정도에 불과한 것은 홍보효과에 대해 의심하게 된다. 그리고 1987년과 1988년에는 로마자 개정이 없었음에도 불구하고 1/4 이상에 해당하는 학생들이 이 때 개정되었을 것으로 생각하고 있음도 우리 사회의 로마자표기규정에 대한 무관심을 잘 보여준다 하겠다.

아울러 개정과 고시 직후에, 주로 언론을 이용한 일과성 홍보만으로는 국민들에게 이 규정에 대해 폭넓게 인식시키는 데에 한계가 있음을 알게 해준다.

문항 7) (규정을 모르는 경우)규정에 대해서는 모르지만 우리말을 로마자로 표기할 수는 있습니까?
① 있다 (45.9%)   ② 없다 (54.1%)

규정에 대해서도 알지 못하고 우리말을 로마자로 표기할 수도 없다는 응답이 54%에 이르고 있다. 그러나 이렇게 응답한 학생들도 자신의 이름을 로마자로 표기하고 있다. 따라서 이 문항은 질문에 포함된 '우리말을 로마자로 표기함'을 구어 전체를 표기하는 것으로 오인하고 응답하였을 가능성이 있다.[8]

문항 8) (전체를 대상으로 자신의 이름을 로마자로 표기하게 한 뒤) 자신이 표기한 로마자 이름이 현행 표기 규정에 맞는다고 생각하십니까?
① 정확히 일치한다 (7.9%)
② 상당히 일치한다 (28.9%)

---

8) 설문 구성상의 오류일 가능성이 있음도 아울러 밝힌다. 응답자에게 혼란이 있었다면 자세한 개념 설명이 안 되었기 때문에 나타나는 현상이었을 것이다.

③ 많이 틀릴 것이다 (13.6%)
④ 전혀 맞지 않을 것이다 (3.5%)
⑤ 잘 모르겠다 (46.1%)

자신의 이름을 로마자로 표기하면서도 그 방식이 로마자표기법에 부합할 것이라고 확신하는 학생은 7.9%에 불과하다. 상당히 일치할 것이라는 응답을 포함해도 36.8%만이 자신의 표기방식에 자신을 갖고 있다.

그러면 실제 표기 예에 나타나는 비율은 어떠한가? 설문에 자신의 이름을 로마자로 표기한 299명 가운데 1984년의 규정이나 2000년의 규정에 음소표기와 표기방식 모두 정확히 부합하는 표기를 한 학생은 전혀 보이지 않았다. 이에 음소표기에 대한 규정의 일치여부는 차치하고 표기방식의 일치여부만을 검토한 결과 1984년의 규정에 부합하는 표기[9]는 34.4%에 이르고 있다. 이 수치는 위의 질문의 응답자 가운데 ①과 ②의 응답자 즉, 일치할 것이라고 응답한 숫자와 유사한 수치를 보이고 있다. 그러나 2000년에 바뀐 표기 방식[10]에 일치하는 표기는 모두 3예에 불과하였다. 그러나 이 예도 2000년의 표기방식을 알고 있는 표기라기보다는 우연적 일치라고 해석하는 것이 더 온당할 것이다.

한편 연령층으로 보아 중·장년층에 속하는 국회의원을 대상으로 조

---

9) 로마자표기법(1984) : 제4항; 인명은 성과 이름의 순서로 쓰되 띄어 쓰고, 이름 사이에는 "-'(짧은줄표)를 넣는다. 다만, 한자식의 이름이 아닌 경우에는 "-'를 생략할 수 있다.
   보기 : 김 정호 Kim Chŏng-ho   남궁 동자 Namgung Tong-cha
10) 로마자표기법(2000) : 제4항 : 인명은 성과 이름의 순서로 띄어 쓴다. 이름은 붙여 쓰는 것을 원칙으로 하되 음절 사이에 붙임표(-)를 쓰는 것을 허용한다.((   )안의 표기를 허용함.)
   보기 : 민용하 Min Yongha (Min Yong-ha)   송나리 Song Nari (Song Na-ri)

사한 정경일(1997)의 조사에 의하면 당시 규정에 부합하는 표기율이 5.7%에 불과하였다. 이에 비해 대학생들의 규정 부합율이 34.4%에 달하는 것은 결국 하나의 규정이 오랜 시간 지속적으로 사용되고, 또 이른 시기부터 교육되면 표기방식의 일치를 가져올 수 있음을 보여주는 결과라 하겠다.

> 문항 9) 자기 이름의 로마자표기를 바꾼 적이 있습니까?
> ① 있다 (26.3%)　　　　　② 없다 (73.7%)

　일반적으로 로마자표기에 관심을 가지게 되는 것은 자신의 이름을 표기하면서부터이다. 대체로 앞에서 언급한 로마자표기의 학습시기와 자신의 이름을 로마자로 표기하는 시기는 대부분 일치한다. 따라서 이름의 로마자표기는 최초에 표기자가 인식한 로마자표기 방식을 드러내 준다. 그러나 실제 인명표기는 로마자표기의 규정과 일치하지 않는 경우가 대부분이다.11) 그러나 대부분의 표기자들은 자신의 인명표기 방식이 규정과 부합하지 않음을 알고 있으면서도 그것을 쉽게 고치려 하지 않는다. 위의 조사결과도 이러한 경향을 반영하고 있다. 바꾼 적이 있다고 응답한 학생들 가운데 일부는 자신의 표기 방식이 규정에 부합하지 않음을 학습하고 난 뒤 이를 고쳤다고 응답하고 있다. 그러나 대부분은 부합하지 않는다는 사실을 알면서도 고치지 않았다고 응답하였다. 우리 사회의 이러한 경향은 로마자표기 규정이 혼란스럽게 된 가장 주요한 원인이다. 또 표기가 규정에 맞지 않는다고 하여도 이를 맞게 고

---

11) 서정수(1991), 정경일(1997), 김혜숙(1999)의 보고에 따르면 규정에 맞는 인명표기는 거의 없다고 해도 과언이 아니다.

치도록 강제할 수도 없기 때문에 이와같은 현상이 빚어진다고 하겠다.

　현행 로마자표기법은 제 4항에 "(2) 성의 표기는 따로 정한다"라고 규정하였고, 제7항에는 "인명, 회사명, 단체명 등은 그 동안 써 온 표기를 쓸 수 있다"고 하여 이를 쉽게 고칠 수 없는 현실을 인정하고 있다.[12]

4. 로마자표기법에 대한 교육실태

4.1. 로마자표기법의 한계

　우리는 위의 인식 실태 조사를 통하여 현재 학생들이 로마자표기에 관하여 정식 교과 과정을 통하여 전혀 학습 받지 못하고 있음을 확인하였다. 이와 관련하여 우리 초중등학교의 국어과 교과과정을 통하여 이러한 교육 부재의 현실을 점검해 보도록 한다.

　로마자표기법에서 정의하고 있는 로마자는 a부터 z까지의 26글자를 가리킨다.[13] 반면 이들 로마자로 표기하고자 하는 한국어의 음소체계

---

12) 이 규정의 내용은 규정의 속성을 생각해 볼 때 많은 문제를 내포하고 있다. 성을 따로 정할 경우 그 결정의 과정과 구체의 문제가 새롭게 대두되고, 인명과 단체명 등을 기존에 사용하던 것을 그대로 쓰도록 할 경우 결과적으로 로마자표기의 대상을 지명표기로만 국한하고 마는 제한적 규정이 되고 만다. 이 문제는 모든 로마자표기를 새로운 규정으로 바꾸려고 할 경우의 행정적, 재정적, 사회적 문제와 연결되는 것이니만큼 좀더 신중한 접근이 필요하리라 생각한다.

13) 이는 기본적으로 영어의 문자 체계를 기반으로 하고 있는 것으로 이해된다. 왜냐하면 실제로 '로마자'라고 했을 때 실체가 없다. 로마자를 기본으로 사용하고 있는 언어 중에는 독일어, 프랑스어, 스페인어, 체코어 등 거의 대부분의 언어가 기본이 되는 로마자 이외에 각기 나름대로의 특수 부호들을 사용하고 있다. 다만 영어권에서만 기본 문자를 사용하고 있을 뿐이다. 따라서 로마자표기 규

는 10개의 단모음과 11개의 이중모음, 그리고 19개의 자음으로 구성되어 있다. 따라서 이중모음을 제외하더라도 29개의 분절음으로 이루어져 있다. 더욱이 로마자는 26개의 문자 가운데 모음을 표기하는 문자는 a, e, i, o, u의 다섯 개뿐이기 때문에 한국어의 10개의 모음을 표기하는 데에는 근원적인 한계를 지니고 있다. 따라서 어떠한 방식으로 표기하더라도 완벽한 표기는 이루어질 수 없다.

문자체계의 이상은 1음소 1문자 원칙의 준수이다. 하나의 소리를 표기하는데 단지 하나의 기호만 사용되고 또 하나의 기호는 어떤 경우에도 하나의 소리로만 복원될 때 그 문자 체계는 완벽한 것이라 할 수 있다. 그러나 로마자표기처럼 이러한 원칙이 적용되지 않아 임의로 특수한 표기방식을 채택하여야 할 경우에는 그 방식의 생성 배경을 이해하고 이를 지키도록 노력하여야 한다. 여기에 로마자표기법의 교육의의가 존재한다.

실제로 문화관광부(2000. 7. 7)의 '로마자표기법의 해설'에서도 "전혀 배우지 않아도 되는 로마자표기법이란 없을 것이다. 어떤 언어이고 나름대로의 독자성이 있는 만큼 부분적인 특이 사항에 대해 배워야 한다."고 강조하고 있다. 이는 매우 적절한 지적이고 당연히 강조되어야 할 사항이다. 특히 한국어처럼 로마자의 음소체계와 매우 상이한 언어체계에서는 특히 신경 써서 배워야만 표기상의 혼란에서 벗어날 수 있을 것이다.

그러나 좀더 본질적인 문제는 다른 곳에 있다. 로마자표기법의 제정

___

정에서 지칭하고 있는 로마자라는 용어의 개념과 한계의 설정에 관해서도 다시 한번 고려해야 할 필요가 있다. 그러나 이 문제는 이 글의 중심과제가 아니므로 일단 로마자라는 용어를 수용하기로 한다.

에 참여하고 있는 정부의 담당 기관에서는 '배워야 한다'는 것을 강조하고 있다. 그런데 배우고자 하는 사람들이 어디에서 누구에게 배울 것인가에 대해서는 아무런 답이 없다. 그리고 다만 배우고자 하는 사람들만 배워야 하는 것인가? 그리고 새로 바뀐 규정이 있음에도 불구하고 기존의 것에 안주하고 새로이 배우지 않으려는 대다수의 일반인들에 대해서는 어찌 할 것인가?

결국 이 문제에 대한 좀더 적극적인 대안은 단지 '배워야 한다'를 강조하는 것이 아니라 '가르쳐야 한다'를 강조하여야 한다는 것이다.

그런데 현재 교육의 현장에서는 로마자표기에 대해서는 전혀 교육하고 있지 않다. 다음에 현재 시행되고 있는 교육과정에서 로마자표기법을 포함한 각종 언어관련 규범[14]들의 교육이 어떻게 정리되어 있는지를 살펴보도록 하자.

4.2. 학교교육에서의 어문규범 교육실태

현재 초중고교에서는 교육부에서 정한 6차 교육과정과 7차 교육과정이 동시에 적용, 시행되고 있다.[15] 이 교육과정의 전체적인 내용에 있

---

14) 어문규범이란 일반적으로 국내 및 국외의 한글 사용자들이 올바른 언어생활을 할 수 있도록 한글과 외래어의 표기에 관한 내용을 규정해 놓은 것으로, 문화예술진흥법 제7조에는 「한글맞춤법」, 「표준어규정」, 「외래어표기법」, 「국어의로마자표기법」 등 네 가지가 규정되어 있다. 이외에도 「한글 전용에 관한 법률」, 「한국점자규정」, 정부가 추진하고 있는 행정용어 순화 등 국가의 어문정책과 관련된 모든 규범을 말한다.

15) 현재 초중등교육기관에서는 두 종류의 교육과정이 시행되고 있다. 교육부고시 제 1997-15호(1997.12.30)로 공포된 제7차 교육과정은 2000년 3월 1일부터 초등학교 1, 2학년에 시행되는 것을 시작으로 하여, 2001년 3월 1일부터 초등학교 3, 4학년, 중학교 1학년에, 2002년 3월 1일부터 초등학교 5, 6학년, 중학교 2학년,

어 이 두 가지 교육과정은 일정한 차이를 보여주고 있으므로 이를 나누어 살펴보고자 한다.

4.2.1. 6차 교육과정에 나타난 어문교육 실태

4.2.1.1. 초등학교의 어문교육 내용

초등학교 국어과 교육의 내용 체계는 크게 '말하기', '듣기', '읽기', '쓰기', '언어', '문학'의 6개 영역으로 구분된다. 이 가운데 언어규범과 관련된 영역은 언어영역이다. 이 영역은 언어의 본질과 국어의 구조에 관한 이해를 바탕으로 국어의 올바른 사용에 관한 활동이 효과적으로 이루어지도록 교육하는 것을 목표로 하는데 이를 위하여 다시 '언어의 본질'과, '국어의 이해', '국어의 사용' 등으로 하위 분류된다. 여기에서 국어의 사용에서 가르치도록 규정된 것이 '표준어'와 '표준발음', '맞춤법', '낱말과 문장을 바르게 사용하는 태도 및 습관'이다.

4.2.1.2. 중학교의 어문교육

중학교 국어과의 교육과정 역시 초등학교의 그것과 일치한다. 국어과는 초등학교와 마찬가지로 크게 6개의 영역으로 나뉘고 그 내용도 대동소이하다. 다음에 언어영역의 교육과정 내용을 표로 보인다.

고등학교 1학년에, 2003년 3월 1일부터는 중학교 3학년, 고등학교 2학년에 시행되며, 2004년 3월 1일 고등학교 3학년에 시행되기까지 연차적으로 적용되어진다. 이 글에서는 현재 적용되고 있는 제6차 교육과정 즉 교육부고시 제1992-16호 초등학교 교육과정(1992.9.30), 교육부고시 제 1992-11호 중학교 교육과정(1992. 6.30), 교육부고시 제1992-19호 고등학교 교육과정(1992.10.30)과 제7차 교육 과정(교육부고시 1997-15호. 1997.12.30)의 국어과 교육과정을 검토하여 어문규범의 교육실태를 점검하기로 한다.

언어	1. 언어의 본질 　1) 언어의 특성 　2) 언어와 인간 　3) 언어와 사회	2. 국어의 이해 　1) 음운의 체계와 변동 　2) 단어의 형성 　3) 문장의 구성 요소와 기능 　4) 단어의 의미 　5) 문장과 이야기	3. 국어 사용의 실제 　1) 표준어와 표준 발음 　2) 맞춤법 　3) 국어 순화 　4) 국어를 정확하게 사 　　용하는 태도 및 습관

이를 통해 보면 역시 표준어와 표준발음, 맞춤법만이 교육의 대상이 된다. 초등학교에 비해 국어순화에 대한 교육내용이 포함되어 있으나 이는 선언적인 측면이 매우 강해 보인다.

이러한 교육과정을 각 학년별 교육내용에서는 다음과 같이 세분하고 있다. 이 가운데 언어규범과 관계된 내용만을 뽑아서 정리해 본다.

먼저 1학년에서는

<언어의 본질>

(1) 같은 뜻을 나타내는 국어의 단어와 외국어의 단어를 비교하여 보고, 언어가 사회구성원 사이의 약속임을 안다.

<국어의 이해와 사용의 실제>

(7) 표준어 사용의 필요성을 알고, 표준어와 표준 발음으로 말하는 태도를 가진다.

2학년에서

<언어의 본질>

(1) 어법에 어긋나는 말을 들어보고, 언어에는 일정한 규칙이 있음을 안다.

<국어의 이해와 사용의 실제>

(7) 일상의 언어 생활에서 바르고 곱지 않은 말의 예를 들어 보고, 국어를 순화하려는 태도를 가진다.

3학년에서

<언어의 본질>

(1) 옛말과 현재의 말을 비교하여 보고, 언어가 변화함을 안다.

<국어의 이해와 사용의 실제>

(7) 우리말의 어법에 맞게 국어를 바르게 사용하는 태도를 가진다.

등이 언어규범과 관계된 내용이다. 우리가 관심을 갖는 로마자표기나 또는 외래어표기 등에 관해서는 전혀 언급이 없다.

4.2.1.3. 고등학교의 어문교육

6차 교육과정의 고등학교 국어교육과정 내용도 중학교의 그것과 대동소이하다. 다만 초, 중학교 국어과의 교육영역이 6개 영역으로 구성되어 있는 것에 비하여 고등학교에서는 '언어사용기능', '언어', '문학'의 세 영역으로 축소 구성되어 있다. 초, 중학교의 말하기와 듣기, 읽기, 쓰기의 4개 영역이 언어사용기능이라는 하나의 영역으로 묶여 있는 것이 차이일 뿐이다.

고등학교 국어과 교육과정의 언어영역의 교육내용은 다음과 같이 정리된다.

언어	1. 언어의 본질 　1) 언어와 사회 　2) 국어의 특질	2. 국어의 이해 　1) 음운의 체계와 변동 　2) 단어의 형성과 유형 　3) 문장의 구성요소와 　　기능 　4) 단어의 의미 　5) 문장과 이야기	3. 국어의 사용 　1) 표준어와 표준 발음 　2) 맞춤법 　3) 국어 순화 　4) 단어와 문장을 효과 　　적으로 사용하는 태 　　도 및 습관

따라서 중학교 교육과정과 커다란 차이가 없으며 로마자표기법이나 외래어 표기법에 대한 교육내용은 포함되어 있지 않다.

4.2.2. 제7차 교육 과정에 나타난 어문교육 실태

4.2.2.1. 학년의 구분

제7차 교육과정은 전체 학년체계를 12학년체계로 구성하고 있다.[16] 12학년체계는 국민공통기본교육과정(이하 공통과정)과 고등학교선택중심 교육과정(이하 선택과정)으로 나뉜다.[17]

이 가운데 공통과정은 「국어」를 배우게 되고, 선택과정은 「국어생활」을 배우게 된다. 국어과의 교육내용은 '듣기', '말하기', '읽기', '쓰기', '국어지식', '문학'의 여섯 영역으로 구성된다. 국어지식 영역의 학습은 언어현상에서 규칙을 찾아내는 탐구 학습활동을 중심으로 하되, 학습한 지식을 국어 사용 상황에 적용하는 활동을 강조한다. 즉 듣기와 말하

---

16) 이는 다시 다음과 같이 구분된다.
　　초등학교 : 1학년~6학년
　　중학교 : 7학년~9학년
　　고등학교 : 10학년~12학년
17) 공통과정은 1학년부터 10학년까지, 즉 통상적으로 고등학교 1학년 과정까지이고 11학년과 12학년, 즉 고등학교 2, 3학년 과정은 선택과정에 해당한다.

기, 쓰기, 읽기 등이 표현하고 이해하는 언어활동 즉 정보의 조직과 유통 등에 초점이 맞추어지고 창조적인 활동이 강조되는 분야라고 한다면 국어지식은 이들 활동을 뒷받침하는 지식과 규범 등이 강조되는 분야라고 할 수 있다.

특히 사회적 정보전달의 도구로서 언어활동은 사회 구성원간의 일정한 약속체계이고 이러한 약속체계는 묵시적으로 구성원 전체가 준수할 것을 동의한 체계라는 특징을 지닌다. 따라서 국어교육, 특히 국어지식에 대한 교육에서는 우리 언어사회가 가지고 있는 국어에 대한 제반 규정들이 제대로 지켜질 수 있도록 교육되어져야 한다. 이는 각종 정보전달의 수단으로서 언어의 가장 기초적인 책무이기 때문이다.

4.2.2.2. 7차 교육과정의 어문교육 내용

7차 교육과정에 나타나는 규범관련 사항들은 어떤 것이 있는가 알아보자. 국어과 교육내용의 전체 내용체계에서 국어지식 분야의 내용 체계는 다음과 같다.

국어지식	* 국어의 본질 －언어의 특성 －국어의 특질 －국어의 변천	* 국어의 이해와 탐구 －음운　－낱말 －어휘　－문장 －의미　－담화	* 국어에 대한 태도 －동기 －흥미 －습관 －가치
	* 국어의 규범과 적용		
	－표준어와 표준발음　－맞춤법		－문법

이 표에서 알 수 있는 바와 같이 국어교과의 교육과정에서 교육하고자 하는 국어의 규범은 표준어와 표준발음규정, 맞춤법규정, 그리고 학

교문법뿐이다. 우리가 관심을 가지는 우리말의 로마자표기법이나 외래어 표기법 등은 국어교과 속에 포함되지 않고 있다.

좀더 구체적으로 위와 관련된 지식들이 언제 교육되도록 짜여져 있는가를 살펴보자. 각 학년별 교육과정의 국어지식 내용 가운데 위의 국어규범과 관계된 내용들을 정리하면 다음과 같다.

학년	규범의 종류	교육 내용
5	표준어 규정	·표준어와 방언의 차이를 안다 ·공식적인 상황에서 표준어를 사용한다. ·상황에 따라 방언과 표준어를 구별해서 사용하려는 태도를 지닌다.
6	표준발음 규정	·표준 발음법에 맞게 발음한다 ·상황에 따라 표준 발음으로 말하려는 태도를 지닌다.
9	맞춤법	·맞춤법에 맞게 국어를 사용한다. ·맞춤법에 맞게 국어를 사용하려는 태도를 지닌다.
10	문법	·문법요소들의 기능을 안다 ·문법에 맞게 국어를 사용한다. ·문법에 맞게 국어를 사용하려는 태도를 지닌다.

공통과정의 국어교과에서 강조되는 규범적 측면으로 위에서 제시한 표준어와 방언, 한글맞춤법에 관한 내용은 선택과정에서도 동일하게 유지된다. 고등학교 2, 3학년 과정의 선택과목인 문법에서도 이는 여실히 드러난다.

고등학교 문법과목은 "국민 공통 기본 '국어'교과의 '국어지식'영역의 학습 내용을 심화 발전시킨"과목인데 '언어와 국어', '국어 알기', '국어 가꾸기'의 세 영역으로 구성된다.

국어의 여러 규범에 관해서는 국어 가꾸기 영역에서 다루고 있다. 문법 과목에서 다루고 있는 국어사용의 규범은 다음의 세 가지이다.

> ① 표준발음을 이해하고, 정확하게 발음한다.
> ② 표준어와 방언에 대하여 이해하고, 이를 상황에 따라 바르게
>   사용한다.
> ③ 맞춤법의 원리와 규정을 이해하고, 국어생활에서 이를 지킨다.

그리고 이러한 교과내용을 충실히 교육하기 위한 교수 학습 방법으로 다음 사항을 제시하고 있다.

> 바. 언어생활의 통일성을 위하여 마련된 한글 맞춤법, 표준어 규
>   정, 표준 발음법 등 제반 규정을 알고, 그것을 지키려는 태도
>   를 지니도록 지도한다.

결국 현재 부분적으로 그리고 점차 우리 학교교육의 현장에서 전면적으로 시행될 제7차 교육과정에 로마자표기법은 전혀 교육의 내용에 포함되어 있지 않다.[18]

다만 로마자표기법의 교육과 관련하여 이 내용을 교과과정에 포함시키거나 또는 교육 현장에서 가르칠 수 있는 근거로 삼을 수 있는 부분은 고등학교 선택과목인 '국어생활' 교과의 교과내용 가운데 '국어를 발전시키려는 태도' 부분에 보이는 다음의 언급에서 그 이론적 근거를 찾

---

18) 이러한 사정은 영어교과의 경우에도 마찬가지이다. 제7차 교육과정의 영어과
  교육과정에서 로마자표기와 관련한 사항을 군이 들자면 다음 조항 하나가 유일
  할 뿐이다.
  4. 교수·학습 방법
   가. 심화·보충형 수준별 교육 과정
    (13) 영어와 한국어의 언어적 차이점을 알도록 지도에 주의한다.

을 수 있을 듯하다.

③ 한국어의 세계화에 관심을 가진다.

물론 이 교육과정에서 정의하고 있는 한국어의 세계화가 구체적으로 무엇을 의미하는지는 명확하지 않다. '한국어의 세계화'라는 명제는 간략히 줄여서 이야기하기에는 그 포괄하는 범위가 매우 넓다. 서론에서도 언급한 바와 같이 한국어의 세계화를 어떻게 정의한다 하더라도 결과적으로 이는 외국인에게 한국어를 알게 하는 것을 의미한다. 그렇다면 외국인에게 한국어를 알게 하는 데에는 두 가지 방법이 있을 수 있다. 그 하나는 본질적이고 적극적인 방안으로 외국인에게 한국어를 교육하는 일이다. 이에는 음성언어로서의 한국어와 문자언어로서의 한글에 대한 교육이 동시에 포함된다. 또 하나는 소극적이고 일시적인 것으로 한국어를 로마자로 표기하여 외국인이 한국어를 알아 볼 수 있도록 하는 것이다. 물론 이 방식은 단순히 한국어의 음성을 전사하여 놓는 방식이기 때문에 이를 통해 한국어의 의미를 확인할 수 없다는 결점을 가지기는 하나 어쨌든 외국인들로 하여금 한국어를 알게 한다는 점에서는 의의가 있다.

결국 초·중·고등학교의 교육과정에는 로마자표기법의 교육과 관련한 아무런 언급이 없음이 확인되었고 이에 따라 실제로 교육되고 있지 않으며 결과적으로 우리 사회의 로마자표기에 혼선이 빚어지고 있음은 이러한 교육부재의 결과임이 확인되었다. 다만 이러한 문제에 관심을 가지는 개별적인 교사들의 노력으로 산발적인 교육이 실시되고 있을 뿐이다.

5. 결론

5.1. 로마자표기법은 시대적 추세로 보아 매우 중요한 어문규범이다. 그러나 현재 우리 사회의 로마자표기 실태는 규정의 존재 여부를 의심하게 할만큼 혼란스러운 양상을 나타내고 있다. 이는 규정의 잦은 개정, 표기법에 대한 교육과 홍보의 부족, 사회의 무관심, 규정 자체의 미비[19] 등이 초래한 결과이다.

5.2. 특히 로마자표기법에 대한 교육이 학교의 정규교과 과정에서 제외되어 있음은 대단히 우려할 만한 사실이다. 로마자표기법은 반드시 교육과정에 포함시켜 교육하여야 한다. 시기적으로는 영어교육이 시작되는 초등학교 3학년 이후에 편성하는 것이 바람직하다고 본다. 사실상 이 시기는 이미 대부분의 초등학생들이 사교육을 통하여 영어교육을 받게 되고 이에 따라 자신이나 가족, 친구와 학교, 거주지 등의 이름을 이미 로마자로 표기해 보는 시기이다. 그러므로 이 시기에 체계적으로 로마자표기에 대해 정확하게 교육함으로써 이를 쉽게 이해하게 유도할 수 있을 것이다. 그리고 로마자표기 방식도 일종의 관습이기 때문에 이른 시기에 정확한 표기 방식을 익히게 할 필요가 있다.

5.3. 국내에 거주하거나 또는 단기간 체류하는 모든 외국인을 대상으로 하는 로마자표기법의 교육도 적극적으로 검토, 시행되어야 한다. 로마자표기를 통하여 외국인들이 한국어에 가장 가까운 발음을 재현할 수 있도록 하기 위한 적극적 교육이 필요하다. 이를 통해 우리의 로마

---

19) 특히 1984년의 규정과 2000년의 규정에서 모두 인명과 단체명 등의 경우, 관습적인 표기의 예외적 표기를 허용함으로써 규정으로서의 의미를 반감시키고 있다.

자표기를 외국어 사용자들이 자신들의 로마자 발음 방식대로 발음할 경우 나타나는 발음상의 혼란을 방지하여야 한다.

로마자표기의 규범과 현실

회사명 표기를 중심으로

1. 서론

언어의 일차적 기능은 사회 구성원간의 의사소통을 원활히 수행하는 것이다. 그러므로 언어는 사회적 약속의 속성을 가진다. 의사전달의 효율성을 제고하고 사회적 통일성을 유지하기 위하여 모든 언어 사회는 자신들의 언어와 사회적 특성에 맞는 다양한 약속체계를 제정하여 시행하고 있다. 이런 사회적, 명시적 약속체계를 우리는 언어규범이라고 부른다. 국어와 관련한 언어규범에는 <한글 맞춤법>, <표준어규정>, <외래어 표기법>, <국어의 로마자표기법> 등 4가지가 정부에 의해 제정·고시되어 사용되고 있다.[1]

---

1) 국어기본법 제3조 3항은 "3. "어문규범"이라 함은 제13조의 규정에 의한 국어심의회의 심의를 거쳐 제정한 한글맞춤법, 표준어규정, 표준어발음법, 외래어표기법, 국어의 로마자표기법 등 국어사용에 필요한 규범을 말한다."라고 하여 어문규범을 5가지로 언급하고 있다. 그러나 이 가운데 '표준어 발음법'은 <표준어규정>의 제2부에 '표준발음법'으로 포함되어 있어 독립된 규범이라고 보기에는 무리가 있다.

그러나 우리 언어생활 전반을 아우르는 4가지 규범이 제정되어 시행되고 있음에도 불구하고 현재 우리 사회에는 비규범적 언어 현상이 폭넓게 나타나고 있으며, 이러한 혼란과 오류는 어느 하나의 규범에 국한되지 않고 전반적으로 규범이 준수되지 않는 모습을 보이고 있다. 이렇게 비규범적 언어 현상이 나타나게 된 원인은 여러 가지가 지적될 수 있겠으나 그 중 중요한 한 가지 원인이 규범에 대한 인식과 이해의 부족이다.

우리 국민들의 언어규범 인식에 대해 민현식(2001 : 105)은 2000년 5월 실시된 제1회 국어능력인증시험 결과를 분석하였는데, 그 결과 인증시험의 듣기, 어휘, 어문규정, 읽기, 쓰기의 5개 영역 가운데 어문규정 영역의 점수가 가장 낮은 점을 들어 우리 국민들이 표기법 즉 언어규범에 대해 잘 모르고 있다는 결론을 도출하고 있다.[2]

그리고 표기법에 대한 국민들의 이해도가 낮은 이유에 대해 세 가지를 들고 있다. 첫째로 대부분의 국민들이 표기법에 대해 제대로 교육받을 기회를 제공받지 못했고, 또 국민들 스스로 국어사전을 잘 찾아보지 않는다는 점을 들었다. 둘째로 표기법에 대한 경시 태도를 들었다. 마지막으로 인터넷을 위시한 통신언어의 영향을 들었다.

---

[2] 그가 제시한 영역별 점수는 다음과 같다.

영역	문항 수	백분율 환산 점수
듣기	30	86.30
어휘	15	72.86
어문규정	15	65.24
읽기	40	80.81
쓰기	20	75.72
전체	120	78.40

그가 언급한 바와 같이 표기법이 제대로 교육되지 않고 있다는 점은 매우 중요한 이유이다. 그러나 이에 대해서는 표기법별로 고찰해야 할 필요가 있다. 즉 표기법별로 교육의 기회가 상이하다는 점이 고려되어야 한다. 다시 말하면 한글 맞춤법에 대해서는 그나마 초·중·고등학교의 국어과 교육과정을 통하여 비교적 자세히 교육되고 있다. 그러나 외래어 표기법과 로마자표기법은 이러한 교육의 기회를 거의 갖지 못하고 있다.

국어의 4대 어문규범 가운데 <국어의 로마자표기법>의 적용 대상인 로마자표기의 현실은 규범 자체의 존재를 의심하게 할 만큼 혼란스럽다. 모든 언어규범은 각각 나름대로의 중요성을 가지고 있는데, 로마자표기는 국내에서 통용되는 소통의 도구가 아니라 국제적 상황 속에서 외국인과의 소통의 도구라는 점에서 다른 언어규범과 구별되는 의미를 지닌 규범이다. 이로 인해 국내에서는 그다지 사용의 기회가 없는 반면 외국인과의 관계 속에서는 그동안의 사회적, 개인적 관행 위주로 표기가 이루어지고 있다. 전반적으로 규범에 대한 인식도 부족하고 교육과 홍보도 제대로 이루어지지 않고 있다. 규범을 알고 있어도 이를 지켜야 한다는 의식 또한 부족하다.

이 글은 우리 사회의 로마자표기의 현실과 <국어의 로마자표기법>과의 관계를 살피고자 한다. 국어의 로마자표기는 우리 사회의 국제화 추세 속에서 한국인과 한국문화의 정체성을 확립하고 이를 국제 사회에 올바르게 알려야 한다는 관점에서 매우 중요한 언어규범이다. 그럼에도 실제 언어 현실 속에서는 규범이 잘 지켜지지 않고 있다. 로마자표기의 혼란상에 대해 그동안 인명과 지명 등에 관해서는 여러 논의들이 있었으나 회사명을 주로 다룬 사례는 아직 보고되지 않았다. 이에 이 글은 국내 주요 회사명의 로마자표기 사례를 점검하여 비규범적 표기의 현상과 원인을 살펴보고 그 해결책을 제시하고자 한다.

이 논문에서 다루는 자료는 한국상장회사협의회의 회원사 466개를 대상으로 한다.3) 로마자로 표기된 회사명 가운데 회사의 고유 명칭이 아닌 일반적인 영문 부분은 고찰의 대상에서 제외하였다.4)

2. 로마자표기의 규범

2.1. 로마자표기의 의의

로마자표기법이란 로마자를 일상적 표기수단으로 사용하지 않는 언어권에서 단지 특별한 목적으로 로마자를 활용하여 자신들의 언어를 표기하기 위하여 제정한 규범을 의미한다.

---

3) 자료의 수집은 <한국상장회사협의회> 홈페이지(http://www.klca.or.kr)를 이용, 각 상장회사의 로마자표기를 확인하였다. 2010년 5월 현재 <한국상장회사협의회>의 회원사는 722개 회사이다. 로마자로 표기된 회사명 가운데 다음과 같은 자료는 본 논문의 주제와 관련이 없어 대상에서 제외하였다.
   (1) 회사명이 영문으로 표기되어 있는 경우 : BYC, GS-Caltex, KCC, KT&G, LG, CS홀딩스, GS건설, KB금융지주, KPX그린케미칼 등
   (2) 회사명이 한글로 표기되어 있으나 본디 영어인 경우 : 비앤지스틸㈜, 아이에이치큐, 에넥스, 에리트베이직, 에스비에스, 에스엘, 에스원 등
   (1)의 경우는 표기 자체가 영어이므로 로마자표기가 의미가 없고, (2)의 경우도 로마자표기는 단순히 이들 한글 표기의 원래 표기인 영어표기를 따르고 있으므로 이들은 모든 경우에 이 글의 고찰 대상이 아니다. 따라서 이와 같은 경우를 제외하고 이 글에서 고찰의 대상으로 선정한 자료는 모두 466개 회사의 로마자표기이다.
4) 예를 들어 Namyang Dairy Products(남양유업), Daechang Industrial(대창공업), Bohae Brewery(보해양조), Samyang Corporation(삼양사) 등에서 Dairy Products, Industrial, Brewery, Corporation 등은 로마자표기가 아니므로 논의에서 제외한다.

그렇다면 특정 언어사회가 로마자를 이용하려는 목적은 무엇인가?[5] 필자는 이를 아래와 같이 세 가지로 나누고 간략히 부연하도록 한다.

> 첫째, 언어사회[6]의 표기문자로 사용하는 경우
> 둘째, 언어사회의 발음기호로 사용하는 경우
> 셋째, 언어사회의 표기 수단은 유지하되, 대외적인 효용을 위해
>   활용하는 경우

첫째, 로마자를 언어사회의 표기문자로 사용하는 경우 : 기존에 사용하던 문자체계를 포기하고 완전히 새로운 문자체계인 로마자를 이용하여 표기하는 것을 말한다. 또는 기존에 사용하던 문자체계가 없는 상황에서 로마자를 받아들여 표기수단으로 삼은 경우도 이에 해당한다. 로마자를 이용한 표기는 기존의 표기 수단에 대한 제2의 보조적인 수단이 아니라 전면적이고 유일한 표기방식이라는 것이다.

대표적인 예로 터키를 생각할 수 있다. 터키는 1928년, 종래 사용하던 아랍문자를 버리고 로마자를 공식적인 표기 수단으로 사용하도록 표기법을 제정, 공포하였다. 더욱이 터키는 자국의 언어적 특징에 따라 로마자에 변화를 주어 q, w, x를 없애는 대신 독일어의 ö, ü, 프랑스어와 루마니아어의 ç, ş를 사용하고 독자적으로 ğ, k̆를 창안하여 사용하고 있다(Wellisch, 1978 ; 양병선, 2003).

---

5) 정경일(2005)는 이에 대한 자세한 논의를 진행하였다. 이 글에서는 이를 바탕으로 주요사항만을 개괄하도록 하겠다. 자세한 논의는 위의 논문을 참고하기 바람.
6) 김민수(1984)와 양병선(2003)은 로마자표기를 국가 단위로 고찰하고 있다. 그러나 필자는 국가 단위를 넘어서는 민족단위의 언어사회로 범위를 확대한다. 예를 들어 인도네시아의 자바섬에서 통용되는 자바어(Javanese)의 경우 고유의 문자를 사용해 오다가 최근 들어 로마자를 이용한 표기로 전환해 가고 있음을 볼 수 있다.

둘째, 로마자를 언어사회의 발음기호로 사용하는 경우 : 기존의 문자를 유지하되 대외적으로나 대내적으로 로마자를 이용하여 자신들이 사용하는 문자의 발음을 표기하는 수단으로 활용하는 경우이다. 이러한 예의 대표적 경우로 중국어를 들 수 있다. 중국어를 표기하는 문자는 한자이다. 그러나 한자는 그 자체가 음을 드러내기는 하나 완벽한 표음문자가 아니기 때문에 개별 한자의 음을 정확히 알기 위해서는 개별 한자별로 따로 학습하고 기억해야 한다. 곧 개별 한자의 음을 용이하게 파악할 수 있는 별도의 기호가 존재하지 않는다. 또한 중국의 경우 다양한 방언으로 인해 한자의 음이 통일되지 않았기 때문에 이를 통일하기 위한 수단으로 새로운 발음 기호가 필요했고 이러한 욕구를 충족시키기 위한 표기법이 로마자를 이용한 표기법이었다. 이에 따라 중국은 18세기 이후 다양한 종류의 로마자표기법을 이용해 오다가 1958년 현재 사용 중인 병음부호를 제정하기에 이른다. 따라서 로마자는 공식적으로 발음을 나타내주는 기호로 사용되는 것이다. 심지어 중국의 일부 지역에서는 한자를 사용하지 않고 오직 병음부호만으로 교육을 실시하는 곳도 있다(국립국어연구원, 1996).

셋째, 언어사회의 표기 수단은 유지하되 다만 대외적인 효용을 위해 로마자표기를 활용하는 경우 : 한국이나 일본처럼 로마자를 공식적인 표기 수단으로 하지 않는 대부분의 국가나 언어사회에서 로마자를 표기하는 이유이다. 각국은 자국의 언어체계에 맞춰 독자적인 표기 방법을 개발하여 사용하고 있다. 예를 들어 일본은 음절단위인 언어체계에 맞춰 전자법을 표기방법으로 채택하였고, 한국은 음소단위 표기법인 전사법을 사용하고 있다. ISO는 로마자 사용지역이 아닌 국가의 문자를 로마자로 표기하기 위한 표준화 작업을 진행하고 있는데, 무역시장에서 각국의 물품과 용역의 내용을 누구나 쉽게 알아 볼 수 있도록 기계적으로 처리하기에 용이하도록 하는 작업이 ISO의 표기 표준화작업이다. ISO는 이를 위해 1984년에 Arabic과 Hebrew 문자의 로마자표기 표준화 작업을 시작한 이래 2001년까지 10개 문자의 표준화 작업을 완료하였다.[7]

2.2. 국어 로마자표기법의 변천

로마자를 이용하여 한국어를 표기하기 시작한 역사는 19세기 말엽으로 거슬러 올라간다. 당시 우리나라에 들어와 활동하던 외국인 선교사들은 한국에 관한 사항들을 본국에 알려야할 필요를 느꼈고 이에 따라 그들이 접촉한 한국의 인명과 지명 등 고유명사를 자국의 언어로 표기하기 시작하였다. 이런 과정에서 일정한 체계를 갖추기 시작한 로마자표기법은 이미 1920년대까지 약 27개의 표기안이 발표되어 있었을 만큼(김민수, 1973) 다양한 방식으로 나타났다. 그러나 이들은 규범이 요구하는 일정한 체계와 통일성을 가지고 있기보다는 단순히 자국의 문자 체계에 맞춘 편의적 표기법에 지나지 않았다.[8]

한일합방 이후에는 선교사들의 활동이 중단되고 대신 일본인들에 의

---

7) ISO가 로마자표기를 통하여 표준화를 완료한 문자와 그 시기는 다음과 같다. Arabic(1984), Hebrew(1984), Japanese(1989) Chinese(1991), Cyrillic(1995), Gregorian (1996), Armenian(1996), Greek(1997), Thai(1998), Devanagari and related Indic (2001). Korean은 1996년 ISO, TR11941로 일단 남북한의 의견을 절충한 예비안이 마련되었으나 남북한 간의 의견 차이로 인하여 확정된 통일안을 마련하지 못하여 이 안은 폐기된 상태이다(정경일, 2001.ㄴ).

8) 이 당시 한국인에 의하여 표기된 로마자표기의 대표적인 사례는 독립신문의 표기를 들 수 있다. 이에 대해서는 정경일(1999)를 참조할 것.

하여 한국어를 로마자로 표기하는 방안들이 제시되었으나(김민수, 1980) 역시 개인적인 의견으로 그치고 말았다. 그런데 이 시기에 한국어의 로마자표기법에 매우 중요한 제안이 나타난다. 1939년에 G. M. McCune과 E. O. Reischauer에 의하여 발표된 소위 M-R 방식은 한국인보다는 미국을 비롯한 구미권에 소개되면서 여타의 개인적 제안들을 제치고 세계적으로 널리 알려져 구미는 물론 국내에서도 국어 로마자표기의 대표적인 체계로 자리 잡았고 우리나라의 공식적인 표기법 제정·개정 과정에서 강력한 영향을 끼쳐왔다.

개인적인 제안에 머물던 로마자표기법이 정식으로 국가의 공식적인 어문규정으로 독립된 것은 대한민국이 수립된 이후부터이다. 1948년에 정부는 <한글을 로오마자로 적는 법>을 제정, 고시하여 최초로 공식적인 표기법을 가지게 되었다. 정부의 공식적인 표기법은 그 후 1959년 <한글의 로마자표기법>과 1984년 <국어의 로마자표기법>을 거쳐 2000년 <국어의 로마자표기법>으로 변화되어 왔다. 50여년 사이에 로마자표기법이 이렇게 자주 바뀌게 된 이유는 표기의 원칙을 둘러싼 논쟁과 음소대응 표기의 변화라는 두 가지가 커다란 원인이 있었기 때문이다.

먼저 표기의 원칙과 관련된 사항을 살펴보자. 특정 언어를 로마자를 이용하여 표기하는 데에는 전자법(Transliteration)과 전사법(Transcription)의 두 가지 원칙이 있다. 전자법은 문자위주의 표기법으로 형태음소적 변화를 표기에 반영하지 않는 방식이고, 전사법은 형태소 간의 음운 변화를 표기에 반영하여 발음대로 적는 방식을 말한다. 이 두 가지 방식은 나름대로의 장단점을 모두 가지고 있어 어느 하나의 방식이 절대적으로 표기에 적절하다고 판단할 수는 없다. 우리의 표기법을 살펴보면 1939년에 제안된 M-R 방식이 전사법을 채택한 이후 1948년 규정은 이

두 가지를 절충하였고, 1959년 규정은 전자법을, 그리고 이후 1984년 규정과 2000년 규정은 전사법을 채택하였다.9)

음소대응 표기의 변화는 표기원칙보다 훨씬 더 복잡한 사정을 보인다. 이 문제는 음소적으로 일대일의 대응이 이루어질 수 없는 다른 문자 체계 사이에서 빚어지는 근원적인 문제임에도 그동안 우리는 이 문제를 둘러싸고 지나치게 많은 소모적 논쟁을 이어왔다. 구체적으로 살펴보면 자음의 표기에서는 파열음 즉 'ㄱ, ㄷ, ㅂ, ㅈ'과 이들의 격음, 경음 표기방식이 주요 쟁점이었다. 로마자는 유성음과 무성음이 엄격하게 구분되는 언어의 표기에 사용되는 문자이다. 그런데 한국어에서 성의 유무는 음성적으로는 지각이 가능하나 음소적으로는 변별력을 갖지 못하므로 성의 유무를 구분하여 표기하고자 하는 시도는 음성적 차이를 명확히 인지하지 못하는 일반 대중들에게 상당한 혼란을 야기할 수밖에 없다. 한편 로마자에는 경음이 존재하지 않는다. 따라서 평음의 표기를 어떻게 하느냐에 따라 경음과 격음의 표기가 연쇄적으로 영향을 받을 수밖에 없으므로 논자들에 따라 다양한 견해가 표출되었고 이에 따라 표기법의 잦은 개정이 이루어졌고 현재도 지속적으로 문제제

---

9) 1984년, 2000년 규정이 전사법을 채택하였다 해도 완벽한 전사법은 아니고 일부 전자법을 채택하여 절충하는 모습을 보이고 있다. 현행 표기가 전사법을 채택하고 있음은, '제1장 표기의 기본 원칙, 제1항 국어의 로마자표기는 국어의 표준 발음법에 따라 적는 것을 원칙으로 한다.'라는 원칙과 '제3장 표기상의 유의점, 제1항 음운 변화가 일어날 때에는 변화의 결과에 따라 다음 각호와 같이 적는다.'에서 확인할 수 있다. 반면 전자법적인 요소를 살펴보면 묵호 Mukho 집현전 Jiphyeonjeon처럼 '체언에서 'ㄱ, ㄷ, ㅂ' 뒤에 'ㅎ'이 따를 때에는 'ㅎ'을 밝혀 적는다.'거나 '된소리되기는 표기에 반영하지 않는다.'는 규정, 그리고 '이름에서 일어나는 음운 변화는 표기에 반영하지 않는다.'는 예외규정 등을 통해 확인할 수 있다. 또한 3장 제8항은 '학술 연구 논문 등 특수 분야에서 한글 복원을 전제로 표기할 경우에는 한글 표기를 대상으로 적는다.'고 하여 전자법의 원칙을 적용하도록 명문화 하고 있다.

기가 이어지고 있다.

모음의 경우도 마찬가지이다. 단모음이 5개에 불과한 로마자를 이용하여 현대국어의 8개 단모음체계를 표기하는 과정에서 필연적으로 3개 단모음의 표기에 대해 다양한 논의가 표출될 수밖에 없다.[10) 이에 따라 모음에서는 'ㅓ, ㅡ, ㅐ'의 표기가 논란의 대상이 되어 왔다. 이들의 표기는 필연적으로 두개의 알파벳을 사용할 수밖에 없는데 이때 어떤 것을 사용하느냐 또는 두개의 알파벳을 사용할 경우 생기는 표기상의 번거로움을 회피하기 위한 특수부호의 사용 등의 의견이 규정에 반영되어 왔다.

다음에 제시하는 표는 앞서의 논의를 정리하여 그동안의 주요한 변화를 요약한 것이다.

<표 1> 주요 로마자표기법의 비교

표기규정	표기원칙	자음													모음		
		ㄱ	ㅋ	ㄲ	ㄷ	ㅌ	ㄸ	ㅂ	ㅍ	ㅃ	ㅈ	ㅊ	ㅉ	ㅅ	ㅓ	ㅡ	ㅐ
M-R	전사법	k, g	k′	kk	t, d	t′	tt	p, b	p′	pp	ch	ch′	tch	s, sh	ŏ	ŭ	ae
1948년 규정	절충식	k	kh	gg	t	th	dd	p	ph	bb	ch	chh	dch	s	ŏ	ŭ	ai
1959년 규정	전자법	g	k	gg	d	t	dd	b	p	bb	j	ch	jj	s	eo	eu	ae
1984년 규정	전사법	k, g	k′	kk	t, d	t′	tt	p, b	p′	pp	ch	ch′	tch	s, sh	ŏ	ŭ	ae
2000년 규정	전사법	g, k	k	gg	d, t	t	tt	b, p	p	pp	j	ch	jj	s	eo	eu	ae

---

10) 로마자에서 단모음 표기에 이용되는 알파벳은 'a, i, u, e, o'의 다섯이다. 필자는 현대국어 단모음을 'ㅏ, ㅓ, ㅗ, ㅜ, ㅡ, ㅣ, ㅐ, ㅔ'의 여덟 개만을 인정한다. 'ㅟ, ㅚ'를 단모음으로 인정하는 견해도 상당수 있으나 이는 발음 시 조음기관의 이동이 드러나므로 이중모음으로 간주한다. 또 최근 'ㅐ'와 'ㅔ'가 중화되어 가고 있다는 견해도 있으나 아직은 변별력이 상존하는 것으로 판단되어 현대국어 단모음체계는 8모음으로 설정하고 논의를 진행한다.

3. 로마자표기의 현실

이 장에서는 회사명의 로마자표기에 관하여 검토하기로 한다. 검토의 대상은 우선적으로 회사명 로마자표기가 규범을 준수하고 있는가를 살펴본 뒤, 각각의 표기를 대상으로 음소표기, 단위표기, 대문자·소문자 구분표기 등에 대해 살펴보기로 한다.

3.1. 로마자표기의 규범 준수 여부

이 논문은 2010년 3월 현재 한국상장회사협의회에 가입된 466곳의 회사명 로마자표기를 대상으로 하였다. 조사된 자료들을 통해서 회사명의 표기가 얼마나 로마자표기를 준수하고 있는지에 대해 살펴보기로 한다. 비교 검토의 기준은 일단 현행 표기법으로 한다.[11]

검토 결과 표기법 준수여부를 백분율로 표시하면 다음과 같다.

<표 2> 회사명의 로마자표기법 준수율

준 수 여 부		숫자(개)	백분율(%)
표기법 준수	완전한 준수	121	26.0
	준수로 평가	17	3.6
표기법 미 준수		328	70.4
합 계		466	100.0

---

11) 현행 표기법은 회사명의 표기에 별도의 원칙을 규정하고 있지 않다. 회사명의 표기와 관련된 규정은, 3장 3항의 "고유명사는 첫 글자를 대문자로 적는다."는 규정과 3장 7항의 "인명, 회사명, 단체명은 그동안 써 온 표기를 쓸 수 있다."는 규정 등이다. 이 논문에서 표기의 규범 준수여부를 논하는 기준은 3장 3항에 의거하며 3장 6항의 "자연지물명, 문화재명, 인공축조물명은 붙임표(-)없이 붙여 쓴다"는 규정을 참고적으로 적용한다. 즉 하나의 회사명을 첫 글자는 대문자로 시작하고, 이후는 소문자로 쓰되 음절구분하지 않고 붙여 쓰는 것을 원칙으로 한다. 3장 7항에 대해서는 별도로 논의한다.

<표 2>에 의하면 표기법이 준수된 경우가 29.6%에 불과하다. '완전한 준수'는 모든 표기가 표기법에 일치하는 경우이고, '준수로 평가'는 음소 표기는 규정에 맞으나 표기 방식이 어긋난 경우를 말한다. 이 경우를 넓은 의미에서 표기법 준수에 포함시키는 것은 음소표기가 로마자표기의 핵심적인 내용이기 때문이다. 이 경우를 제외하면 엄격한 의미에서 준수율은 26.0%에 불과하다. 정확한 준수를 판단하는 기준으로 가장 중요한 것은 음소대응을 살피는 것이다.

구체적으로 몇 예를 살펴보면 다음과 같은 예들이 표기법을 완전히 준수하는 사례들이다.

1) Gaon, Namhae, Daegu, Miwon, Bohae, Seowon, Aju, Jeonbuk, Taechang, Handok

'준수로 평가'한 경우에 해당하는 것은 다음의 세 경우이다.

1) 회사명 전체를 대문자로 표기한 경우 : DONGBU, YUYANG, ILJIN, JINRO
2) 음절을 구분하여 표기한 경우 : Dae Han, Song Won, Han Mi
3) 음절 구분한 뒤 붙임표를 사용한 경우 : Dong-A, DAE-IL, Heung-A

이와 관련하여 국립국어원(1996)은 1996년에 당시 통용되던 로마자표기법에 대한 문제점이 제기됨에 따라 이의 개선을 염두에 두고 로마자표기의 실태를 조사하였다. 이 조사는 국내의 각 기관과 인물, 회사, 대학, 단체 이름의 로마자표기를 조사하였는데 이 가운데 이 글의 논의와 관계되는 회사명의 로마자표기 실태에 대해 살펴보겠다.

당시 조사에서는 모두 425개 회사명의 로마자표기를 수집하여 표기법 준수 여부를 분석하였다. 분석결과는 다음과 같다.[12]

〈표 3〉 회사명의 로마자표기법 준수율(1996년)

준 수 여 부			숫자(개)	백분율(%)
표기법 준수		완전 준수	79	18.6
	허용규정 따름	반달표(˘)와 어깻점(´) 생략	40	9.4
		붙임표(-) 사용	14	3.3
표기법 미 준수			292	68.7
합 계			425	100

1996년에도 표기법의 준수율이 허용규정을 따르는 경우를 포함하여도 31.3%에 불과하여 이 글의 조사 결과와 비슷한 비율을 나타내고 있다. 이 두 가지 조사결과를 통해서 우리는 회사명 로마자표기가 거의 규정을 지키지 않은 상태로 이루어지고 있음을 확인할 수 있다.

3.2. 음소 표기 양상

이제부터는 세부적인 사항에서 표기법의 준수여부를 확인하고자 한다. 먼저 음소 표기의 문제를 검토한다.

로마자표기법의 변천과정에 대한 논의에서도 언급한 바와 같이 그동안 로마자표기와 관련한 논의에서 음소 대응 방식은 언제나 중요한 논쟁점이었다. 그 가운데도 자음의 'ㄱ, ㄷ, ㅂ, ㅈ'의 표기와 모음의 'ㅓ, ㅕ, ㅡ, ㅜ, ㅠ, ㅐ' 등의 표기는 항상 논쟁의 중심에 있었다. 여기서는

---

12) 이 표는 국립국어원(1996)의 분석결과를 바탕으로 필자가 재구성한 것임.

이들 논쟁의 대상이 되어 있는 음소 표기가 어떻게 되어 있는지 검토하기로 한다. 이들을 제외한 여타 자음과 모음의 음소대응은 로마자표기를 다룬 많은 논저들을 통하여 대체로 규범을 잘 지키고 있는 것으로 평가되었기 때문에 이 글에서도 별도로 다루지 않는다.

3.2.1. 자음의 표기 양상

먼저 자음의 표기 양상을 검토한다. 표기 양상은 회사명 표기에 사용된 각 음소별 알파벳의 분포를 보인다.[13][14]

〈표 4〉 주요 자음의 로마자표기 양상

자음	표기	숫자(개)	백분율(%)
ㄱ	g	6 / 87	6.9
	k	81 / 87	93.1
ㄷ	d	75 / 81	92.6
	t	6 / 81	7.4
ㅂ	b	27 / 32	84.4
	p	5 / 32	15.6
ㅈ	j	28 / 42	66.7
	ch	14 / 42	33.3

‘ㄱ’은 ‘g’로 표기하도록 규정되어 있다. 그러나 실제로는 ‘k’로 표기한 경우가 절대 다수이다. 이는 인명 표기의 경우와 비교하여도 동일한 양상을 보인다. 여권에 기재된 성씨의 로마자표기 양상을 정리한 정희원

---

13) 현행 표기법은 자음의 경우 어두와 어말의 표기에 사용되는 로마자를 달리 배정하고 있다. 이 표에서는 어두에 사용된 경우만을 조사하여 보인다.
14) 표에서 굵은 글씨로 나타낸 부분이 규정에 맞는 표기이다. ‘숫자’에서 분모 부분은 해당 자음의 출현 빈도이다. 이하 표에서도 동일하게 표시한다.

(2009)에 의하면 김씨의 경우 Kim이 99.3%, 강씨의 경우 Kang이 96.9%, 권씨의 경우 Kwon이 85.8% 등으로 표기되어 'ㄱ'으로 시작되는 대부분의 성씨에서 표기에 규정한 'g'를 사용하는 비율은 매우 적다.15)

'ㄷ'은 'd'로 표기하도록 규정되어 있다. 실제 표기를 살펴보면 'd'로 표기한 경우가 절대 다수로 규정을 잘 지키고 있는 것으로 드러났다. 이는 인명표기의 경우와 비교하여도 동일한 양상을 보인다. 정희원(2009)의 조사에 의하면 단씨와 대씨, 동씨, 두씨는 100%가, 도씨는 98.7%가 'd'로 표기하고 있다.

'ㅂ'은 'b'로 표기하도록 규정되어 있다. 다른 음소와 달리 'ㅂ'의 표기는 규정을 비교적 잘 지키고 있다. 그러나 인명의 표기에서는 성씨에 따라 'b'와 'p'가 쓰이는 양상이 다르게 나타난다. 박씨의 경우 'p'로 쓰인 경우가 98%를 상회하고 있는 반면 반씨, 방씨, 백씨, 범씨, 봉씨 등 다른 성씨에서는 모두 'b'로 표기한 경우가 90% 이상의 절대 다수를 차지한다.16)

'ㅈ'은 'j'로 표기하도록 규정되어 있다. 'ㅈ'의 경우도 비교적 규정을 잘 지키고 있다. 규정의 준수율은 'ㄷ'이나 'ㅂ'에 비해 다소 떨어진다. 인명의 경우도 유사하다. 전씨, 제갈씨, 제씨, 주씨, 진씨 등은 90%이상이, 장씨, 정씨, 지씨는 85% 이상이 'j'로 표기하고 있다. 다만 조씨의 경우는 예외적으로 'ch'로 표기한 경우가 73.2%를 보여주고 있어 주목된다.17)

───────────────

15) 이하의 논의에서 인명의 성씨 표기율에 관한 논의는 특별한 언급이 없는 한 정희원(2009)을 따른다.
16) 봉씨와 빈씨는 100%가 Bong, Bin으로 통일되어 있다.
17) 종씨의 경우 100%가 'ch'로 좌씨의 경우 'ch'와 'j'가 50%씩 분포되어 있다. 그러나 이들의 표기사례가 각각 1건과 2건으로 통계적 의미가 없다고 판단되어 이 글의 논의에서 제외한다.

이렇게 살펴보면 자음의 표기에서 개별 음소별로 규범의 준수여부가 달라지고 있음을 알 수 있다. 그런데 이 경향은 회사명의 경우와 인명 표기의 경우가 대체로 일치하고 있다.[18)

3.2.2. 모음의 표기 양상

다음 모음의 표기 양상을 표로 보인다.

〈표 5〉 주요 모음의 로마자표기 양상

모음	표기	숫자(개)	백분율(%)
ㅓ	eo	10 / 45	22.2
	u	35 / 45	77.8
ㅕ	yeo	1 / 25	4.0
	yu	23 / 25	92.0
	ea	1 / 25	4.0
ㅡ	eu	5 / 14	35.7
	u	9 / 14	64.3
ㅜ	u	24 / 63	38.1
	oo	37 / 63	58.7
	ou	2 / 63	3.2
ㅠ	yu	4 / 8	50.0
	you	2 / 8	25.0
	yoo	2 / 8	25.0
ㅐ	ae	38 / 50	76.0
	ai	10 / 50	20.0
	a	2 / 50	4.0

---

18) 인명표기에서 성씨의 경우 각 성씨별로 규범 준수의 양상이 달리 나타나는데 이는 개별 가문의 표기관례이다. 이런 관례 때문에 로마자표기법의 정착이 어려움을 겪고 있고 성씨의 로마자표기법을 따로 정해야 한다는 의견이 나오고 있다. 이에 대해서는 이 글에서 깊게 다룰 주제가 아니므로 별도로 논의하고자 한다.

‘ㅓ’는 ‘eo’로 표기하도록 규정되어 있다. 회사명의 표기 양상을 보면 규정대로 표기된 경우는 22.2%이고 77.8%가 ‘u’로 표기하고 있다. ‘ㅕ’의 표기도 ‘ㅓ’의 표기와 동일한 관점에서 표기되는데 규정대로 ‘yeo’로 표기한 경우는 4.0%에 불과하고 ‘yu’가 92.0%로 대다수를 차지하고 있다.[19) 인명의 경우는 어떠한지 살펴보자. 정희원(2009)에 따르면 서씨의 경우 ‘eo’표기가 87.7%, ‘u’표기는 10.5% 정도의 비율을 보이고 있다.[20) 설씨의 경우도 ‘eo’표기가 71.4%, ‘u’표기는 17.1%로, 석씨의 경우는 ‘eo’ 표기가 63.9%, ‘u’표기는 30.6%로 나타난다. 전씨의 경우 ‘eo’표기가 68.0%, ‘u’표기는 27.9% 로 나타났다. 이들은 ‘eo’로 표기된 경우가 ‘u’로 표기한 경우보다 많은 사례이다. 반면 성씨의 경우는 ‘eo’표기가 29.4%, ‘u’표기는 67.4, 선우씨의 경우는 ‘eo’표기가 16.7%, ‘u’표기는 83.3%, 정씨의 경우 ‘eo’표기가 37.7%, ‘u’표기는 57.8% 로 나타나 성씨에 따라 ‘eo’표기와 ‘u’표기의 경향이 달리 나타남을 알 수 있다.

‘ㅡ’는 ‘eu’로 표기하도록 규정되어 있다. 실제 표기 사례를 보면 규정대로 표기된 경우는 35.7%이고 나머지 64.3%는 ‘u’로 표기되어 있다. 인명의 경우는 한국인의 성씨에 ‘ㅡ’를 지닌 경우는 금씨, 승씨, 은씨, 음씨 등인데 금씨의 경우 ‘eu’표기는 77.0%, ‘u’가 20.8%의 분포를 보이고 있고 나머지 세 성씨는 모두 ‘eu’로 표기되어 있다. 그러므로 인명의 경우는 비교적 규정을 잘 준수하고 있음을 볼 수 있다.

‘ㅜ’는 ‘u’로 표기하도록 규정되어 있다. 실제 표기 사례를 보면 ‘u’로 표기된 경우가 38.1% ‘oo’표기는 58.7%, ‘ou’는 3.2%의 분포를 보이고 있

---

19) ‘ㅕ’의 표기에 ‘ea’를 사용한 경우가 매우 특이한데, ‘경남회사’가 ‘Keangnam Enterprises’로 표기하고 있다.
20) 두 표기의 합계가 100%가 되지 않는 것은 실제 조사된 사례에 이들 표기 이외의 기타 표기가 있기 때문에 나타난 결과이다. 이하 마찬가지이다.

다. 이를 인명의 경우와 비교하면 우씨의 경우 규정과 전혀 관계없이 'woo'가 97.0%, 'wu'는 1.6%를 보이고 있다. 물론 이 경우 'w'를 제외하고 살펴보면 다른 인명 표기와의 관계를 파악할 수 있다. 또 구씨의 경우는 'u'는 44.2%, 'oo'는 55.2%로 나타나고 있으며 국씨의 경우는 'u'가 57.1%, 'oo'는 44.8%로 나타난다. 주씨의 경우는 'u'가 52.4%, 'oo'는 47.6%로 나타난다. 추씨는 'u'가 55.1%, 'oo'는 43.1%로 나타나고 있다. 이를 통해 보면 인명의 경우는 우씨를 제외하면 다른 성씨에서는 'u'와 'oo' 표기 사이에 어느 한 쪽으로 절대적으로 기울어지지 않음을 알 수 있다.

'ㅠ'는 'yu'로 표기하도록 규정되어 있다. 'ㅠ'는 'ㅜ'의 표기와 동질적인데 실제 표기는 다소 차이가 드러난다. 사례수가 적어 커다란 의미를 찾기는 어렵지만, 실제 표기된 사례는 'yu'표기가 50%, 'yoo'표기와 'you'표기가 각각 25%씩을 나타내고 있다. 인명표기에서는 유씨의 경우 'yu'표기가 30.8%, 'yoo'표기는 42.8%, 'you'표기는 16.3%로 나타나며, 육씨의 경우 'yu'표기는 35.7%, 'yoo'표기는 42.8%, 'you'표기는 10.7%이며, 윤씨의 경우 'yu'표기는 40.7%, 'yoo'표기는 48.9%, 'you'표기는 9.9%로 나타나고 있다.

'ㅐ'는 'ae'로 표기하도록 규정되어 있다. 실제 표기 사례를 보면 'ae'로 표기된 경우가 76.0%, 'ai'로 표기된 경우는 20.0%이다. 독특하게 'a'로 표기한 경우도 2건이 보인다.[21] 인명표기와 비교하면 배씨의 경우 'ae'표기는 96.8%, 'ai'표기는 1.5%이다. 백씨의 경우 'ae'표기는 72.4%, 'ai'표기는 11.4%로 나타나며, 맹씨의 경우 'ae'표기는 91.6%이며 'ai'표기는 나타나지 않는다. 채씨의 경우 'ae'표기는 87.8%, 'ai'표기는 7.5%로 나타난다.

---

21) '(주)대유신소재'와 '대유디엠씨'가 'Dayou'로 표기하고 있다.

이를 종합해 보면 논의의 대상이 되어 있는 6개의 모음 가운데 'ㅠ'를 제외하면, 정도의 차이는 있으나, 모두 규정을 어기고 표기되어 있음을 알 수 있다. 이들 표기 가운데 가장 눈에 띄는 것은 'u'의 표기이다. 규정상 'ㅜ'의 표기에 사용하도록 되어 있는 'u'가 오히려 'ㅜ'의 표기에는 널리 사용되지 않고 규정에 없는 'ㅓ', 'ㅕ', 'ㅡ'의 표기에 주로 사용되고 있다는 점이다. 이렇게 'u'가 'ㅓ, ㅕ, ㅜ, ㅡ' 등에 두루 쓰이게 됨으로써 이들 음소의 변별력이 상실되는 결과를 초래하게 되었다. 가장 혼란스러운 것은 이들 음소가 동일 회사명에 공존하는 경우이다. 이 경우 이들의 변별력 상실로 인하여 회사의 명칭 자체가 혼란스럽게 되는 결과를 초래하게 된다. 대표적인 사례가 흥국화재해상보험이다. 이 회사의 로마자표기는 HungKuk Fire & Marine Insurance이다.

3.3. 단위표기

단위표기란 회사의 명칭을 하나의 단위로 인식하여 표기하는가 아니면 개별적인 음절단위로 표기하는가에 관한 사항이다. 원칙적으로 회사명은 고유명사이므로 지명이나 문화재명 등과 같이 하나의 단위로 표기하여야 한다. 고유명사 가운데 인명은 표기방식이 다소 다르다. 일반적으로 한국인의 인명은 3음절로 구성되는데 이 가운데 첫 음절은 성을 나타내고 뒤의 두 음절은 이름을 나타낸다.[22] 표기법은 인명의 표기방법을 '성'과 '이름'으로 구분하여 두 개의 단위로 표기하도록 명기하였는데도[23] 불구하고 정경일(1997)이나 김혜숙(1998) 등에 의하면 인명

─────────────

[22] 예외적으로 남궁, 황보, 선우 등의 2음절 성도 있고 이름 가운데도 외자이름이 있을 수 있다.

을 표기할 때 한국인은 일반적으로, 규정에 상관없이 인명의 3음절을 각각 독립시켜 3개의 단위로 표기하고 있다. 물론 인명의 표기방법을 명시한 것이 1984년부터이므로 이에 부합한 표기가 점차 늘어날 것으로 기대하고 있지만 실제 사례를 보면 그러하지만도 않다.24)

회사명은 인명과 달리 하나의 단위로 표기하여야 하는데, 규정이 어느 정도 지켜지고 있는지를25) 표로 보인다.

<표 6> 회사명의 단위 표기 방식

표기방식		숫자(개)	백분율(%)
한 단위 표기		377	80.9
음절 구분 표기	붙임표(-) 미사용	79	17.0
	붙임표(-) 사용	10	2.1
합계		466	100.0

이 결과를 보면 80.9%의 회사가 회사명을 하나의 단위로 인식하여 표기하고 있어 인명의 표기와는 상반된 입장을 보여주고 있다. 규정에 맞게 한 단위로 표기한 경우는 다음의 사례들이다.

---

23) <국어의 로마자표기법> 제3장 제4항에서 "인명은 성과 이름의 순서로 띄어 쓴다. 이름은 붙여 쓰는 것을 원칙으로 하되 음절 사이에 붙임표(-)를 쓰는 것을 허용한다. (( ) 안의 표기를 허용함.)"라고 규정하고 "민용하 Min Yongha (Min Yong-ha) 송나리 Song Nari (Song Na-ri)"를 예로 들어 설명하고 있다.

24) 이에 관해 필자는 필자가 근무하는 학과의 1~3학년 학생들 124명에게 자신의 이름을 로마자로 표기하도록 하여 보았다. 그 결과 85%가 이름의 3음절을 각각 구분하여 표기하였고 표기법의 규정에 따라 성과 이름을 구분하고 이름을 한단위로 표기하는 경우는 15%에 불과하였다. 이들은 1984년 개정 로마자표기법의 시행 이후 출생한 학생들로 로마자표기법에 관해 학교에서 교육을 받았다면 후자의 표기 비율이 더 높아야 하나 현실은 그렇지 못하였다.

25) 이 항의 고찰에서 음소대응 양상은 논의의 대상으로 삼지 않는다.

1) Gaon, Dongil, Mirae, Oyang, Sambu, Yuhan

그리고 음절을 구분하여 표기한 사례는 다음의 예들이다. 이들은 단순히 음절을 구분한 표기와 음절을 구분하되 이들 사이에 붙임표(-)를 사용한 경우로 나뉜다. 후자의 경우는 음절구분을 하기는 하였으나 이를 하나의 단위로 인식하고 있음을 보여주는 사례라 할 수 있다. 만일 이들을 단위표기로 간주한다면 단위표기의 비율은 좀 더 늘어난다.

2) '-'를 사용하지 않은 경우 : Kyung Nong, Sam Yang, Han Kuk
3) '-'를 사용한 경우 : Kyung-In, Nam-Kwang, Sam-A, Dong-Ah

3.4. 대문자, 소문자 구분표기

고유명사를 표기할 때 첫 문자는 대문자로 시작하되 이후부터는 소문자로 표기하여야 한다. 이 글에서 자료로 삼은 466개의 회사명칭 표기 가운데 대문자와 소문자의 표기 양상은 다음과 같이 집계되었다.

〈표 7〉 대문자 소문자 구분표기

표기방식	숫자(개)	백분율(%)
규정표기	447	95.9
대문자로만 표기	19	4.1
합계	466	100.0

규정에 맞춰 대문자로 시작하여 소문자로 표기한 경우가 절대적이다.[26] 이에 비해 매우 적은 수의 회사가 대문자로만 표기하고[27] 있어

이 부분에 대한 규범 준수는 비교적 잘 되고 있는 것으로 평가된다.

4. 언어현실과 규범의 괴리에 대하여

우리는 앞장에서 회사명의 로마자표기가 보여주는 실태를 살펴보았다. 전반적으로 규범이 잘 지켜지지 않는 모습을 볼 수 있었는데 과연 왜 이러한 현상이 나타나는 것일까? 그리고 이를 해소하기 위해서는 무엇을 해야 하는가?에 대한 고민이 우리에게 남겨진 과제이다.

차재은(2003 : 10)은 언어현실과 규범의 괴리에 대해 의미있는 언급을 하고 있다. 그는 "(어문)규범은 (언어)문제에 대한 판단의 기준이 되는 동시에 (언어)질서의 수호자 역할을 하게 된다"고 전제하고 "여기서 전제되어야 할 것은 규범이 제 역할을 하려면 많은 사람들에게 동의와 인정을 받아야 한다"는 점을 강조하고 있다. 이런 지적은 규범이 지니는 사회적 속성을 생각할 때 당연한 것이며 특히 그 대상이 언어일 경우 언어가 갖는 의사소통 수단으로서의 기능을 고려할 때 이는 더욱 중요한 의미를 갖는다.

규범의 사회성을 인정한다면, 규범을 준수하지 않는 사람은 규범을 지키도록 강제되어야 한다. 그것이 사회 구성원으로서 개인의 책무이

---

26) 음절을 구분하여 표기하는 경우에도 각 음절의 첫 글자를 대문자로 표기하고 있음을 볼 수 있다.

27) 대문자로만 표기한 19개 회사는 다음과 같다.
KISHIN, DAELIM, DONGBU, DONGSUNG, DONGA, MYUNGMOON, SAJOHAEPYO, SHINSUNG, WOORIDUL, WOONGJIN, YUYANG, ILKYUNG, ILJIN, JINRO, POONGSAN, HANSAE, HANJIN, HYUNDAI, HYOSUNG

며, 동시에 사회를 유지해 나가는 동력이 되기 때문이다. 그러나 대다수의 구성원이 규범을 어기는 상황이 발생하면 그때는 구성원의 합의에 의해 규범을 변경하는 것이 규범에 의해 개인의 생활을 규제하는 것보다 더 효율적일 수 있다.

어문규범의 경우도 이와 같은 관점에서 생각할 수 있다. 현재 우리가 공식적으로 인정하고 있는 어문규범은 네 가지이다. 현재 한국 사회의 언어 현실을 살펴보면 이 네 가지의 규범 모두 많은 문제를 지니고 있다. 즉 대다수의 언중들이 규범을 잘 모르거나 또는 알고 있으면서도 실제 사용에서는 다양한 오류를 보여주고 있다.

이 글이 다루고 있는 로마자표기 또한 위에서 살펴본 바와 같이 이런 현상에서 예외적이지 못하다.[28] 로마자표기는 이 글에서 다룬 회사명의 표기 뿐 아니라 인명이나 단체명 등에서 매우 심각한 정도의 오류가 발생하고 있다.

이런 원인으로 필자는 다음 세 가지를 제시한다.

   1) 언어규범의 문제
   2) 사회적 인식 문제
   3) 정책의 문제

첫째, 규범의 문제는 로마자표기법이 지니고 있는 근원적인 것으로 그동안 제시된 어떤 표기법을 적용한다 하여도 국어를 완벽하게 표기할 수 없다는 본질적인 문제를 말한다. 그리고 이런 약점 때문에 표기

---

[28] 나머지 언어규범과 현실 사이의 문제에 대해서는 이 논문이 수록된 『한국학연구』 33집의 다른 논문들을 참고할 것.

법이 규범으로서의 강제성을 가지지 못한 점도 또한 지적되어야 한다.

물론 로마자표기가 강제적인 성격의 규범으로 적합하냐에 대한 논란이 있음도 사실이다. 특히 인명의 경우 강제적 적용 여부는 사회적으로 커다란 논란의 대상이 되어 있고, [29] 단체명이나 기관명 등도 종래 써 오던 표기를 규정이 바뀌었다고 해서 새로이 표기를 개정하도록 강제하는 것은 사회적으로 여러 가지 문제를 발생시킨다는 점도 인정해야 한다.[30]

그러나 규정이 규정으로서의 기능을 올바로 수행하기 위해서는 일정 부분 강제적 적용은 피할 수 없다. 다만 그 수준과 범위에 대해서는 사회적 합의를 도출해야 할 것이다. 그렇지 않고 현재와 같은 혼란을 방치할 경우 국가 제정 규범의 권위에 대한 손상은 물론, 다양한 표기로 인한 국제적 혼란을 초래하게 될 것이다. 아울러 현재 규정에 대한 반대론자들은 현재 규정이 국제적으로 인정받지 못하고 있기 때문에 이를 개정하여 차라리 M-R 방식으로 회귀하여야 한다는 주장을 펼치고 있는데, 우리가 제정한 규정을 제대로 정착시키려는 의지를 보이지 않은 채 과거로 회귀하자는 발상도 타당한 것은 아니라고 생각한다.

둘째, 로마자표기법에 대한 사회적 인식은 이 규범을 정착시키는데 있어 가장 큰 걸림돌이 되고 있다. 이 가운데 가장 중요한 것은 언중들이 로마자표기에 대해 정확히 인지하지 못하고 있다는 점이다. 민현식

---

29) 2009년 6월 25일에 국립국어원 주관으로 열린 성씨 로마자표기방안 마련을 위한 토론회에서 안선재(서강대 명예교수)는 인명의 표기는 개인의 완전한 자율에 맡겨야 한다고 주장하였고, 진현용(외교통상부 여권과)은 개인 이름의 영문 표기 시 특정한 영문 표기를 강제할 경우 헌법상 행복추구권과 인격권을 침해할 소지가 있다는 주장을 하였다.
30) 이런 판단에 따라 1984년 고시된 로마자표기법부터 현행 표기법까지 종래 써 오던 표기를 바꾸지 않고 그대로 사용할 수 있도록 허용하는 규정을 두고 있다.

(2001)은 어문규범에 대한 능력을 맞춤법과 외래어표기, 로마자표기, 표준어, 표준발음 등의 영역으로 나누어 조사하였는데 이 가운데 로마자표기를 묻는 문제에 대한 정답률이 가장 낮았다.[31] 이는 로마자표기법이 여타 어문규범보다도 국민들에게 정확하게 인식되어 있지 않음을 보여 준다. 언중들의 로마자표기 인식 정도가 낮은 가장 큰 원인이 교육과 홍보의 부재임은 이미 많은 논자들에 의해 지적되어 왔다.

그러나 이 문제는 단순히 언중들의 이해 부족에만 그치지 않고 정책 당국이나 전문가 그룹에게도 상당한 책임이 있다 하겠다. 일례로, 우리나라 어문 정책의 최일선 기관인 국립국어원에서는 최근 몇 년간 어문규범 준수 실태조사를 벌여왔다.[32] 이 조사는 정부 홈페이지, 신문, 방송, 잡지 등에 나타난 우리말 표현을 대상으로 하여 어문규범에 맞지 않는 사례를 수집하여 보고하고 있다. 국립국어원은 이 조사의 범위를 국어 전반에 걸친 것으로 정하고 세부적으로는 맞춤법, 표준어를 비롯하여 어휘, 문법, 문장, 표현 등을 조사하고 있다. 여기에서 눈에 띄는 것은 어문규범 준수 여부를 조사하면서 로마자표기에 대해서는 전혀

---

31) 다음에 민현식의 어문 규범 능력 검사 결과를 요약하여 도표로 제시한다. 이 도표는 민현식(2001 : 122~138)에 제시된 연령대별, 측정 영역별 점수표를 필자가 종합하여 재구성한 것이다. 이 표를 보면 로마자표기의 평균점수가 모든 연령대에서 가장 낮게 나타나고 있음을 볼 수 있다.

	맞춤법 1	맞춤법 2	맞춤법 3	외래어표기	로마자표기	표준어	표준발음
초등생	0.61	0.55	-	0.50	0.32	0.47	0.71
중고생	0.68	0.57	0.50	0.58	0.40	0.49	0.75
대학생	0.75	0.57	0.51	0.65	0.43	0.61	0.79
일반	0.64	0.44	0.46	0.56	0.44	0.49	0.71
평균	0.67	0.49	0.49	0.57	0.40	0.52	0.74

32) 어문 규범 준수 실태 조사는 2000년, 2001년, 2002년, 2003년 등 4년에 걸쳐 진행되었고 각각의 보고서가 발간되었다.

관심을 두지 않았다는 점이다.

또한 국립국어원이 발주하여 2005년에 실시한 어문규범 영향평가에서도 한글맞춤법과 표준어규정, 외래어표기법은 평가대상에 포함되었으나, 로마자표기법은 평가 조사 대상에서조차 제외되었다(현대리서치연구소. 2005). 역시 양명희(2005)에서도 국민의 언어의식을 조사하면서 한글맞춤법과 표준어에 관해서만 조사를 진행하였다.

조사과정에서 제외되었다는 사실만을 가지고 이를 언어규범에 대한 중요도의 평가라는 관점에서 해석하기에는 무리가 따름이 분명하다. 그러나 언어규범에 대한 국민의 의식을 조사하는 과정에서 로마자표기가 제외되었다는 점은 분명 문화관광부에서 고시한 어문규범임에도 불구하고 실제로는 정부기관에서조차 어문규범으로 대우해 주지 않는 듯한 모습을 보이고 있다.

셋째, 정책의 문제는 교육과 홍보의 측면으로 나누어 볼 수 있는데, 그동안 학교 교육에서 로마자표기에 대한 교육이 제대로 이루어지지 않았으며, 일반인들을 대상으로 하는 홍보 또한 거의 이루어지지 않았다. 한편 로마자표기의 주요 대상인 도로명과 문화재명 등의 표기를 담당하고 있는 행정부서에서도 이에 대한 정확한 인식이 이루어지지 않아, 서로 다른 기준을 사용하는 사례까지 발생하고 있다.[33]

로마자표기의 올바른 정착을 위해서는 우선적으로 정책 집행 기관의 의지가 중요하다. 일례로 2000년 7월 현행 로마자표기법이 고시될 당시 "성씨의 표기는 따로 정한다"고 규정하였는데 그 후 10년이 경과한 현재까지도 이를 정하지 못하고 있는 것은 규정의 권위를 스스로 무너뜨

---

[33] 정경일(2001ㄱ, 2006, 2008)은 여러 방면에서 교육과 홍보에 관한 정책적 문제점을 제기하고 대책을 주장한 바 있으므로 이 글에서는 따로 논의하지 않는다.

리는 결과이다. 이에 대한 조속한 제정도 필요하다.

　로마자를 둘러싼 정책 가운데 가장 중요한 것은 이 표기법의 잦은 개정과 관련한 사항이다. 공식적으로 우리가 로마자표기법을 가지게 된 1948년 이후 그동안 세 차례에 걸쳐 로마자표기법이 바뀌어 왔고, 이런 잦은 개정과 이에 따른 교육, 홍보의 미비는 필연적으로 언중들로 하여금 규범에 대한 무관심과 이해부족을 초래하게 되었다. 그러므로 현재 사용 중인 로마자표기법이 다소의 미비점을 포함하고 있다 하여도[34] 이는 본질적으로 불가피한 문제이므로 또다시 이를 개정하려고 시도하기보다, 최소한의 보완으로 그치고 현행 규범의 취지를 살려 널리 알리고 확산시키는데 주력하여야 한다.

　그리고 정책적 측면에서 고려할 수 있는 방법은 신규 기업이나 상품의 법률적 등록과정에서 로마자표기법의 준수를 강제할 필요가 있다는 점이다. 이는 개인의 인명표기를 강제하는 것과는 다른 차원의 문제이며 상품명의 표기는 ISO가 남북간의 로마자표기를 통일하도록 권유하는 요인이 되었던 사안이기도 하다(배재덕, 2009).

5. 결론

　언어규범은 사회의 의사소통을 원활히 하고 문화적 정체성을 보존하

---

34) 국어기본법은 제9조에 "①문화체육관광부장관은 국어정책의 수립에 필요한 국민의 국어능력·국어의식·국어사용환경 등에 관한 자료를 수집하거나 실태를 조사할 수 있다."라고 규정하고 있다. 이에 따라 2010년 5월 현재 '로마자표기법 영향 평가 사업'이 시행중에 있다. 이 평가 결과 또 다시 표기법의 개정 논의가 일어날 가능성도 조심스레 제기되고 있다. 그러나 이는 매우 신중하게 다루어져야 할 문제이다.

기 위한 중요한 규범이다. 특히 로마자표기법은 한국 사회와 국제 사회를 이어주는 매체로서 기능하기 때문에 더욱 중요한 의의를 가진다.

우리는 본문에서 로마자표기법의 의미에 대해 살펴보고 구체적으로 로마자표기법이 어느 정도 우리 사회에서 정확하게 사용되고 있는지를 회사명의 표기를 중심으로 살펴보았다.

회사명 로마자표기의 전체적인 규범 준수율과 세부 항목별 준수상태를 살펴 본 결과 단위 표기나 대/소문자의 구별표기는 비교적 규정을 잘 지키고 있는 것으로 나타났다. 그러나 음소 표기에 있어서는, 표기법 자체에서 문제가 되어 있는 음소의 표기에서, 역시 규범이 잘 지켜지지 않고 있는 모습을 확인할 수 있었다. 특히 자음의 'ㄱ'과 모음의 'ㅓ, ㅕ, ㅡ, ㅜ' 등의 준수율이 매우 낮았고, 다른 모음에서도 정확히 지켜지지 않고 있다. 이 때문에 전체적인 규범 준수율이 30% 이하로 평가되는 결과가 초래되었는데, 음소 표기의 혼란이 전체적으로 로마자표기가 우리 사회에서 정착되지 않은 모습을 보여주는 가장 대표적인 현상이다. 고유명사라는 관점에서 회사명과 유사한 범주에서 논의가 가능한 인명의 표기와 비교할 때 표기 방식은 비교적 규범에 충실한 모습을 보이나 음소표기는 두 항목 사이에 큰 차이가 없이 규범이 지켜지지 않고 있다.

로마자표기가 이렇게 혼란스러운 이유로 가장 중요한 것은 표기법의 잦은 개정으로 우리 언어 사회에 표기법의 내용이 정확히 인식되지 못하고 있기 때문이다. 또 로마자표기 자체의 본질적인 문제와 아울러 규정의 미비함으로 인해 사회적으로 규정의 사용을 강제하지 못한 것도 원인의 하나로 지적된다.

따라서 이를 바로 잡고 로마자표기법이 정착되기 위해서는 규범의

정비와 아울러 사회적 인식의 제고를 위한 교육과 홍보의 강화가 가장
중요한 해결책이라는 결론에 도달하게 된다.

미국 한인사회의 로마자 인명표기

1. 서론

한국인의 인명을 로마자로 어떻게 표기하느냐 하는 문제는 한국어 또는 한글을 로마자로 표기하기 시작한 이래 여전히 해결되지 않는 과제이다.[1] 물론 역사와 문화적 배경이 이질적인 로마자를 이용하여 한국어를 표기할 때 언어와 문자의 대응이 완벽하게 이루어지기를 기대하는 것은 근본적으로 무리가 있음이 주지의 사실이다. 그러나 한 언어 사회에 적용되는 표기법은 비록 불완전한 것이라 하더라도 일관되고 통일된 규정을 지니고 있어야 한다. 언어와 문자가 가지는 기능 가운데 하나가 그들이 사용되는 사회 구성원 간의 유대와 통일을 유지하는 데 있다는 것을 인정한다면 일관된 규정의 필요성이 더욱 강조된다 하겠다.

---

1) "한국어 또는 한글"이라는 표현은 우리의 로마자표기법이 역사적으로 전자법과 전사법 사이에서 변화되어 왔음을 의미한다. 즉 1948년과 1984년에 제정된 로마자표기법은 전사법을 원칙으로 하였고, 1959년의 표기법은 전자법을 원칙으로 하였다. 2000년에 제정된 현행 로마자표기법은 전자법을 원칙으로 하되 특수한 경우에 전사법을 사용하도록 허용하고 있다.

로마자표기의 주 대상은 인명과 지명, 단체명 등의 고유명사이다. 이 가운데 도로와 지명, 각종 문화재 명칭 등 공공의 성격을 띤 표기의 경우, 이들 표기는 법률에 의해 규정에 맞춰 표기가 되어 있다. 우리 주위를 살펴보면 일부 잘못된 표기가 눈에 띄기도 하나 대부분 현행 규정대로 일관된 표기를 보여 준다. 그러나 개인의 이름이나 학교, 회사, 각종 단체 등 비공공부문의 표기에서는 규정을 준수하지 않는, 표기법에 맞지 않는 다양한 표기들이 혼재되어 있다.

특히 인명 표기의 경우 이러한 현상은 더욱 두드러진다. 가장 문제가 되는 현상은 성과 이름2)의 순서를 어떻게 적느냐 하는 점이다. 우리의 로마자표기법은 한국인의 인명을 '성'과 '이름'의 순서로 적도록 규정하고 있다. 이는 로마자표기의 대상이 한국어이고 한국문화라는 점에서 당연한 결과이다. 그러나 로마자가 일반적으로 사용되는 미국이나 유럽의 문화에서는 자신들의 인명을 '이름'과 '성'의 순서로 적는 것이 일반적이다. 따라서 그들과 교류하기 위해서는 그들의 방식대로 적는 것이 필요할 때도 있다. 더욱이 미국이나 유럽에 정착하여 살아가면서 그들 문화 속에 생활할 때는 한국식의 표기법을 고수하는 것이 현실적으로 불가능하기도하다.

이 글은 이런 상황에서 어떻게 하면 좀 더 합리적인 인명표기 방식을 이끌어 낼 수 있을지에 대한 고민의 일환으로 집필되었다. 한국인의 인명을 로마자로 표기하는 궁극적 목적은 무엇인가? 로마자로 표기된

---

2) 일반적으로 우리가 '이름'이라고 말할 경우 이 용어는 '성'을 포함하는 경우와 포함하지 않는 두 가지 경우를 모두 의미한다. 따라서 필자는 여기에서 발생하는 오해를 피하고자 성을 포함하는 이름을 '인명(name)'이라 부르고 인명의 하부구조를 '성(last name/family name)'과 '이름(first name/personal name)'의 이원적 구조로 이해한다.

인명의 통용 범위는 어디까지인가? 한국인으로서의 정체성을 상실하지도 않고 또 외국인에게 혼란을 초래하지 않으면서 자신의 존재를 인식시킬 수 있는 표기 방식은 무엇인가? 등등이 필자가 가지고 있는 의문이다.

이 글이 살펴보고자 하는 대상은 미국에 거주하는 한국인들의 인명 표기 양상이다. 미국에 사는 한국인들은 대부분의 업무와 활동을 미국 사회에서 영위하면서도 일정한 범위에서는 한인 사회에서 교류를 이루어가면서 한국 문화와 미국 문화의 양 문화 사이에서 문화적 갈등을 겪으면서 생활하고 있다. 따라서 이들은 인명의 표기에서도 다양한 양상을 보인다. 따라서 이들의 표기를 고찰함으로써 국내에서 뿐 아니라 영어권 사회에서도 통용되는 방식을 찾아 나갈 수 있을 것으로 기대한다.

이를 위해 이 글은 일차적으로 로마자표기의 목적과 대상을 살펴보고, 한인사회의 인명 표기 자료에 나타난 표기 양상을 점검한다. 그리고 이 자료에 나타난 양상을 바탕으로 미국 한인 사회에 나타나는 인명 표기 방식의 한계를 점검하기로 한다. 다만 이 글은 한인 사회의 인명을 표기하기 위한 구체적인 방법의 제시보다는 이에 도달하기 위한 일차적 단계로 표기 양상의 점검에 국한하기로 한다. 구체적인 표기 방법의 도출은 다양한 자료의 점검을 통하여 이루어 질 것이다.

2. 로마자표기의 목적과 대상

2.1 로마자표기의 목적

로마자표기(Romanization)란 무엇인가? 로마자표기는 로마자를 표기수단으로 삼지 않았던 언어사회가 로마자를 이용하여 그들의 언어를 표기하는 것을 말한다.3) 기원적으로 로마자는 로만어(Roman Language family)의 언어를 기록하는 수단이었다. 그 후 로마자는 로만어를 포함하는 인도-유럽 언어의 일반적인 표기 수단이 되었다. 그렇다면 로마자표기는 이들 로마자를 자신들의 언어를 표기하는 수단으로 하지 않는 언어사회에서 로마자를 이용하는 경우에 국한되는 표기방식이다. 그러면 특정한 언어사회가 왜 로마자를 사용하여 그들의 언어를 표기하려 하는가?

김민수(1984)는 로마자 채택의 목적을 다음과 같이 세 가지로 나눈 바 있다.

1) 言語表記 → 國字 …… 對內的 (예 : 越南, 터키…)
2) 發音轉寫 → 記號 …… 對內外的 (예 : 漢語拼音案…)
3) 로마자化 → 外國字 …… 對外的 (예 : 日本의 로마자교육…)

한편 양병선(2003)은 로마자표기의 목적으로 다음과 같이 4가지를 들고 있다.

첫째, 자국의 문자 언어로 자국인끼리의 의사소통에는 문제가 없으나 외국인과의 편리상 로마자를 사용하는 언어 (예 : 일본어)
둘째, 철자법은 통일되어 있으나 여러 방언으로 인해 음성언어에 의

---

3) ISO는 로마자표기를 "비라틴문자 표기체계를 라틴문자로 변환하는 것"이라고 정의하고 있다. ("the conversion of non-Latin writing system to the Latin alphabet")

　　　　한 의사소통이 불가능한 경우, 지역어간의 발음을 통일시키기
　　　　위해 로마자를 이용하는 언어 (예 : 중국어)
　　셋째, 자국의 기존 문자를 완전히 로마자로 바꾸는 경우 (예 : 터키어)
　　넷째, 인공적으로 로마자를 이용하여 만든 언어나 특정 언어의 발음기
　　　　호로 사용되는 경우 (예 : IPA, 에스페란토어(LA LINGO INTERNACIA))

이 두 가지 견해는 IPA와 에스페란토어 등 인공 언어를 로마자표기 대상인 언어로 인정하느냐 아니냐에 차이가 있을 뿐 자연 언어를 대상으로 하였을 경우에는 동일한 견해이다. 필자는 인공 언어를 로마자표기의 대상에 포함시키는 양병선의 견해에 대해서는 동의하지 않는다. 주지하다시피 IPA는 세계 모든 언어의 음성을 적기 위하여 고안된 기호일 뿐, 특정 언어를 표기하기 위한 문자는 아니다. 우리는 문자와 기호에 대해서는 좀 더 엄격히 구별해야 할 필요가 있다. 일반적으로 문자는 음성언어와 일정한 대응규칙을 지니고 있다. 음성언어의 음운론적 규성 요소인 자음과 모음, 그리고 초분절 요소까지를 일정한 규칙에 의하여 표기하도록 고안되어 있다. 그리고 그 대응의 규칙은 해당 음성언어의 구조 내에 머물러 있다. 바로 이점이 서로 다른 언어 사이에 하나의 문자를 공유하기 어렵게 하는 요인이다.

　그러나 IPA는 특정 언어 사회를 위한 표기수단이 아니고 범언어적인 모든 기호를 포괄하고 있기 때문에 다른 문자보다 상대적으로 많은 수의 기호가 포함될 수밖에 없다. 그러므로 특정 언어를 표기할 경우에는 상당수의 기호를 사용하지 않게 된다. 비록 IPA가 편의상 로마자를 근간으로 구성되어 있기는 하나 로마자 논의의 대상에서는 제외되어야 한다.

에스페란토어 역시 로마자표기의 고찰 대상에 포함시키지 않는 것이 타당하다. 1882년 폴란드의 Lazarus Ludwig Zamenholf 에 의해 고안된 에스페란토어는 유럽에서 통용되는 중요한 언어들의 특징을 모두 취하여 만들어졌기 때문에 유럽 사람들에게는 어떤 자연언어보다 배우기 쉬운 언어로 여겨지고 있다.4) 심지어 프랑스 과학원(French Academy of Science)으로부터 "논리적이고 단순한 걸작품(A masterpiece of logic and simplicity)"라는 찬사를 받을 정도였지만(Kenneth Katzner, 1975) 현재 이 언어는 일상생활에서 거의 사용되지 않는다. 따라서 언어학적 고찰의 대상으로 삼을 수는 없다.

결국 로마자표기의 목적은 김민수(1984)가 구분한 것처럼 세 가지 유형으로 나눌 수 있다. 필자 역시 김민수의 견해를 수용하여 아래와 같이 세 가지로 나누고 이를 좀 더 부연하도록 한다.

첫째, 모국어의 표기문자로 사용하는 경우
둘째, 모국어의 발음기호로 사용하는 경우
셋째, 모국어의 표기 수단은 유지하되, 대외적인 효용을 위해 활용하는 경우

첫째, 로마자를 모국어의 표기문자로 사용하는 경우 : 기존에 사용하던 문자체계를 포기하고 완전히 새로운 문자체계인 로마자를 이용하여

---

4) 에스페란토는 단어의 원형(basic root)은 매우 적은 수로 이루어져 있다. 이에 비해 다양한 접사들을 활용하여 단어를 확장한다. 예를 들어 에스페란토어의 모든 명사는 '-o'로 끝나고 형용사는 '-a', 부사는 '-e', 동사의 원형은 '-i'로 끝난다. 이에 따라 다음과 같은 관계가 형성된다. (괄호 속은 영어) *varmo*(warmth), *varma*(warm), *varme*(warmly), *varmi*(to warm). (Kenneth Katzner. 1975)

표기하는 것을 말한다. 또는 기존에 사용하던 문자체계가 없는 상황에서 로마자를 받아들여 표기수단으로 삼은 경우도 이에 해당한다.

로마자를 이용한 표기는 기존의 표기 수단에 대한 제2의 보조적인 수단이 아니라 전면적이고 유일한 표기방식이라는 것이다. 대표적인 예로 터키를 생각할 수 있다. 터키는 1928년, 종래 사용하던 아랍문자를 버리고 로마자를 공식적인 표기 수단으로 사용하도록 표기법을 제정 공포하였다. 더욱이 터키는 자국의 언어적 특징에 따라 로마자에 변화를 주어, q, w, x를 없애는 대신 독일어의 ö, ü, 프랑스어와 루마니아어의 ç, ş를 사용하고 독자적으로 ğ, ǩ를 창안하여 사용하고 있다.(Wellisch, 1978 ; 양병선, 2003)

이와 같은 예는 근세 아시아는 물론 근세 동유럽 국가에서도 나타나고 있다. 유럽의 경우 루마니아(Rumania)는 1860년에 독립과 함께 끼릴(Cyrill) 문자를 버리고 로마자를 채택하였고, 알바니아(Albania)도 1909년 독립하면서 로마자를 공식적인 문자로 채택하였다. 아일랜드(Ireland)는 1922년부터 로마자를 사용하기 시작하였다.

아시아에서는 유럽제국의 식민 통치의 결과 로마자를 표기수단으로 사용한 국가들이 대부분이다. 베트남(Vietnam)은 17세기 카톨릭 선교사들이 표기체계를 고안해 낸 이래 로마자에 바탕을 둔 표기체계가 확립되었으며, 필리핀(Phillipine)의 경우 공용어인 타갈로그어(Tagalog)는 3세기에 걸친 스페인의 식민통치의 영향으로 로마자를 표기 수단으로 삼고 있다. 말레이시아(Malaysia)는 14세기 이래 아랍문자를 변형한 자위(Jawi)로 불리는 표기체계를 사용해 왔다. 그러나 19세기에 들어와 식민 통치국가인 영국이 로마자에 기초한 새로운 표기법을 개발했고 그것이 현재 일반적인 표기법이 되었다. 말레이시아의 로마자표기가 영국식에

바탕을 두고 있다면 네덜란드(Netherland)의 통치를 받은 인도네시아
(Indonesia)는 자연스레 네덜란드어에 기초를 둔 로마자표기 방식을 사용
하고 있다.(Kenneth Katzner, 1975)

이러한 국가들의 경우 국가의 공식 표기 수단으로 일정 시기부터 로
마자를 이용한 표기를 하고 있다. 그러나 일부 언어에서는 기존에 사용
해 오던 스스로의 표기수단을 유지하고 있으면서도 점차 로마자표기가
확산되어 가는 추세에 있는 경우도 있다.

가장 좋은 예는 인도네시아에 있는 몇몇 부족의 경우이다. 앞서 밝힌
바와 같이 인도네시아는 공식 언어인 인도네시아어(Indonesian)를 로마자
로 표기하고 있다. 반면 자바 섬의 중부와 동부 지방에서 말해지고 있
는 자바어(Javanese)는 약 천 년 전부터 스스로의 문자를 사용해 오고 있
다. 그러나 최근 로마자표기가 확산되고 있고, 자바 섬의 서부지역에서
말해지는 선댄어(Sundanese)와 마두라 섬에서 말해지는 마두라어(Madurese)
는 자바어의 표기문자와 로마자의 두 가지로 기록되고 있다. 인도네시아
의 셀레베스(Celebes) 섬에 사는 부긴(Bugin)족의 언어인 부긴어(Buginese)는
자바문자에서 변형된 자신들의 문자를 가지고 있으며, 수마트라(Sumatra)
섬의 바탁(Batak)어 역시 고유의 표기 수단을 가지고 있다. 그러나 최근
이들 부족 가운데 고유의 표기수단을 사용하는 세대들은 거의 사라지
고 대부분 로마자를 이용한 표기생활을 하고 있다.(Kenneth Katzner, 1975)
이런 경우는 국가의 공식 언어와 표기 수단이 아니기 때문에 일정한
시기에 변화를 경험하지는 않으나 모국어의 표기수단을 버리고 있다는
점에서 로마자표기의 대상으로 고려할 수 있다.

둘째, 로마자를 모국어 발음기호로 사용하는 경우 : 기존의 문자를
유지하되 대외적으로나 대내적으로 로마자를 이용하여 자신들이 사용

하는 문자의 발음을 표기하는 수단으로 활용하는 경우이다. 이러한 예의 대표적 경우로 중국어를 들 수 있다. 중국어를 표기하는 문자는 한자이다. 그러나 한자는 그 자체가 음을 드러내기는 하나 완벽한 표음문자가 아니기 때문에 개별 한자의 음을 정확히 알기 위해서는 개별 한자별로 따로 학습하고 기억해야 한다. 곧 개별 한자의 음을 용이하게 파악할 수 있는 별도의 기호가 존재하지 않는다. 또한 중국의 경우 다양한 방언으로 인해 한자의 음이 통일되지 않았기 때문에 이를 통일하기 위한 수단으로 새로운 발음 기호가 필요했고 이러한 욕구를 충족시키기 위한 표기법이 로마자를 이용한 표기법이었다. 이에 따라 중국은 18세기 이후 다양한 종류의 로마자표기법을 이용해 오다가 1958년 현재 사용 중인 병음부호를 제정하기에 이른다. 따라서 로마자는 공식적으로 발음을 나타내주는 기호로 사용되는 것이다. 심지어 중국의 일부 지역에서는 한자를 사용하지 않고 오직 병음부호만으로 교육을 실시하는 곳도 있다. (국립국어연구원, 1996)

셋째, 모국어의 표기 수단은 유지하되 다만 대외적인 효용을 위해 로마자표기를 활용하는 경우 : 한국이나 일본처럼 로마자를 공식적인 표기 수단으로 하지 않는 대부분의 국가나 언어사회에서 로마자를 표기하는 이유이다. 각국은 자국의 언어체계에 맞춰 독자적인 표기 방법을 개발하여 사용하고 있다. 예를 들어 일본은 음절단위인 언어체계에 맞춰 전자법을 표기방법으로 채택하였고, 한국은 음소단위 표기법인 전사법을 사용하고 있다. ISO는 로마자 사용지역이 아닌 국가의 문자를 로마자로 표기하기 위한 표준화 작업을 진행하고 있는데, 무역시장에서 각국의 물품과 용역의 내용을 누구나 쉽게 알아 볼 수 있도록 기계적으로 처리하기에 용이하도록 하는 작업이 ISO의 표기 표준화작업이

다. ISO는 이를 위해 1984년에 Arabic과 Hebrew 문자의 로마자표기 표
준화 작업을 시작한 이래 2001년까지 10개 문자의 표준화 작업을 완료
하였다.5)

　　결국 국어의 로마자표기법은 한국어를 로마자로 표기하여 외국인들
로 하여금 우리가 일상적으로 사용하는 발음대로 환원할 수 있도록 사
용하는 표기법이다.6) 문자로의 환원은 일차적인 목표로 삼지 않는다.
이러한 관점에는 로마자표기가 한국어에 능통하고 한국과 한국 문화를
잘 이해하는 외국인을 대상으로 하는 것이 아니라 그렇지 못한 외국인
이라 할지라도 로마자표기를 통해 한국어를 쉽게 말하게 하도록 하자
는데 초점이 맞추어져야 한다고 본다. 따라서 로마자표기법의 완성도
는 이 표기를 통하여 외국인들이 얼마나 한국인과 동등한 발음을 하도
록 유도할 수 있느냐에 달려 있다 하겠다.7) 즉 로마자표기에서 고려해
야 할 중요 요소는 로마자로부터 한국어로의 환원성에 있다.

---

5) ISO가 로마자표기를 통하여 표준화를 완료한 문자와 그 시기는 다음과 같다.
　Arabic(1984), Hebrew(1984), Japanese(1989) Chinese(1991), Cyrillic(1995), Gregorian
　(1996), Armenian(1996), Greek(1997), Thai(1998), Devanagari and related Indic
　(2001). Korean은 1996년 ISO/TR11941로 일단 남북한의 의견을 절충한 예비안
　이 마련되었으나 남북한 간의 의견 차이로 인하여 확정된 통일안을 마련하지
　못하여 이 안은 폐기된 상태이다. (정경일, 2001ㄴ)
6) 이익섭(1997)은 문자 표기의 원리상 문자는 단순히 발음을 복원하도록 유도하
　는 기호일 뿐 아니라 시각적으로 그 의미를 전달하는 기능을 지니고 있음을 강
　조하고, 로마자표기도 이와 관련시켜 생각해야 한다고 주장한다. 그러나 이 글
　은 로마자표기법의 경우 그 본질적 속성상 한글의 대체 수단이라는 측면에서
　단순히 발음 복원을 위한 기호로 이해하고자 한다.
7) 이현복(1998)은 로마자표기법의 사용자를 일차적으로는 외국인을 설정하고 부
　차적으로 한국인에게도 필요한 것이므로 이들 모두를 위한 최대 공약수의 조건
　을 갖추어야 한다고 주장한다.

2.2. 로마자표기의 대상

위에서 정의한 대로 로마자표기는 해당 언어체계 전반을 로마자로 표기하고자 하는 의도를 가지고 있다고 보아야 한다. 그러나 과연 실제 생활에서 전면적이고 광범위하게 모든 음성언어를 로마자로 표기할 필요가 있는가? 로마자표기의 목적이 터키의 경우와 같다면 모르되 그렇지 않은 경우라면, 특히 한국어의 경우처럼 대외적인 목적을 위해서라면 그 표기의 대상은 극히 제한적이 된다. 즉 로마자로 표기되는 한국어는 문장 단위가 아니라 형태단위 그 가운데에서도 일부의 고유명사가 될 수밖에 없다. 문장단위로 한국어를 기록할 경우는 한국어 교육이나 한국어를 학술적 대상으로 삼은 학술논문의 경우에 불가피하게 사용될 것이다.8) 그러나 이외의 경우에는 인명이나 단체명, 자연 지물명, 문화재명, 인공 축조물명 등 고유명사가 주로 로마자표기의 대상이 된다.9)

---

8) 이를 위해 현행 로마자표기법은 학술논문의 경우 표기법의 원칙인 전사법을 무시하고 전자법을 사용하여 표기하도록 규정하고 있다 :
   "제8항 학술 연구 논문 등 특수 분야에서 한글 복원을 전제로 표기할 경우에는 한글 표기를 대상으로 적는다. 이때 글자 대응은 제2장을 따르되 'ㄱ, ㄷ, ㅂ, ㄹ'은 'g, d, b, l'로만 적는다. 음가 없는 'ㅇ'은 붙임표(-)로 표기하되 어두에서는 생략하는 것을 원칙으로 한다. 기타 분절의 필요가 있을 때에도 붙임표(-)를 쓴다. 보기 : 집 jib 짚 jip 밖 bakk / 값 gabs 붓꽃 buskkoch 먹는 meogneun / 독립 doglib 문리 munli 물엿 mul-yeos 굳이 gud-i 좋다 johda 가곡 gagog 조랑말 jolangmal 없었습니다 eobs-eoss-seubnida
9) 대부분의 로마자표기에 관한 규정들은 이에 대한 명시적 언급이 없다. 다만 1940년에 조선어학회에서 공포한 『朝鮮語音羅馬字表記法』은 備考에 "本案은 主로 固有名詞의 表記를 目的으로 하되, 一般 語音의 경우도 考慮한 것임."이라 하여 고유명사 위주의 표기법임을 명시하였다.

3. 로마자표기의 양상

이 장에서는 미국에 거주하는 한인 교포들이 표기한 인명자료를 대상으로 표기 양상을 검토한 뒤, 인명의 로마자표기에 나타나는 특징과 한계를 살펴보기로 한다. 이를 위해 이 글은 아래 두 가지 자료를 사용하였다.

- 자료Ⅰ> :『클리블랜드 한인 주소록』-오하이오주 클리블랜드 한인회 발행. (2004. 12)
- 자료Ⅱ> :『중앙일보 업소록, 2004』-뉴욕 중앙일보 발행. (2003. 12)

자료Ⅰ>은 미국 오하이오 주 클리블랜드(Cleveland. OH)에 거주하는 한인회가 발행한 한인 주소록이다. 이 주소록에는 총 1, 075명의[10] 인명이 한글과 로마자[11]로 수록되어 있고 약 10여 페이지의 광고가 붙어있다. 이 글에서는 여기에 표기된 인명 전체를 대상으로 검토한다.

자료Ⅱ>는 중앙일보 뉴욕지사가 발행한 미국 뉴욕시와 뉴저지주 일

---

10) 한인회 관계자에 따르면 이 주소록은 한인 교회를 중심으로 자료를 수집하였다고 한다. 따라서 수록된 인명은 개인단위가 아니라 가정단위로 표기되어 있다. 실제 표기 예를 보면 한글로는 부부가 함께 표기되어 있으나 로마자표기는 남편의 것만 나타난다. 따라서 한인사회 전체의 인명을 기록하고 있는 것은 아니다.

11) 이들 자료에서 인명을 표기하고 있는 문자를 '로마자'로 보아야 하느냐? 아니면 '영어'로 보아야 하느냐 하는 문제는 '로마자'의 정의에 관한 매우 민감한 사항이다. 자료의 편집자를 비롯하여 한인 사회의 교포들은 이 표기문자를 '로마자'라고 부르는 것에 대해 동의하지 않고, 자연스레 '영어'표기라고 말한다. 이는 교포사회 뿐 아니라 한국 사회에서도 동일한 현상인데, 일반 언중들은 '로마자'라고 하는 표기체계에 대해 정확히 인식하지 못하고 있다. 따라서 이들 자료의 표기는 '로마자' 표기가 아니라 '영어' 표기라고 하는 것이 더 정확할 것이다. 그러나 이 글에서는 관례와, 로마자표기에 관계된 규정을 좇아 일단 '로마자'로 부르기로 한다. 이 부분에 대하여는 별도의 깊이 있는 논의가 필요하다.

원의 한국인 업소의 주소록이다. 이 글은 이 업소록에 표기된 인명 가운데 광고지면에 나와 있는 인명표기만을 대상으로 검토한다. 대상의 범위를 좁힌 이유는 첫째 업소록 본문에 수록된 인명의 숫자가 지나치게 많아 고찰의 효율을 위하여 자료를 축소해야 할 필요가 있고, 둘째, 본문의 표기는 편집자에 의해 일률적으로 편집된 것이나 광고지면의 경우, 광고 의뢰자 본인의 표기가 드러나기 때문에 자료로서의 가치가 높다는 점이다. 이런 관점에서 광고 지면에 한글 인명과 본인의 로마자 표기 인명이 병기된 자료를 추출한 결과 총 215건의 인명표기를 찾아낼 수 있었다.

이 글은 이들 인명을 대상으로 하여 아래 두 가지 사항에 대해 검토한다.12)

첫째, 인명 표기의 방식 : 인명 표기의 순서가 '성'과 '이름'의 순서인가 아니면 '이름'과 '성'의 순서인가? '성'과 '이름'을 포함하는 3음절 분리방식인가? 혹은 '이름'의 2음절을 하이픈으로 구분하는가? '이름'의 2음절을 하나로 통합하여 표기하는가?

둘째, 인명 표기의 종류 : 로마자로 표기된 인명이 한국식인가? 미국식인가? 한국식 이름을 사용하는가? 아니면 미국식 이름을 사용하는가? 혹은 이들을 병기하는가?

---

12) 일반적으로 로마자로 표기된 인명의 고찰에는 이 두 가지 이외에 '성(Last name)의 표기 양상'과 '한국어 음소와 로마자의 대응관계'도 중요한 관심사이다. 이 글에서는 지면관계로 이에 대해서는 다루지 않고 별도의 논문에서 종합적으로 다루도록 한다.

3.1. 인명 표기 방식

3.1.1. 자료의 분석

이 항에서는 두 자료에 등재된 인명의 표기 방식을 살펴본다. 로마자 표기의 규정 가운데 인명 표기 방식이 구체적으로 언급된 것은 1984년의 규정이 처음이었다. 이 규정에는 인명을 로마자로 표기할 때 한국식 인명의 순서대로 표기하도록 규정되었다. 그러나 외국인들이 한국식 인명 순서에 익숙지 않아 성과 이름을 혼동하는 것을 방지하기 위하여 이름의 두 음절 사이에 "–"를 넣어 구분하도록 하였다.[13] 이 규정은 그 후 2000년에 표기법이 바뀔 때 함께 바뀌었다.[14] 성과 이름의 순서대로 표기하는 원칙은 그대로 유지되면서 다만 이름을 하나로 통합하여 표기함으로서 인명을 성과 이름의 2원적 구조로 표기하도록 규정하고 있다. 이는 일반적으로 'first name'과 'last name'으로 구분되는 미국식 인명 구조를 받아들인 결과이다. 또 한국인의 인명이 3음절로 되어 있어 3음절을 독립하여 표기할 경우 이름의 한 음절이 미국이나 유럽의 Middle name으로 오해되는 것을 막기 위한 의도이다.

그런데 이 글에서 다루는 두 자료는 인명 표기 방식에서 커다란 차이를 보이고 있다. 우선 자료 I >에 나타난 인명의 표기는 대체로 위의

---

13) 제4항 : 인명은 성과 이름의 순서로 쓰되 띄어 쓰고, 이름 사이에는 '-'(짧은줄표)를 넣는다. 다만, 한자식의 이름이 아닌 경우에는 '-'를 생략할 수 있다.
  보기 : 김 정호 Kim Chŏng-ho   남궁 동자 Namgung Tong-cha
        손 미희자 Son Mi-hŭi-cha   정 마리아 Chŏng Maria
        한 하나 Han Hana
14) 제4항 인명은 성과 이름의 순서로 띄어 쓴다. 이름은 붙여 쓰는 것을 원칙으로 하되 음절 사이에 붙임표(-)를 쓰는 것을 허용한다. (( ) 안의 표기를 허용함.)
  보기 : 민용하 Min Yongha (Min Yong-ha)   송나리 Song Nari (Song Na-ri)

규정대로 성과 이름의 순서로 표기되어 있다. 자료 I >은 주소록에 표기된 1, 075명의 인명 가운데 한국식 이름 가운데 가장 평범한 형태인 3음절 이름을 대상으로 한다.15) 고찰의 대상이 되는 인명은 모두 899표기이다. 이들을 표기 방식에 따라 분류하면 다음과 같다.

유형	표 기 방 식	표기자 수	백분율(%)
1	성, 이 름	766	85.2
2	성, 이-름	41	4.6
3	성, 이름	92	10.2
	합계	899	100.0

제1유형은 성과 이름의 3음절을 각각 독립하여 'Kim, Young Hee/Lee, Ho Sang'처럼 표기하는 방식이다. 85.2%가 이러한 표기 방식을 택하고 있다. 이 방식은 한국식 인명을 단순하게 로마자로 옮겨 놓은 것으로 인명에 관한 한국인의 정서를 가장 잘 드러낸다고 할 수 있다. 이 자료가 성의 뒤에 ' ,'을 표기한 것은 외국인으로 하여금 성과 이름을 분명히 구분하도록 하기 위한 의도이다. 만일 이런 부가기호를 사용하지 않을 경우 자칫 성과 이름의 경계가 불분명해질 수 있다.

---

15) 이를 위해 전체 표기 인명 가운데 다음에 해당하는 사항을 제외한다.
  1. 외자 이름 : Kim, Gweng(김꿩), Sung, Chung(성충), Lim, Chung(임충)
  2. 1음절 생략 표기 : Kim, Gunn(김병건), Moon, Tae(문태은), Song, Gyeong(송경재)
  3. 영어 이름 : Riew, Keith(류창규), Sunoo, Edward(선우세현), Mohner, Sunny(모너서니)
1과 2의 경우 관점에 따라서는 모두 '성과 이름의 순서'라고 하는 한국식 표기를 그대로 따른 것으로 이해할 수도 있다. 그러나 이 글에서는 이름의 2음절 사이의 표기 방식에 관심을 가지므로 이들을 일단 고찰의 대상에서 제외하는 것이다. 한편 이 항은 이름의 표기 방식을 고찰하는 것이므로 성(姓)이 한국식이 아닌 미국식인 경우, 예를 들어 McCan, Chu Hui(문주희) 등도 대상에 포함시킨다.

제2유형은 'Kim, In-Chul/ Min, Kyung-Wan'과 같이 이름의 2음절 사이에 하이픈(-)을 사용하여 표기하는 경우이다. 이 표기는 인명을 성과 이름이라고 하는 2개의 형태로 분리하여 표기하려는 의식이 강하게 작용한 결과이다. 인명의 3음절에 대한 전통적 관념을 유지하면서도 외국인이 가질 수 있는 혼란을 다소 줄일 수 있는 방식이다. 그러나 쉼표와 하이픈의 사용이라고 하는 번거로움이 이러한 표기를 꺼리게 하는 요인이다. 이 방식은 1984년에 제정된 로마자표기법에서 규정된 방식이었다.

제3유형은 'Kwon, Kiho/ Park, Nochim'처럼 이름의 2음절을 통합하여 하나의 단위로 표기하는 방식이다. 인명의 3음절에 대한 전통적인 관념을 무시하고 단순히 성과 이름의 2원적 구조로 파악하여 미국의 Last name과 First name의 2원구조에 맞추는 방식이다. 이 방식은 제2유형의 문제점을 개선하여 2000년 개정된 현행 로마자표기법에서 처음 규범화되었다.

그런데 자료 I >과 달리 자료 II >는 대부분의 인명을 이름과 성의 미국식 순서로 표기하고 있다. 분석결과는 다음과 같다.16)

유형	표 기 방 식	표기자 수	백분율(%)
1	성, 이 름	3	2.3
4	이 름 성	62	48.5
5	이-름 성	11	8.6
6	이름 성	52	40.6
	합계	128	100.0

16) 표기 방식에 관한 자료 II >의 분석에는 전체 215건의 사례 가운데 순수 한국식 이름만으로 표기된 128건만 사용하였다.

제1유형은 자료Ⅰ>과 마찬가지로 한국식 전통을 잘 보여주는 표기 방식이다. 그런데 이 방식이 자료 Ⅱ>에는 다음의 3개의 예만이 나타 난다.

Kim, Jin Hong (김진홍)   Yoon, Doug Jin (윤덕진)
Rhee, Jai Jeen (이재진)

이들 표기는 모두 성의 뒤에 ' , '를 붙이고 있다. ' , '를 통해서 자신들 의 성이 'Kim', 'Yoon', 'Rhee'임을 분명히 하고 있다.

이들을 제외한 대다수는 모두 미국식 표기법을 따르고 있다. 4, 5, 6 유형은 각각 1, 2, 3, 유형을 성과 이름의 순서만 바꾸어 놓은 표기유형 이다.

제4유형은 'Joong Un Kim/ Ui Jin Lee'와 같은 방식이고, 제5유형은 'Hyun-Soo Lee/ Duk-Kyun Lee'와 같은 방식이다. 제6유형은 'Yoojin Kim/ Sangwoo Lee'와 같은 방식이다. 이들 분석 결과를 자료 Ⅰ>과 비 교할 때 두드러지는 점은 이름의 2음절을 독립시키는 4유형보다 하나 로 통합하여 표기하는 제6유형의 비율이 더 높아져 있다는 점이다.

따라서 실제로 이들은 실생활에서는 이름과 성이라는 미국식 표기법 을 더 선호하고 있다는 것을 알 수 있다.

3.1.2. 한국 사회 표기 방식과의 비교

그런데 미국 한인 사회의 인명표기 방식과 한국에 거주하고 있는 인 사들의 표기 방식에는 어떤 차이가 있는가? 로마자에 의한 한국인의 인명 표기 방식에 처음 관심을 보인 정경일(1997)은 국회의원 299명의 로마자표기 사례를 분석하여 인명의 표기 방식을 다음과 같이 정리하였다.

구분	유형	표기양상	표기자 수	백분율(%)	백분율(%)
한국식	1	성 이-름	17	5.7	
	2	성, 이-름	34	11.4	
	3	성, 이 름	109	36.4	94.6
	4	성 이 름	121	40.4	
	5	성, 이름	2	0.7	
미국식	6	이-름 성	5	1.7	
	7	이 름 성	9	3.0	5.4
	8	이름 성	2	0.7	
	계		299	100.0	100.0

　이 결과가 보여주는 사실은 성과 이름의 3음절을 독립하여 표기하는 한국식 방식인 4유형, 즉 한글로 성명을 적는 것과 동일한 방식의 표기자가 40.4%로 가장 많은 수를 차지하고 있다는 점이다. 다음으로 많은 비율인 36.4%를 차지하는 3유형, 즉 성과 이름 사이에 쉼표(,)를 찍고 각각 3음절을 독립하여 표기한 방식을 합하면 한국인이 성과 이름을 분명히 구분하려는 의식이 매우 강함을 보여준다. 이 두 가지 방식이 차지하는 비율이 76.8%에 달하고 있는데 이는 한국인이 성은 물론 이름의 2음절을 각각 존중한다는 의미로 해석하여야 한다. 즉 한국인의 이름은 부모 또는 다른 작명자가 아이에 대한 그들의 소망과 기원을 담아 한자로 작명하는 경우가 대부분이기 때문에 한자의 의미 하나하나를 존중하려는 의식이 바탕에 깔려 있고 따라서 이들을 각각 표기하

려는 의식이 잠재되어 있음을 보여 준다.

　이러한 양상은 김혜숙(1998)에서도 동일하게 나타난다. 김혜숙(1998)은
『Korea Annual』(1996)에 수록된 저명 인사의 인명 표기를 대상으로 분석
하였는데 그 결과는 다음 표와 같다.17)

순서	유형	표기 양상	표기자 수	백분율(%)
한국식	1	SN　GN　GN	654	80.0
	2	SN　GN - GN	73	8.9
	3	SN　GN - gn	16	2.0
	4	SN,　GN　GN	16	2.0
	5	SN　GNgn	15	1.8
	6	SN, 　GN - GN	9	1.1
	7	SN　GN　gn	1	0.1
	8	SN, 　GN - gn	1	0.1
	9	SN　GNi　GNi	1	0.1
		소　계	786	96.1
미국식	10	GN　GN SN	15	1.8
	11	GN - GN SN	14	1.7
	12	GNi　GNi SN	2	0.2
	13	GNgn　SN	1	0.1
		소　계	32	3.9
		계	818	100.0

　이 표가 보여주는 결과도 한국식의 표기 방식이 절대 다수라는 점이
고, 성명의 3음절을 독립시켜 표기하는 1유형방식이 80.0%로 가장 선호
되고 있음을 보여 준다.

---

17) 김혜숙(1998)의 표 가운데 '실제 표기 예'와 '현행안' 항목은 이 글의 논지와 크
　게 관련이 없으므로 인용하지 않았음.

이들 조사 결과와 이 글이 다루는 주소록의 표기 결과를 비교하여 보면 한국사회와 교포 사회의 인명 표기 방식이 크게 다르지 않음을 알 수 있다. 다소 차이가 나는 부분은 이름의 2음절 사이에 하이픈을 사용하는 방식과 2음절을 하나로 통합하는 방식이다. 2음절을 통합하는 경우가 미국 교포 사회에서 더 많이 나타나는데 이는 한국식 이름을 미국식으로 표기하려는 경향으로 해석된다.

그런데 한국인의 인명 표기 방식을 고찰하면서 일반적인 대상이 아니라 영어영문학과 교수라는 특정한 성격을 가진 집단의 로마자표기를 살펴 본 김혜숙(2001ㄴ)은 색다른 결과를 보여 주고 있다. 이 조사에 따르면 영어영문학과 교수들은 성과 이름을 표기할 때 성을 먼저 쓰는 한국식 표기자는 22.5%인 반면 이름을 먼저 쓰는 미국식 표기자는 77.5%에 달하고 있다. 이는 위에 살펴본 두 가지 조사 결과와 매우 다른 현상이다. 또 이름의 표기도 2개의 음절을 각각 독립시켜 표기한 경우는 19.7%에 머무는 반면 2개 음절 사이에 하이픈을 사용한 경우는 55.8%, 2개 음절을 하나로 통합하여 표기한 경우는 24.5%에 달하고 있다.

이러한 결과는 이들의 대부분이 미국이나 유럽에서 공부하고 생활한 경험이 있다는 점, 인명을 표기하고 있는 자료가 영어영문학과 관련된 논문집이라는 점에서 표기자들이 의도적으로 한국식보다는 미국식을 따르고 있을 가능성을 보여 주고 있다.

따라서 미국 한인 사회의 인명 표기가 한국식이 아닌 미국식을 따르고 있는 것은 그들이 실제로 생활하고 있는 사회적 특성을 이해한다면 당연한 결과로 받아들일 수 있을 것이다.

3.2. 인명 표기의 종류

여기에서는 로마자로 표기된 인명이 한국식인지? 미국식인지 아니면 이들을 혼용하고 있는지에 대해 살펴본다. 이곳에 표기된 인명 표기의 대상은 한국인이다. 일반적으로 한국에 거주하는 사람의 경우 자신의 이름을 로마자로 표기하는 경우, 한국 이름을 그대로 로마자로 전사하면 된다. 그러나 교포들의 경우는 매우 다양한 양상을 보인다.

3.2.1. 한국식 표기

한국식 이름을 그대로 로마자로 전사하는 방식이다. 즉 인명을 구성요소인 성과 이름의 순서대로 전사하는 방식을 말한다. 그런데 이 글의 자료는 자료Ⅰ>은 일률적으로 성, 이름의 순서로만 되어 있고, 자료Ⅱ>는 3건의 예외를 제외하면 모두 이름, 성의 순서로 되어 있어 성과 이름 사이에 나타나는 표기방식의 다양성을 확인할 수 없다. 따라서 이 글에서는 이름의 2음절을 어떻게 표기하는가에만 관심을 가진다. 다음에 이들 표기 예들을 각각 유형별로 나누어 본다.[18]

> 1) 2음절 독립 표기[19]
>   Ⅰ> Kim, Young Hee (김영희)   Kim, Il Joo (김일주)
>   Lee, Ho Sang (이호상)   Yun, Dae Kee (윤대기)
>   Cho, Keun Chan (조근찬)   Lim, Chong (임청)
>   Ⅱ> Joong Un Kim (김중언)   Ui Jin Lee (이의진)

---

18) 이하의 서술에서 특별한 언급이 없는 경우 'Ⅰ>'과 'Ⅱ>'는 각각 '자료Ⅰ>'과 '자료Ⅱ>'를 가리킨다.
19) 이름이 1음절인 경우도 여기에 포함시킨다.

Yoon Suk Yi (이윤석)   Yoo Jung Moon (문유정)

Hong Sik Park (박홍식)   Kim, Jin Hong (김진홍)

2) 2음절 구분용 하이픈 사용

Ⅰ> Kim, In-Chul (김인철)   Min, Kyung-Wan (민경완)

Park, Chang-Bum (박창범)   Lee, Joo-Yeon (이주연)

Chang, Myung-Hoon (장명훈) Choi, Jin-O (최진오)

Ⅱ> Hyun-Soo Lee (이현수)   Duk-Kyun Lee (이덕균)

Min-Young song (송민용)   Hyeong-No Lee (이형노)

Dae-Ki Min (민대기)   SUNG-HO HWANG (황성호)

3) 2음절의 통합표기

Ⅰ> Kwon, Kiho (권기호)   Park, Nochim (박노침)

Shin, Jaehoon (신재훈)   Lee, Sangyoon (이상윤)

Jeon, Eunsook (전은숙)   Hwang, Hyunjue (황현주)

Ⅱ> KUNIL BAE (배근일)   Youngdo Park (박영도)

Eunja Kim (김은자)   Yoojin Kim (김유진)

Sangwoo Lee (이상우)   Meunghee Joung (정명희)

4) 이름을 두문자(Initial)로 표기

4-1)

Ⅱ> C. J. Lee (이세제)   H. T. Woo (우희택)

4-2)

Ⅰ> Kong, Byung K (공병기)   Kim, Hea K (김혜경)

Ro, Tae S (노태식)   Park, Sook H (박숙희)

Sung, Ki H (성기헌)   Yoon, Chang S. (윤창수)

Ⅱ> Young H. Park (박영현)   DAL H. CHUN (전달현)

BONG K. JIN (진봉근)   Sung I. Rhee (이승익)

Sung B. Rim (임성복)   Seo M. Kim (김서만)

　5) 2음절 가운데　1음절만을 표기
　5-1)
　　Ⅰ> Kim, Soon (김순하)　　　　　Moon, Tae(문태은)
　　　　Park, Soon (박순철)　　　　　Song, Gyeong (송경재)
　　　　Lee Sang (이상균)　　　　　　Lehman, Sim (이심이)
　　Ⅱ> Jin Han (한진영)　　　　　　Sung Yun (윤승구)
　　　　Ju Lee (이주남)　　　　　　　Yong Lee (이용재)
　5-2)
　　Ⅰ> Kim, Gunn (김병건)　　　　　Min, Sam (민병삼)

　1)은 이름의 2음절을 각각 독립시켜 표기한 예이다. 로마자표기에 관한 규정에도 불구하고 가장 일반적인 한국인의 인명표기 방식이다.

　2)는 이름의 2음절 사이에 하이픈을 사용한 경우이고, 3)은 이름의 2음절을 하나의 단위로 인식한 표기이다. 이 세 가지는 한국에 거주하는 일반인들 사이에서도 쉽게 발견되는 일반적인 표기의 양상들이다. 이들 각각의 표기 예와 관련한, 통계 수치를 활용한 구체적 논의는 다음 항에서 이루어진다.

　4)는 이름을 모두 표기하지 않고 간략히 줄여 두문자(Initial)로 표기한 경우이다. 4-1)은 2음절 모두를 두문자로 적은 경우이고, 4-2)는 이름의 제2음절을 Middle name으로 간주하고 이니셜로 표기한 경우이다. 한국식 표기를 따른 자료Ⅰ>에서는 이니셜 표기가 이름의 가장 뒤에 놓여 부자연스러운 모습이다. 이를 일반적인 미국식 순서로 바꿔 놓은 자료Ⅱ>를 보면 이니셜이 중간에 놓이게 되어 자연스러운 표기가 된다. 일반적으로 first name 에 한 단위 이상을 허용하지 않는 미국식 표기방식을 따른 결과 나타난 절충식 표기이다.

5)는 이름의 2음절 가운데 하나를 생략하여 극히 단순화된 미국식 이름의 형태로 변형한 경우이다. 5-1)은 이름의 제2음절을 생략한 형태이고, 5-2)는 제1음절을 생략한 경우이다.

3.2.2. 혼합식 표기

이 방식은 한국식 인명 표기 방식과 미국식 인명 표기 방식을 혼합한 경우이다.

1) 한국 성과 미국 이름
1-1)
   Ⅰ> Kim, John (김영부)　　　　Keum, Mattew (금민석)
      Koo, Peter (구자권)　　　　　Roh, Jeffery (노승현)
      Cho, Michael (조완동)　　　　Choi, Charles (최인식)
   Ⅱ> Jason Kim (김재선)　　　　Edmund Kwon (권기명)
      Steve Cho (조익환)　　　　　Benjamin Kim (김범중)
      Richard Yoon (윤석준)　　　Henry Jung (정홍균)
1-2)
   Ⅱ> Paul Baik (폴 백)　　　　　Koren Kwag (코렌 곽)
      Gerald Lee (제랄드 이)　　　Hellen Won (헬렌 원)
      Scott Yoon (스캇 윤)　　　　Bryan Yoo (브라이언 유)
1-3)
   Ⅱ> Magaret Chu Park (박미선)　　Won Hee Baik-Han (한원희)

2) 한국 성과 미국 이름, 한국 이름의 복합표기
2-1)
   Ⅰ> Ko, James Hojin (고호진)　　　Kwak, Paul Nohoon (곽노훈)

Ⅱ> Jacqueline Kyongjoo Kim (김경주)
Stuart Sang-Ho Kim (김상호)

2-2)
Ⅰ> Um, Karl Hoon (엄광훈)
Ⅱ> Soo Elizabeth Nam (남수은)

2-3)
Ⅰ> Lee, Romy Elizabeth (이로미)   Seo, Jwail James (서좌일)
Ⅱ> Jin Yim Tiffany Choe (최진임) Siu Anthony Lee (이시우)

2-4)
Ⅰ> Cha, Sigmund S.M. (차승만)
Ⅱ> T.H. James OH (제임스 오)

2-5)
Ⅰ> Park, Henry H (박홍배)   Jung, Jemma S (정순자)
Choi, Michael S (최세영)
Ⅱ> Donald S. Kim (김사일)   Kenneth S. Kim (김성곤)
Paul M. Chung (정민철)

2-6)
Ⅱ> E. Peter Shin (신응남)   C. Thomas Park (박종효)

2-7)
Ⅰ> Kim, Harold J (김황준)
Ⅱ> Peter H. Kim (김세현)   John S. Kim (김태성)

1)은 한국 성을 사용하면서 이름은 미국 이름을 쓰는 경우이다. 1-1) 은 한글로는 한국식 이름을 표기하면서도 영어로는 미국식 이름을 표 기하는 경우이다. 1-2)는 자신의 이름을 아예 영어식으로 바꾸어 놓은 경우이다. 1-3)은 여성의 경우인데 결혼을 통해 새로 얻게 된 남편의 성을 자신의 본래 성과 함께 표기하고 있다. 이 사례의 경우 표기된 한

국 성은 '박, 한'씨이나 본래 성은 '추, 백'씨이다. 이와 동일한 경우로는 외국인과 결혼하여 남편의 성을 동시에 표기한 'Hera Kim-Berman (김혜라)'씨의 경우를 더 찾을 수 있다.

2)는 한국 성을 사용하면서 이름은 미국이름과 한국 이름을 혼합하여 사용하는 경우이다. 2-1)은 미국 이름을 앞 세우고 한국 이름을 뒤에 두는 방식이다. 이때 한국 이름은 한 단위로 통합된다. 2-2)는 앞의 경우와 유사하나 이름의 1음절을 생략한 경우이다. 2-1)과 같이 사용할 경우 이름이 지나치게 길어 복잡해지는 폐단을 줄이기 위한 방식이다. 2-3)은 한국 이름의 뒤에 미국 이름을 붙이는 경우이다. 2-4)이하 세 항목은 미국 이름 뒤에 한국 이름을 표기하되 한국 이름을 두문자(initial)로 표기하는 경우이다. 2-4)는 2음절 모두를, 2-5)와 2-6)은 모두 제1음절을 두문자로 표시하고 있는데 2-5)는 영어이름 뒤에 두문자가 놓이고 2-6)은 두문자를 먼저 쓰고 영어 이름을 그 뒤에 표기하였다. 2-7)은 제2음절을 두문자로 표기하고 있다.

3) 미국 성과 한국 이름[20]
3-1)
  Ⅰ> Beall, Wan Sun (강완선)　　Wojdacz, Sunha (고순하)
      McCan, Chu Hui (문주희)　　Ensberger, Kap-Eh (김갑이)
      White, Sookhee (홍숙희)
3-2)
  Ⅰ> Lowe, Young (김영전)　　Boware, Young (김영아)

---

20) 필자가 다룬 자료 Ⅰ >에는 자신의 인명을 'Ede, Richard(안영태), Tetrick, Sue(최학자), Rice, Jeanie(김혜숙)' 처럼 완전히 미국식으로 바꾸어 표기한 사례들도 눈에 띈다. 이런 예는 로마자표기의 범주에 들지 않으므로 이 글에서 다루지 않는다.

       Metzgen, Chung (김정자)   Statch, Sun (박순자)
       Townsand, Kyong (손경연)

3-3)
  Ⅰ> Penn, Chung S (강정신)   Dontenville, Bok H (권복희)

3-4)
  Ⅰ> Goldner, Sun Ja (골드너선자) Gray, Young Ah (그레이영아)
       Foght Boksun (포트복순)   Mayo, Suk Cha (메이요숙자)
       Mason, Chun Kyo(메이슨춘교) Bontempo, Tukson (본템포덕순)

3-5)
  Ⅰ> Vervinsky, Kim (김민정)   Thomas, Suzie Lee (이형례)

3-6)
  Ⅱ> Hera Kim-Berman (김혜라)

이 경우는 외국인과 결혼한 한국여성의 인명표기에 나타난다. 3-1)은 결혼을 통하여 새로이 가지게 된 성을 표기하고 있다. 성은 바뀌었으나 이름은 자신의 본명을 그대로 유지하고 있다. 이름의 표기도 독립표기 방식과 하이픈의 사용, 통합표기 등 다양한 모습을 보여 주고 있다. 3-2)는 이름의 두 음절 가운데 제2음절을 생략한 경우이다. 제1음절을 생략하는 경우도 예상할 수 있으나 자료에 나타나지는 않는다. 3-3)은 이름의 제2음절을 두문자로 표기한 경우이다. 3-4)는 자신의 이름을 한글로 표기할 때도 외국인 남편의 성을 그대로 표기하는 사례이다. 3-5)는 자신의 한국 성을 미국식 이름의 First name 또는 Middle name으로 사용하는 경우이다. 3-6)은 자신의 한국 성과 남편의 외국 성을 동시에 하나의 성으로 표기하고 있는 경우이다.

4. 인명 표기의 특징

앞에서 살펴 본 바와 같이 주소록에 나타난 교포 사회의 인명 표기는 한국 사회의 방식과 크게 다르지 않았다. 그런데 영어영문학과 교수들의 인명 표기에서 나타나듯 일정한 외국 경험을 가진 인사들의 표기는 일반인들과 많이 달랐다. 그렇다면 과연 우리는 주소록에 나타난 자료를 어떻게 해석해야 하는가 하는 문제에 부딪히게 된다. 이런 문제들이 바로 한인 사회의 로마자표기가 지니고 있는 한계들이다. 아래에 몇 가지 문제에 대해 생각해 본다.

4.1. 표기 순서

미국 교포들의 인명표기 순서는 First name, Last name의 순으로 표기된다. 필요한 경우 Middle name이 표기되기도 한다. 이러한 표기순서는 미국 사회의 제도와 관습 속에 살아가야 하는 교포들로서는, 한국식 표기를 고집할 경우 일어날 수 있는 혼란과 오해를 피하기 위한 불가피한 선택이다.

자료 I>의 경우 본문에는 한국식 표기로 편집이 되어 있으나 별지로 수록된 광고의 표기는 모두 미국식 순서를 따르고 있다. 예를 들면 '신성화'의 경우 주소록에는 Shin, Sung Wha로 표기되어 있으나 그가 운영하는 사업체의 광고에는 Sung-Wha Shin으로 표기하고 있다. 자료 II>의 경우 한국식 순서를 따르는 경우도 쉼표(,)를 이용하여 성과 이름을 분명히 구분해 주고 있다.

이런 미국식 표기는 국어의 로마자표기법이 공식적으로 제정되고 인명표기에 관한 명시적 규정이 확립되기 훨씬 이전부터 사용되어 온 것이기 때문에 현재의 규정을 가지고 표기법과의 부합여부를 논하는 것은 적절하지 않다.

그러나 미국의 일부 언론은 한국인의 인명을 한국식으로 표기하여 보도하는 경우도 있다. 그렇다면 미국에서 한국식으로 인명을 표기하는 것이 절대 불가능한 것은 아니다. 다만 이에 대한 한인 사회의 관심과 개선을 위한 장기간에 걸친 노력이 관건이다.

4.2. 이름의 종류

한국인의 인명을 로마자로 표기하는 방식은 위에서 살펴본 바와 같이 매우 다양하다. 이를 크게 분류하여 살펴보면

1) 한국식 : 7가지
2) 혼합식 : 16가지

로 되어 모두 23가지의 표기방식이 나타난다. 특히 한국식과 미국식을 절충, 혼합한 혼합식 표기가 16가지로 다양하게 나타나는 것은 인명의 표기에 관한 한인교포들의 고민과 갈등을 드러내는 것이라고 해석할 수 있다.

특히 자료 I >에 나타나는 한국식 표기자들 가운데서도 상당수는 실생활에서는 오히려 미국식 이름을 사용한다는 점도 우리에게 주목을 요하는 부분이다. 한 예로 '김정남'의 경우 주소록의 본란에는 'Kim,

Jung Nam'으로 표기되어 있다. 그러나 같은 책의 광고 면에 수록되어 있는, 그가 운영하는 치과 광고에는 'Dr. Jungnam E. Kim'으로 되어있다. 이 표기 예에서 주목되는 것은 주소록의 표기에 나타나지 않는 Middle name 'E.'의 표기이다. 일반적으로, Middle Name 'E'는 'Edward'의 줄인 표기이다. 실제로 치과의사인 그는 병원에서 환자를 치료하거나 미국인 사회에서 생활할 때는 Jungnam이라는 이름보다는 Edward를 사용하고 있다. 바로 여기에 한인 사회의 교포들이 지니고 있는 자신들의 정체성에 관한 사회학적, 심리학적 문제가 대두되는 것이고, 이 점이 한인 교포의 인명을 로마자로 표기하는데 존재하는 한계를 보여주는 예가 된다.

4.3. 로마자표기법에 대한 인식

필자는 이 글의 집필을 위하여 약 50여 명의 교포들을 대상으로 로마자표기법에 관한 면담을 실시하였다. 이 결과 로마자표기법에 대해 이들이 가지고 있는 인식은 현재 한국사회의 인식과 크게 다르지 않다는 사실을 확인할 수 있었다. 이들이 가지고 있는 인식은 크게 두 가지로 나누어진다.

첫째는 로마자표기법에 대한 인식부족이다. 대부분의 교포들은 국어의 로마자표기법이 존재한다는 사실조차 모르고 있었다. 한국에서 최초로 공식적인 로마자표기법이 제정된 것은 1948년이었다. 그 후 1959년과 1984년의 개정에 이어 2000년에 현행 표기법이 공포되었으므로 현재 생존해 있는 대부분의 이민 1세대가 미국으로 건너올 당시에는 분명 로마자표기법이 시행되고 있었다. 그러나 이들은 표기법의 변화 과정은 물론 존재조차 알고 있지 못하였다. 이러한 상황은 1960년대 이민자 뿐 아니라 최근인 1990년대 이후 이민자들의 경우도 크게 다르지 않았다.

그러면 자신의 이름을 로마자로 적는 방식은 어떻게 알게 되었는가? 역시 대부분 어린 시절 영어 학습의 초창기에 교사나 주위 사람들에게서 배운 표기 방식을 그대로 답습하고 있었다. 일부는 미국 생활 가운데 터득한 나름대로의 표기 방식을 사용하고 있기도 하다. 따라서 이들의 표기에 나타나는 음소 표기 방식은 대체로 1939년 고안된 M-R 방식에 유사한 모습을 보이고 있다.[21]

둘째, 표기법의 내용 준수에 대해 회의적인 경우가 많다. 일부 인사들은 국어의 로마자표기법이 존재한다는 사실은 알고 있었다. 그러나 이들의 대체적인 반응은 로마자표기가 미국 사회의 현실과 맞지 않는 비현실적인 규정이기 때문에 따를 수가 없다는 것이다. 그리고 이런 반응들을 다시 나누어 보면 표기법을 따르는 데서 오는 불편과 표기법 자체의 불합리로 나누어 볼 수 있다.

우선 표기법의 준수에 따른 불편은 대표적으로 인명표기의 방식에 모아진다. 1984년의 표기법이나 2000년의 표기법은 모두 한국인의 인명을 성과 이름의 순서로 적도록 규정하였다. 그러나 이런 방식은 미국의 인명표기 방식과 맞지 않는다.

현행 표기법은 표기자인 한국인 위주로 만들어져 있다. 국립국어연구원이 밝히고 있는 제정 이유를 보면 외국인이 우리 표기를 이해하지

---

21) M-R 방식이 1939년 고안된 이래 지속적으로 국어 로마자표기에 영향을 끼쳐 왔기 때문에 일부 교포 인사는 국어 로마자표기법이 일제시대 교육의 잔재라고 혹평하기도 한다.

못하는 경우에는 그들이 이해할 수 있도록 교육하여 이해시킨다는 입장을 취하고 있다. 다시 말하면 우리가 외국인의 방식에 맞추어 주는 것이 아니라 외국인이 우리의 언어와 문화를 이해하고 따라 오도록 주체적으로 유도한다는 입장이다.

물론 우리 문화에 대한 자긍심이라는 측면에서 당연한 입장이다. 그러나 현실적으로 미국 사회에서 미국인들과 어울려 생활해야 하는 한인들에게 한국적 정서를 강조하는 이런 표기 방식은 실생활과 괴리되어 있다. 인명의 표기는 공식적인 사회활동을 위한 가장 기초적인 행위이기 때문이다.

Hurh(1998 : 71)에 따르면 이민 1세대의 87%가 가정에서 그들의 배우자에게 한국어만을 사용한다고 한다. 63%는 아이들에게도 영어를 사용하지 않는 것으로 조사되었다. 뿐만 아니라 이들은 한국인 친척이나 친구, 회사 동료, 이웃, 같은 교회 교인들끼리도 한국어만을 사용하고 있다. 그러나 이들의 65%는 직장에서는 오로지 영어만을 사용하고 있다고 한다. 이것은 대부분의 한인들이 직장과 가정 또는 공식적인 일상과 비공식적인 삶 사이에서 두 종류의 이질적인 문화권에서 생활하고 있음을 보여준다. 이 조사는 이민 1세대를 대상으로 실시한 것이므로 조사의 대상을 1.5세대나 2세대로 확대할 경우 일상적으로 영어를 사용하는 비율은 더 증대될 것이 확실하다. 그러므로 이들에게 한국적 정서가 강조되는 표기법의 준수를 요구하는 것이 과연 어떤 의미를 지니게 될지에 대해 심각하게 고려해야할 문제이다.

그리고 표기법 자체의 불합리는 한국어의 발음을 표기법대로 적을 경우 영어 발음과 일치하지 않는 데서 오는 불만이다. 예를 들어 '박'씨의 가장 일반적인 로마자표기는 'Park'이다. 이외에 'Pak, Pack, Bak,

Bark' 등의 표기가 보인다.22) 표기법에 따르면 'Bak'로 적어야 한다. 그러나 극히 예외적으로 'Bock'으로 표기한 경우가 나타난다. 이는 표기자가 미국인들과 생활하면서 다양한 표기를 발음하도록 한 결과 이 표기가 가장 정확하게 한국어 '박'과 음성적으로 유사하다고 판단하였다는 것이다.

한국에서는 쉽게 발견되지 않는 이런 독특한 예로 '고'씨의 경우 하나를 더 예로 들겠다. 역시 김세중(2001)에 의하면 '고'씨는 'Ko(68.5%), Koh(18.9%), Go(10.2%)' 등이 자주 쓰이고 있고 소수의 표기로 'Goh, Gho, Kor' 등이 보인다. 그런데 자료에는 'Kauh'로 표기된 예가 나타난다. 앞의 'Bock'과 마찬가지로 이 표기가 가장 음성적으로 유사하기 때문에 그렇게 적었다는 것이 표기자의 주장이다.

특히 로마자표기법이 자음은 영어를, 모음은 이탈리아어를 기준으로 하고 있기 때문에 영어권에서 생활하는 이들에게 이러한 발음과 표기상의 괴리는 자신의 정체성에 관한 문제까지 야기하는 매우 중요한 사항이 될 수밖에 없다. 또 이러한 이유로 많은 한국인들이 미국식 이름을 사용하고 있다.

5. 결론

이 글은 미국 한인 교포들의 인명표기 방식을 살펴보았다. 한국어의 로마자표기가 궁극적으로는 한국 문화를 세계인과 공유하기 위한 수단

---

22) 김세중(2001)에 의하면 한국인의 박씨 표기 비율은 Park(97.3%), Pak(1.4%)이고 기타 Bak, Bark, Pack 등이 있다.

이라고 한다면 그 표기의 기저에 담겨있는 생각은 한국식 표기법이어야 한다. 한국식 표기법이 외국인이 쉽게 이해하기에 다소 불편하다고 하여도 그것이 한국 문화의 정통성을 알리고 지켜나가는 방법이기 때문이다.

그러나 현실은 반드시 그러하지 않다. 특히 한국이 아닌 미국에서 생활하는 교포들의 경우, 한국식을 고집할 수는 없다. 한인 교포사회의 인명표기는 대부분 한국식이 아닌 미국식 표기 순서를 따르고 있고 표기하는 이름도 한국식이 아닌 혼합식으로 되어있다. 이로 인해 인명표기에서 상당한 혼란이 발생하고 있으며 그 과정에서 이들이 겪는 정체성에 관한 갈등이 표출되고 있기도 하다. 이는 한국인만 아니라 일본, 중국 등 동양권 출신 미국인들이 공통적으로 겪는 혼란이다.

한국에 거주하는 한국인들은 대부분 한국식으로 인명을 표기한다. 이들과 미국을 비롯한 외국에 거주하는 한국인 사이에 나타나는 인명표기 방식의 괴리를 어떻게 해소할 것인가? 그 방법은 있는 것인가? 앞으로 남겨진 과제이다.

영어 교과서의 로마자표기 양상
중학교 1학년 영어교과서를 중심으로

1. 서론

로마자표기법(Romanization)이란 로마자를 일상적 표기수단으로 사용하지 않는 언어사회에서 단지 특별한 목적에 한해 제한적으로 로마자를 사용하기 위하여 규정한 표기법을 말한다.

우리 사회도 19세기 말엽, 서양세계와 본격적인 접촉이 시작되면서 우리말의 로마자표기가 시작되었다. 그러나 로마자를 사용하는 서양 문화권과의 교섭이 이루어지기 시작한 시점에 우리 사회에는 이를 주체적으로 수용하여 표기할 만한 여건이 마련되어 있지 못하였다. 따라서 초기의 로마자표기 방식은 주로 외국인들의 입장에서 그들의 소용에 의하여 제안되고, 표기가 이루어져 왔고 이러한 현상은 20세기 중반까지 지속되어 왔다.

우리가 공식적으로 로마자표기법을 채택하게 된 것은 1948년 문교부가 「한글을 로오마사로 적는 법」을 공고하면서부터이다. 이후 공식적인 로마자표기법은 1959년과 1984년의 개정을 거쳐 현재는 2000년 7월에 개정된 「국어의 로마자표기법」이 시행되고 있다.[1]

그런데 현재 우리 사회에는 로마자표기에 관한 규정이 있음에도 불구하고, 현실적인 표기 양상은 전혀 일관성이 결여되어 있어 이를 통해서 한국에 대한 정보를 얻으려고 하는 외국인들에게 오히려 혼란을 초래하는 결과를 빚기도 한다.[2]

이에 따라 이 글은 로마자표기의 혼란을 초래한 원인 가운데 하나로 지목되는 교육현실의 문제점을 파악하기 위하여 중학교 1학년 학생들이 사용하는 영어 교과서의 로마자표기를 살펴보았다. 고찰의 대상은 이들 교과서에 나타난 인명, 지명을 비롯한 명사 표기로 이들 교과서가 표기법을 어느 정도 준수하고 있는지, 표기법을 지키지 않는 경우 그 양상은 어떠한지를 알아보았다. 이를 통하여 로마자표기의 교육 실태를 점검하고 효과적인 로마자표기 교육의 대안을 제시하기 위함이다.

2. 로마자표기법의 혼란 원인

2.1. 언어적 원인

우리 사회에서 로마자표기가 일관성을 결여하고 다양하게 나타나고 있는 일차적 원인은 표기 대상과 표기 수단의 언어적 문제에 기인한다.

---

1) 로마자표기의 변천과 각종 로마자표기의 특징에 관해서는 이상억(1981, 1998), 정희원(1997), 김세중(2000) 등을 참조할 것.
2) 표기 실태에 관해서는 서정수(1991), 고정언(1992), 정경일(1997), 김세중(1997), 김혜숙(1998) 등 참조.

즉 표기 대상인 한국어와 표기 수단인 로마자와의 불일치에서 발생하는 문제이다. '표기'는 음성언어를 문자언어로 변환하는, 다시 말하면 청각기호를 시각기호로 전환하는 작업이다. 따라서 가장 이상적이고 자연스러운 표기는 동일 언어사회 내부에 음성언어와 문자언어를 동시에 가지고 있는 경우이다. 이를 어기고 음성언어와 문자언어가 서로 다른 언어 사회에 속해 있을 경우에는 본질적인 언어적 차이로 인해 그 표기가 정확히 이루어질 수 없음은 자명한 사실이다.

로마자표기법의 대상이 되는 한국어의 음소체계는 10개의 단모음과 11개의 이중모음, 그리고 19개의 자음으로 구성되어 있다. 따라서 한국어를 정확하게 표기하는 데에는 이중모음을 제외하더라도 29개의 자모가 필요하다. 그러나 표기 수단인 로마자의 자모는 이에 미치지 못한다.[3] 더욱이 로마자는 26개의 자모 가운데 모음을 표기하는 자모는 'a, e, i, o, u'의 다섯 개뿐이기 때문에 한국어의 10개의 모음을 표기하는 데에는 근원적인 한계를 지니고 있다. 이에 따라 근본적으로 로마자는 한국어를 정확히 표기할 수 없는 한계를 지니고 있다.

2.2. 규범적 원인

우리는 1948년에 처음으로 공식적인 로마자표기법을 제정한 이래 현

---

3) <국어의 로마자표기법>은 표기 수단인 로마자에 대한 명확한 정의를 하고 있지 않다. 그러나 '표기의 기본 원칙' 제2항에서 '로마자 이외의 부호는 되도록 사용하지 않는다.'고 한 점으로 비추어 이는 일반적으로 영어에서 사용하는 문자체계를 염두에 두고 있는 듯하다. 그렇다면 로마자표기수단은 a에서 z까지의 26자모이다. 실제로 규정에서 사용된 로마자 자모는 26자 가운데 f, q, v, x, z를 제외한 21자모가 사용되고 있다.

재까지 55년 동안 모두 4차례에 걸쳐 이를 개정했다. 이러한 잦은 개정은 우리 사회에 로마자표기가 정착하는 데에 결정적으로 부정적인 영향을 끼쳤다.

이러한 잦은 표기법의 원칙을 전자법과 전사법 가운데 어느 것으로 하느냐 하는 논쟁의 산물이었다.[4] 그러나 이는 전문가 사이의 논쟁일 뿐, 일반인들은 개정의 이유가 무엇인지도 모르는 상태에서 그리고 개정의 내용에 대해서도 정확히 알지 못했기 때문에 우리 사회에 다양한 표기방식이 혼재하게 된 원인이 되었다.

어문규범의 개정은 그로 인한 사회적 파급효과가 엄청나기 때문에 매우 신중히 사회적 합의를 도출하기 위한 노력을 전개하여야 한다.[5] 그리고 일단 정해진 규정은 널리 교육되고 홍보되어야 하며, 명백하고 분명한 오류가 나타나지 않는 한 원칙대로 준수되어야 한다.

현행 <국어의 로마자표기법>은 개정 당시 사회적으로 표기방식에 갈등이 있는 경우 표기의 원칙 이외에 허용 규정을 두어 이들을 모두 수용하는 방식을 취하고 있다. 이 방식은 다양한 사회 계층의 욕구를 수렴한다는 측면에서 긍정적일 수 있으나, 결과적으로 일관성을 상실하여 표기법이 지니는 규범으로서의 가치를 상실하게 하였고, 로마자표기의 혼란을 초래하고 말았다. 필자는 특히 두 가지 점에 대해 지적하고자 한다.

첫째는 인명표기 방식이다. 인명 표기의 경우에는 4항의 규정에 따라 다음과 같이 원칙 표기와 허용 표기의 두 가지가 병존하고 있다.

---

4) 이에 대해서는 정희원(1997)이 자세히 설명하고 있다.
5) 이상억(2001)은 현행 로마자표기법의 개정과정에 대해 언급하면서, 이 안이 전문가들의 충분한 검토와 토론의 과정을 거치지 않은 채 정책적으로 졸속하게 만들어졌음을 시사하고 있다.

인명	원칙	허용
민용하	Min Yongha	Min Yong-ha
송나리	Song Nari	Song Na-ri

한국인의 이름은 일반적으로 2음절로 구성되므로 이를 구분하지 않고 붙여 쓰는 것을 원칙으로 하였다. 이는 2음절로 구성된 이름이 하나의 호칭단위로 기능하고 있음을 의미한다. 그러나 주로 한자어로 구성되는 이름의 두 음절은 각각의 한자가 개별적으로 의미를 지니게 되므로 이를 구별하려는 의식이 우리 언중들 사이에 상존하고 있음도 사실이다. 따라서 우리 사회의 이러한 언어 의식을 반영하여 이름의 표기에는 두 음절 사이에 붙임표(-)를 써서 음절을 구분하는 것도 허용하였다. 그러나 이를 표기하는 언중들에 '원칙'과 '허용'이라는 규정상의 구분은 아무런 의미가 없고 결과적으로 두 가지 표기법이 존재하게 되어 근원적으로 혼란을 배태하고 있는 것이다.

아울러 성의 표기는 규정의 개정과정에서 논란이 심했음을 반영하듯 4항 2조에 '성의 표기는 따로 정한다'고 규정하고도 현재까지 규정을 만들지 못하고 있다.

둘째로, 규범상의 혼란을 초래한 또 하나의 원인은 제7항, '인명, 회사명, 단체명 등은 그동안 써 온 표기를 쓸 수 있다'고 한 규정이다. 이 규정은 본디 역사적으로나 사회적, 국제적으로 널리 인지되어 있는 로마자표기를 바꿀 경우 발생할 수 있는 혼란을 피하기 위하여 마련한 규정이다. 그러나 이 규정으로 인하여 대부분의 개인이나 단체, 회사, 학교 등이 종전의 표기를 관습적이라는 이유로 그대로 사용하고자 하는 경우 이를 표기법에 맞추라고 강요하거나 권유할 수 없게 되어 있다.

로마자표기의 주 대상은 인명, 지명, 자연물명, 문화재명 및 단체명 등 고유명사이다. 그런데 이들 대부분에 규정의 원칙을 적용하지 않아도 될 수 있도록 허용함으로써 로마자표기의 대상을 결국은 국가나 지방자치단체에서 관리하는 도로명이나 문화재 명 등의 표기에 국한시키고 마는 결과를 초래하게 되었다.

2.3. 교육적 원인

정경일(2001ㄱ)은 로마자표기법에 관한 인식과 교육실태를 설문조사와 교육과정의 검토를 통하여 살펴보고 있다. 이에 따르면 현행 교육과정에는 초·중·고등학교를 막론하고 국어교과는 물론 영어교과에서도 로마자표기에 대해서는 교육하도록 규정되어 있지 않다. 국어교과의 교육과정에는 어문규범 가운데 표준어와 표준발음, 맞춤법, 문법은 교육하도록 규정되어 있으나 로마자표기법과 외래어 표기법에 대해서는 아무런 언급이 없다. 이러한 상황은 영어교과에서도 마찬가지이다. 학생들이 실제로 로마자표기를 배우는 것은 영어 학습과정에서 이루어진다.

학생들이 영어를 학습하게 되면서 자연스레 자신과 가족의 이름, 학교의 이름 등을 로마자로 표기하는 방식을 익히게 되는 것이다. 그러나 영어교과의 교육과정에도 로마자표기법에 대한 규정은 되어 있지 않다.

따라서 이에 대한 교육은 정규교과의 내용으로서가 아니라 관심있는 교사의 판단에 따라 극히 부분적으로 이루어지고 있을 뿐이다. 정경일(2001ㄱ)의 조사에 따르면 학교의 수업시간에 로마자표기법을 학습한 학생은 12.6%에 불과하였다. 그리고 수업시간에 배우지 않은 학생 가운데 59.4%는 스스로 터득하게 되었다고 응답하고 있다. 더욱이 응답자 가운데 자신의 표기방식이 규정에 정확히 부합한다고 생각하는 응답자가 7.9%에 불과한 상황에서도 73.7%의 응답자가 자기 이름의 로마자표기를 바꾼 적이 없다고 응답하고 있는 상황은, 로마자표기가 한번 잘못되면 다시 바로 잡기가 매우 힘들다는 것을 보여 준다.

3. 영어교과서 분석 사례

3.1. 자료의 성격

이 글은 현행 제7차 교육과정에 의하여 2002학년도부터 사용이 시작된 중학교 1학년 영어교과서 15종 전체를 분석의 대상으로 삼았다.6) 앞에서 언급한 바와 같이 로마자표기에 대한 학생들의 관심은 국어 교과에서가 아니라 영어 교과를 통하여 자연스레 학습된다. 우리사회가 로마자표기와 영어 표기를 동일시하는 원인이 바로 여기에 있다.

중학교에서 사용되는 영어교과서는 초등학교 교과서가 교육인적자원부에서 편찬한 1종 교과서인 것과는 달리 2종 교과서이다. 1종 교과서란 국가에서 개발·보급하는 교과서이고, 2종교과서는 민간 부문이

---

6) 15종의 대표 저자와 출판사명은 다음과 같다.
강홍립(대한교과서), 고경석(학문출판), 김성곤(두산), 김용진(도서출판디딤돌), 김임득(현대영어사), 김충배(중앙교육진흥연구소), 배두본(교학사), 심명호(교학사), 이병건(대일도서), 이병민(천재교육), 이성호(지학사), 장경렬(금성출판사), 장영희(두산), 정국진(청색), 정길정(동화사). 이하 기술에서 교과서의 약호는 「강홍립」과 같이 하기로 한다.

국가 수준의 교육 과정에 근거하여 개발한 뒤 국가로부터 검정을 받아 만들어진 교과서를 말한다. 따라서 2종 교과서의 내용은 국가가 정한 교육과정에 제시된 인간상과 구성 방침, 교육 목표를 충실히 구현하는 것을 목적으로 하고 있다. 곧 내용의 범위와 수준은 물론 표현 및 표기도 국가 수준의 정확성을 요구받고 있다.(교육부, 1999) 이에 따라 교과용 도서를 집필하는 경우 맞춤법은 <한글 맞춤법>을, 표준말은 <표준어 규정>에 따르도록 하였고, 외래어 표기와 국어의 로마자표기도 각각 <외래어 표기법>과 <국어의 로마자표기법>을 따르도록 요구하고 있다.

그러므로 일단 교육인적자원부의 검정을 통과한 2종 교과서의 표기는 국가에서 정한 각종 어문규범을 충실히 지키고 있는 것으로 간주할 수 있다. 바로 이 점 때문에 교과서의 각종 표기는 학생들은 물론 우리 사회의 언중들에게 표기의 기준으로서의 역할을 수행하고 있다. 이런 상황 속에서 교과서의 각종 표기가 규정에 어긋날 경우 사회적으로 끼치는 영향은 매우 클 수밖에 없다. 필자가 교과서를 분석의 대상으로 삼은 이유가 바로 여기에 있다.

3.2. 분석의 실제

로마자표기의 주 대상은 인명, 지명 및 자연물명, 단체명, 문화재명 등 고유명사이다. 여기에서도 이들을 부문별로 나누어 음소표기와 표기방식에 대해 검토하기로 한다.

3.2.1. 인명의 표기

3.2.1.1. 성의 표기

자료에 나타난 인명의 성표기는 모두 19가지의 성에 23종의 표기방식이 나타난다.

아래에 그 일람을 보인다.

성	표 기	성	표 기	성	표 기
강	Kang	송	Song	장	Jang
김	Gim, Kim	신	Shin	하	Ha
구	Gu	심	Sim	한	Han
남	Nam	안	An	허	Heo
류	Ryu	우	Uh	홍	Hong
민	Min	유	Yu		
박	Bak, Park, Pak	이	Lee, Yi		

이들 표기 가운데 일단 표기법에서 규정한 음소 표기를 위배하고 있는 표기는 '강'(Kang), '김'(Kim), '박'(Park, Pak), '신'(Shin), '우'(Uh), '이'(Lee, Yi) 등이다. 그러나 이들 표기는 우리 사회에서 관습적으로 널리 사용되는 표기이고 현재 성의 표기에 관해 일정한 원칙이 정해지지 않고 있기 때문에 이들 표기를 규정에 위배되었다고 할 수는 없다. 오히려 규정에 정확히 부합하는 표기인 Gim과 Bak은 실제로 '김', '박'씨 등이 거의 사용하지 않는 표기이다.[7] 그럼에도 불구하고 일부 교과서[8]에서 이렇게

---

[7] 김세중(2001)에 따르면 여권소지자를 대상으로 조사한 결과 '김'씨의 99.8%가 'Kim'으로 표기하고 있다고 한다. '김'씨와 '박'씨의 경우 우리 사회에는 'Kim'과 'Park'이 확실하게 굳어진 표기이다.

[8] 이 표기는 「고경석」에 나타난다.

표기하고 있는 것은 현실을 무시해서가 아니라 규정에 충실하기 위한 교과서의 특성에 따른 표기라고 해석된다.

3.2.1.2. 이름 표기

이름 표기의 경우 음소 표기는 모두 표기법의 규정을 준수하고 있다. 우리에게 논의의 여지를 보여 주는 부분은 이름의 표기방식이다.

인명표기는 제4항의 규정에 의하여 성과 이름의 순서로 띄어 쓰도록 되어 있다.9) 그리고 성과 이름의 첫 글자는, 특별히 규정하지는 않았으나 용례에 나타난 바에 따르면, 대문자를 사용하도록 하였다. 이는 성과 이름이 인명을 이루는 2대요소임을 분명히 하는 방식이다.

그리고 이름의 표기는 앞서 언급한 바와 같이 원칙표기와 허용표기의 두 가지 방식이 공존한다. 이에 따라 중1영어 교과서에도 두 가지 형태의 이름 표기 방식이 나타난다.

① Minho 유형 : 8종(「김성곤」, 「김용진」, 「김임득」, 「김충배」, 「이병건」, 「정국진」, 「장영희」, 「정길정」)
② Min-ho 유형 : 7종(「강홍립」, 「고경석」, 「배두본」, 「이병민」, 「이성호」, 「장경렬」, 「심명호」)

---

9) 자료를 검토한 결과 대부분의 인명표기는 이 원칙을 잘 지키고 있다. 그런데 이 외에 '이름 성' 방식으로 표기된 예가 두번 등장한다. 「이병건」은 대화체를 연습시키면서 인명을 이름과 성의 순서로 표기하고 있다.(Where is Daewon Jo from? He's from Korea.) 「심명호」도 인물 사진의 주인공 이름을 'Yeong-ju Jang'으로 표기하고 있다. 그러나 이들 교과서의 다른 곳에서는 모두 규정에 따른 표기를 하고 있다. 이들 예는 일회적인 것이므로 표기의 유형으로 따로 분류하지는 않는다. 다만 동일 교과서 내부의 표기상의 혼란이라는 측면에서 문제가 되는 부분이다.

　①유형은 표기 원칙을 준수하는 유형이고, ②유형은 허용 규정을 준수하는 규정이다. 분석 대상인 15종의 교과서 가운데 8종은 ①유형으로 원칙을 따르고 있고, 7종은 ②유형으로 허용규정을 따르고 있다. 따라서 교과서만을 대상으로 할 경우 우리 사회에는 인명표기 방식이 양분되어 있다고 할 수 있다.

　실제로 우리 사회의 인명표기 방식은 현행 규정에 정확히 부합하지 않는 경우가 더 많다. 정경일(1997)은 우리 사회의 대부분이 성과 이름의 3음절을 독립적으로 표기하는 방식을 선호하고 있음을 보여주고 있고, 김혜숙(1998)도 유사한 결과를 보여주고 있다.

　그러나 교과서 표기의 특성을 생각해 볼 때 ②유형이 규정에 어긋나는 것은 아닐지라도 교과서에서 채택해서는 안 될 것이다. 교과서는 사회의 규범으로서의 책무를 지니고, 사회적 혼란과 갈등을 장기적으로 해소하도록 교육하는 기본적 자료이다. 일반인들은 일단 한번 표기하기 시작한 인명 표기 방식을 쉽사리 바꾸지 않는다는 점을 생각해 볼 때(김혜숙, 2001ㄴ ; 정경일, 2001ㄱ) 학습의 기본자료가 되는 교과서의 표기는 더욱 엄격하게 원칙을 준수하여야 할 것이다.

3.2.2. 지명 및 자연지물명 표기

3.2.2.1. 행정구역 표기

행정구역의 표기는 음소표기나 붙임표(-)의 사용 등 모든 조건에서 표기법의 규정을 정확히 지키고 있다. 다음에 몇 예를 보인다.

Seoul	Busan	Daejeon	Gwangju	Gangneung
Jeju-do	Jung-gu	Yeoksam-dong		

3.2.2.2. 산 이름 표기

산 이름의 표기는 다음과 같은 세 가지 유형으로 나타나 규정이 잘 지켜지지 않고 있다.[10]

① Hallasan 유형 : 7종(「김임득」, 「장경렬」, 「장영희」, 「배두본」, 「정길정」, 「이성호」, 「김용진」)
② Mt. Halla 유형 : 2종(「김성곤」, 「김충배」)
③ Halla Mountain 유형 : 2종(「김용진, 「정국진」)

표기법에는 ①유형으로 표기하도록 되어 있다. ②는 영어권의 일반적인 표기 방식을 따른 표기이다. ③은 '산'을 일반명사로 번역하여 병기하는 방식인데 가장 적절하지 않은 표기법이다. 표기법은 우리 지명을 일괄적으로 음소표기를 하도록 규정하고 있다. 그러나 <로마자표기법>이 공포된 얼마 뒤인 2002년 7월 20일에 나온 『로마자표기 용례 사전』(이하 「용례사전」으로 부름)은 후부요소를 일부 일반적인 영어 단어로 번역하여 병기할 수 있도록 허용하고 있다. 이에 대하여는 뒤에 다시 언급할 예정이나 「용례사전」에서도 '산'의 경우는 영어 단어 병기를 허용하지 않고 있기 때문에 위의 ②, ③의 표기는 옳지 않다.

특히 「김용진」은 '도봉산'을 'Dobongsan'과 'Dobong Mountain'으로 표기하여 ①과 ③의 두 유형이 혼재되어 있는데, 동일 교과서 내에서의 이원화된 표기는 더욱 문제점으로 지적된다.

---

10) 산 이름의 표기는 15종의 교과서 가운데 11종에만 나타난다. 따라서 표기가 나타나는 교과서의 이름만 밝힌다. 이하에서도 같은 방식으로 기술한다.

3.2.2.3. 강 이름 표기

강 이름은 2종의 교과서에 3개의 지명이 나타나는데, 모두 다음과 같이 '강'을 일반명사로 번역하여 병기하는 형태를 취하고 있어 규정에 맞지 않는다.

① Cheongcheon River 유형 : 2종(「이병건」, 「장영희」)

3.2.2.4. 섬 이름 표기

섬 이름의 표기는 6종의 교과서에 두 가지 유형으로 나타난다.

① Jejudo 유형 : 5종(「김임득」, 「배두본」, 「심명호」, 「이병건」, 「정길정」)
② Jeju Island 유형 : 1종(「김충배」)

①은 규정을 준수하는 유형으로 대부분의 표기가 이를 따르고 있다. ②는 일반적인 영어권의 표기방식을 따른 것이다.

3.2.2.5. 해수욕장의 표기

해수욕장의 이름은 다음과 같이 한가지 유형으로 표기되었는데, 표기법의 규정에는 어긋나 있으나, 「용례사전」의 표기에는 부합된다.

① Hamdeok Beach 유형 : 3종(「김충배」, 「배두본」, 「정길정」)

3.2.2.6. 폭포 이름의 표기

폭포 이름의 표기는 아래에 제시된 하나의 예만 교과서에 나타난다.

① Cheonjeyeon Waterfall 유형 : 1종(「김충배」)

물론 이에 대해서도 표기법은 원칙대로 음소표기만을 규정하고 있는데, 「용례사전」은 '폭포'를 일반명사로 번역하여 병기할 경우 아래와 같이 'falls'를 사용하고 있다.

Gugok falls   Biryong falls

그렇다면 교과서의 위 표기는 표기법 규정이나 용례사전의 표기에 어긋나 있다.

3.2.3. 문화재명 표기

3.2.3.1. 궁궐이름 표기

궁궐이름의 표기는 두 가지 유형으로 나타난다.

① Gyeongbokgung 유형 : 2종(「장경렬」, 「정길정」)
② Gyeongbok Palace 유형 : 4종(「강홍립」, 「김충배」, 「정국진」, 「심명호」)

①유형은 규정을 준수하고 있다. ②유형은 이를 따르지 않고, 후부요소인 '궁'을 일반명사로 보고 'palace'로 번역하여 병기한 경우이다. 그러

나 「용례사전」에서도 이 유형은 인정하고 있지 않다.

3.2.3.2. 사찰이름

궁궐의 이름이 표기법을 대체로 어기고 있음에 반해 사찰의 이름은
한 가지 유형으로, 규정대로 통일되어 있는 점이 눈에 띈다.

① Bulkuksa 유형 : 6종 (「김임득」, 「김충배」, 「배두본」, 「심명호」, 「장
경렬」, 「정길정」)

이외에 사찰과 관련있는 '탑'이나 기타 문화재의 이름도 다음과 같이
규정에 따르고 있다.

Dabotap   Seokgatap   Seokguram

3.2.4. 기타 명사 표기

3.2.4.1. 음식 이름

음식이름의 표기 예 가운데 먼저, 규정에 부합되는 표기 예들을 다음
에 제시한다.

bulgogi gimbap bibimbap gochujang songpyeon
tteokbokki chimjeo[11] jimchi dimchae

---

11) 이 이하의 3단어는 각각 '침저', '짐치', '딤채'를 표기한 것인데, 「배두본」에서
'김치'를 어원적으로 풀이하는 내용에서 등장한다.

음식 이름에서 표기의 차이를 보이는 것은 '김치'의 경우이다. 김치
는 다음과 같은 두 가지 표기 유형이 나타난다.

① gimchi 유형 : 2종(「고경석」, 「김임득」)
② kimchi 유형 : 5종(「강홍립」, 「김충배」, 「배두본」, 「장경렬」, 「정국진」)

①유형은 표기법에 맞춘 유형이다. ②는 표기법에 어긋나지만 이미
관행으로 굳어진 표기법을 준용한 결과로, 앞서 언급한 바와 같이 「용
례사전」에서 관례를 인정하여 표기세칙에서 인정한 표기이다.12) 따라
서 위의 두 유형은 모두 규정에 맞는 것으로 인정할 수밖에 없다.

3.2.4.2. 국가 이름표기

우리 역사 속의 국가 이름 표기는 다음의 두 가지 유형으로 나타난
다.

① Goguryeo 유형 : 1종(「이병건」)
② Silla Dynasty 유형 : 1종(「장경렬」)

표기법이나 「용례사전」 모두 ①유형을 원칙으로 하고 있다. ②유형

---

12) 이상억(2001)은 2000년 로마자표기법 개정의 졸속성을 지적하면서 그 대표적인
   예로 '김치'와 '태권도'의 예를 들고 있다. 김치와 태권도는 「용례사전」의 표기
   세칙에서 'kimchi', 'taekwondo'로 표기하고 있는데, 이는 상위 규정인 표기법의
   규정에 맞지 않음을 지적한다. 표기법에 어긋나는 표기를 관용표기로 허용하는
   경우는 '인명, 회사명, 단체명 등'이므로 '김치'와 '태권도'는 이의 대상이 아니라
   는 것이다.

은 '왕조'를 표시하기 위한 방법으로 관행적으로 'Dynasty'를 병기하여
온 것인데 표기법에 맞지 않는다.

3.2.4.3. 놀이 이름

전통놀이의 표기로 다음 예들이 나타난다.

　　baduk　　ssireum　　neolttuigi　　gulleongsoe　　chajeonnori
　　yunnori　　gonu　　jegichagi

이들 예들은 모두 표기의 원칙을 충실히 따르고 있다.

3.2.4.4. 절기와 문화 이름

절기나 전통문화의 표기로 다음 단어들이 나타나는데 모두 규정을
따르고 있다.

　　Seollal　　Chuseok　　hanbok　　pansori　　taekwondo[13]

3.2.4.5. 동물명

동물명은 '진돗개'를 대상으로 다음과 같은 두 가지의 유형이 나타난다.

① Jindogae 유형 : 1종(「정길정」)

---

13) 앞의 주 13)에서 언급한 바와 같이 「표기법」의 규정에 따르면 'taegwondo'로 표
　　기되어야 하나 「용례사전」의 표기 세칙에서 예외적으로 'taekwondo'로 표기하
　　는 것을 허용하였다.

② Jindo dog 유형 : 1종(「이병건」)

① 유형이 규정에 맞는 표기이다. ②는 '개'를 일반명사로 인정하고 영어로 번역하여 병기한 경우이다.

3.3. 지명에 병기하는 영어단어에 대해[14)]

위에서 잠깐 살펴본 바와 같이 우리 지명의 표기에 일부 교과서는 영어단어를 병기하는 방식을 택하고 있다. 이는 표기법의 원칙은 아니나 「용례사전」에서 제시한 용례를 통하여 일부 허용하고 있는 예를 따른 것으로 보인다. 이 항에서는 이에 대한 「용례사전」의 원칙과 그 문제점을 간단히 짚어 보기로 한다. 그러나 문제점에 대한 개선 방향과 대안은 이 글의 의도하는 바를 벗어나는 과제이므로 다음 기회로 넘기기로 한다.

---

14) 이 글을 처음 발표할 때 필자는 이 항의 제목을 '3.3. 지명에 병기하는 영어단어에 대하여'라 하여 '병기'라는 용어를 사용하였다. 그러나 이후 이 표현이 잘못되었음을 깨닫고 금번 출판 과정에서 이를 '3.3. 지명에 표기하는 영어단어에 대하여'로 수정한다. 이렇게 수정한 이유는 '병기'는 규범에 의한 로마자표기 이외에 외국인의 이해를 돕기 위하여 고유명사의 일부 또는 고유명사의 성격을 영어단어로 다시 한번 표기하는 것이기 때문이다. 예를 들면 '불국사'의 표기를 'Bulguksa'로만 하지 않고 'Bulguksa Temple'처럼 'Temple'을 덧붙이는 것을 '병기'라고 보아야 한다. 그런데 원 논문의 논지는 단순히 단어를 구성하는 일부 형태소를 영어로 번역하여 표기하는 것에 대한 논의였으므로 '병기'의 개념과는 상이하다고 판단되어 이를 '표기'로 바꾼다. 아울러 제목 뿐 아니라 이 글의 내용에서도 이를 수정한다.

3.3.1. 영어 단어 표기의 원칙

국립국어연구원이 새로운 로마자표기법의 고시와 함께 펴낸 「용례 사전」은 일러두기의 표기 세칙에서 보통명사를 영어 단어로 표기하는 문제에 대해 일정한 원칙을 제시하고 있다. 즉 '한라산', '금강' 등 한글 표기에서 붙여 쓰는 표제어는 하나의 고유명사로 보아 전체를 로마자로 옮긴다고 하였다. 그러나 한글 표기에서 띄어 쓰는 표제어는 보통명사 부분에 대해 실용상의 편의를 위해 널리 통용되는 영어 번역어를 표기하고 있다. 이는 실질적으로는 로마자표기법의 규정을 보완하는 조치로 해석된다.

예를 들어 계곡 표기의 경우 '무릉 계곡'은 '무릉'과 '계곡'을 각각 띄어 쓰는 경우에 해당하므로 계곡을 'valley'로 번역하여 표기한다는 설명이다. 그러나 '뱀사골'과 같이 한 단어로 이루어진 명칭으로 판단되면 'Baemsagol'로 표기한다는 것이다.

이런 원칙에 따라 이 용례 사전에서 보통명사의 일부를 영어로 번역하여 표기한 경우와 그렇지 않은 경우는 다음의 예들과 같다.

① 계곡

Mureung valley (무릉 계곡)   Yongchu valley (용추 계곡)

Piagol (피아골)   Baemsagol (뱀사골)

② 호수, 저수지

Baegun lake (백운 호수)   Junam reservoir (주남 저수지)

Gyeongpoho (경포호)   Uirimji (의림지)

Byeokgolje (벽골제)

③ 폭포

Guryong falls (구룡 폭포)   Cheonjeyeon falls (천제연 폭포)
Huiryongpo (희룡포)   Gumunso (구문소)

④ 동굴

Gossi cave (고씨 동굴)   Cheondong cave (천동 동굴)
Manjanggul (만장굴)   Seongnyugul (성류굴)

⑤ 다리

Mapo bridge (마포 대교)   Wonhyo bridge (원효 대교)
Gwangjingyo (광진교)   Jamsugyo (잠수교)

⑥ 해수욕장

Naksan beach (낙산 해수욕장)   Daecheon beach (대천 해수욕장)

⑦ 온천

Yuseong spa (유성 온천)   Onyang spa (온양 온천)

⑧ 공원

Sajik park (사직 공원)   Yongdusan park (용두산 공원)

3.3.2. 영어 단어 표기의 어려움

3.3.2.1. 띄어쓰기의 모호성

영어단어를 병기하는 목적은 외국인에게 해당 명사가 지시하는 대상
의 성격을 분명히 하기 위한 것이다. 대표적인 예로 관광 안내 표지를
살펴보면 이와같은 이유를 충분히 이해할 수 있다. 한국관광공사의 홈

페이지(http://www.english.tour2korea.com)에 나타난 다음과 같은 경주 지방 관광지의 지명과 각종 문화재 표기를 예로 들어 보자.

Bulguksa Temple (불국사)　　　Seokguram Grotto(석굴암)
Anapji Pond(안압지)　　　Cheomseongdae Observatory(첨성대)
Cheonmachong Royal Tomb(천마총)　Poseokjeong Pavillion (포석정)

이들 표기는 해당 명사의 음소표기 이외에 Temple, Grotto, Pond, Observatory, Royal Tomb, Pavillion 등 일반명사를 병기하고 있다. 이러한 표기법은 앞서 산 이름의 표기에서 살펴보았던 ③유형과 같은 방식이다. 하지만 이 방식은 표기법에서는 규정된 것이 아니다.

「용례사전」의 표기 세칙은 영어 단어 표기의 대상을 ‘한글 표기에서 띄어 쓰는 표제어’로 제한하고 있다. 따라서 ‘한강 대교’와 ‘한강교’의 표기 방식이 달라진다. 이는 ‘대교’라는 한국어 형태소의 의미가 ‘bridge’임을 신속히 이해시키기 위함이다. 그러나 동일하게 ‘bridge’의 의미를 지니는 ‘교’는 띄어 쓰지 않았기 때문에 ‘gyo’라고 표기한다면 과연 우리 로마자표기를 읽는 외국인들이 ‘bridge’ 와 ‘gyo’의 차이를 정확히 알아낼 수가 있을 것인가?

또 로마자표기의 주체가 되어야 할 한국인들이 우리 맞춤법의 띄어쓰기 규정에 대한 충분한 이해가 되어 있지 않은 상태에서 과연 이러한 구분이 실효가 있겠는가도 고려해 보아야 할 점이다. ‘한강교’와 ‘한강 대교’의 단어 구성의 형태적 차이를 정확히 인식하여 구분·표기하는 것은 현실적으로 매우 어려운 문제이다. 바로 이러한 난점 때문에 「한글 맞춤법」에서 표기의 원칙으로 ‘한강 대교’라고 띄어 쓰도록 규정하면서도 단서 조항으로 '한강대교'와 같이 붙여 쓰는 것을 허용하고 있음은 우리 맞춤법의 현실을 잘 보여 주는 것이다. 오히려 최근의 일반적 경향은 띄어 쓰는 것보다는 '한강대교'와 같이 붙여 쓰는 쪽으로 나아가고 있다.

3.3.2.2. 표기 대상의 성격에 따른 규정

그리고 「용례사전」은 이와 관련하여 일관성 없는 표기를 보여주고 있다. 즉 지명의 경우는 한글로 띄어 쓰는 경우에 영어 단어를 병기하고 있고, 지명이 아닌 경우에는 띄어 쓰는 표제어라도 영어 단어를 병기하지 않고 소리나는 대로 표기하고 있다.

Ganghwa dongjong (강화 동종)　　　Gapsa budo (갑사 부도)

대상물의 성격에 따라 표기 방식이 달라져야 하는지도 이해되지 않는 부분이다.

3.3.2.3. 다양한 영어 표기의 허용

표기세칙은 영어단어를 용례로 제시하면서 "반드시 이를 따라야 하는 것은 아니며 경우에 따라서는 다른 번역어를 사용할 수도 있다"고 밝히고 있다. 이 단서 규정을 적용하면 위의 '폭포' 표기의 경우 「김충배」의 Cheonjeyeon Waterfall은 「용례사전」에서 제시한 'falls'가 아닌 'waterfall'을 사용하고 있으나 규정을 어긴 것은 아니라고 판단하여야 한다. 따라서 '대교'를 'bridge'로 표기한 지도와 'Grand bridge'로 표기한

지도가 나타나기도 하는 등 혼선이 발생하게 된다.

4. 결론

이상에서 논의한 바를 요약하여 결론으로 삼고자 한다.

1) 중학교 1학년 영어교과서 15종에 나타난 로마자표기를 현행 <국어의 로마자표기법>(2000)의 규정에 비추어 볼 때 음소표기의 경우는 아직 구체적인 원칙이 규정되지 않은 성(姓)의 표기와 예외가 인정된 김치, 태권도 등을 제외하면 모두 규정을 잘 지키고 있다.

2) 인명표기 방식은 15종의 교과서가 표기법의 원칙과 허용 규정을 따르는 경우로 양분되어 있다. 허용 규정을 따르는 경우가 7종이다.

3) 지명이나 문화재명 등 기타 명사의 표기는 교과서에 따라 다양한 유형으로 표기하고 있어, 규정이 잘 지켜지지 않고 있다. 산 이름의 표기는 3가지 유형으로 표기되어 있고, 섬과 궁궐, 국가명, 동물명 등은 2가지의 유형으로 표기되어 있다. 단일한 유형으로 표기된 강이나, 해수욕장, 폭포 등의 표기는 전혀 규정을 따르지 않고 있으며 사찰이나 의식, 절기 등의 표기는 규정에 정확히 부합된다.

4) 일부 표기에 지명의 후부 요소를 영어단어로 번역하여 표기하는 경우가 있다 이는 표기법의 규정에는 어긋나나 「용례사전」에서 허용한 규정을 따른 경우이다. 그러나 영어 단어 병기에 관해서는 향후 신중한 검토가 요망된다.

5) 교과서는 사회적으로 미치는 영향이 매우 크다. 현재 우리 사회

구성원 대부분은 로마자표기법의 구체적인 내용에 대해 정확히 인식하고 있지 못하다. 이런 현실에서 영어 교과서의 로마자표기 방식은 학생들에게 가장 중요한 표기 기준이 될 수 있다. 그러므로 교과서의 표기는 원칙적으로 표기법의 규정을 준수하여야 한다. 현행 규정상 일부 허용 규정에 대해서도 일반사회에서는 이를 따르는 것이 용인될 수 있으나 교과서의 특성을 고려할 때 표기 원칙을 준수하는 것이 더 교육적이라고 판단된다.

韓·中·日의 로마자표기법

1. 서론

국가간의 지리적 장벽이 의미를 상실하고, 전 세계가 정치, 경제, 사회, 문화적으로 하나의 공동체로 변모해 가는 국제화 과정에서 영어의 표기문자로 대표되는 로마자(Roman Alphabet)는 국제적인 표기문자로서의 위치를 공고히 해 가고 있다.

이런 상황 속에서 로마자를 일차적 표기수단으로 사용하지 않는 국가에서도 로마자를 이용하여 그들의 언어를 표기함으로서 국제간의 교류를 원활히 하기 위해 노력하고 있다. 물론 이러한 국가들의 로마자표기가[1] 시작단계에서부터 그들 스스로의 의지에 의하여 비롯된 것은 아니나 로마자에 의한 표기는 각 국가별로 국제적인 표준규정(ISO)의 마련에 이를 만큼 주요한 국가적 사업이 되어있다.

---

[1] 로마자표기(Romanization)란 로마자를 일상적 표기수단으로 사용하지 않는 언어사회에서 단지 특별한 목적에 한해 제한적으로 로마자를 사용하기 위하여 규정한 표기법을 말한다.

　이 글은 이와 같은 상황 속에서 한국과 중국, 일본 등 동양 3국에서 진행된 로마자표기의 변천과 그 특징을 비교, 고찰하고자 한다. 이는 이들 동양 삼국이 오랜 역사 속에 한자를 이용하는 문자생활을 영위하면서 문화적 공통성을 유지해 왔고, 로마자표기의 역사적 경험도 매우 유사한 과정을 겪어왔기 때문이다. 그러면서도 이들은 각기 특이한 문자체계를 지니고 있기 때문에 로마자를 이용하는 방법에 있어서는 일치할 수 없는 근본적 한계를 지니고 있다.

　중국의 한자는 상형문자에 기초한 표의문자로 형(形), 음(音), 의(義)의 3요소로 이루어져 있으며, 일본의 가나(假名)는 자음과 모음이 결합된 음절문자이다. 그러나 한국의 한글은 자음과 모음의 음소별로 표기체계가 독립되어 있는 음소문자이다. 그러므로 로마자표기가 음성언어가 아닌 문자언어 중심으로 이루어진다면 문자체계의 상이로 인해 이들 삼국의 표기방식은 결코 동일할 수가 없다. 그러나 로마자표기의 원칙이 문자 위주가 아닌 음소 위주로 이루어진다면 이들의 표기방식에 일정한 유사성이 나타날 수 있다.

　이 글은 이들 세 나라의 로마자표기 원리와 방식을 비교함으로써 이들이 경험한 언어정책의 방향과 로마자표기의 일반 원리를 발견해 내는 데에 목표를 둔다.

2. 한국의 로마자표기법

2.1. 표기법의 변천

2.1.1. 남한의 로마자표기법

19세기말 선교사들을 비롯하여 외국인들과 한국인 학자, 단체들에 의하여 산발적으로 제안되기 시작한[2] 한국어의 로마자표기방식은 1948년 최초의 국가제정 표기법이 공표된 이후에도 다양한 의견들이 제기되어 현재까지 공식, 비공식으로 제안된 로마자표기법은 80여 가지에 이르고 있다.

그러나 이러한 다양한 제안들 가운데 가장 널리 사용되었던 방식은 1939년 미국 캘리포니아 대학교 교수인 G.M.McCune과 하버드 대학의 교수인 E.O.Reischauer가 공동으로 제안한 "The Romanization of the Korean Language"(이하 「M-R」 방식)이었다. 이 방식은 서구인의 관점에서 그들의 음성현상을 충실히 반영한 표기법으로 특히 미군이 군사적 용도로 사용하면서 전 세계적으로 널리 인식되었는데, 공식적인 국가 표준 표기법이 제정되어 사용되고 있는 현재까지도 남북한에 걸쳐 가장 강력한 영향을 미치고 있다.

이 표기법은 간략한 음성표기방식을 취하고 있으므로 표기문자를 통하여 외국인이 국어음을 복원해 내는 데에 매우 편리한 체계로 되어 있다. 그러나 표기의 주체가 되어야 하는 한국인들로서는 표기상에 어려움이 많은 체계이다. 특히 모음에 사용된 특수기호[3]와 유성 자음과

---

2) 小倉進平(1934)에 따르면 이미 1920년대에 동양학자, 선교사, 외교관 등에 의하여 27개의 안이 제안되었었다.

무성 자음을 구분하는 이음표기 방식은4)음소적으로 이를 구별하지 못하는 한국인 표기자들로서는 사용하기 어려운 표기방식이었다.

한국인들에 의하여 제안된 표기법 가운데 최초로 공식적으로 제안된 것은 1940년 6월에 조선어학회가 마련하여 발표한 「조선어음 라마자 표기법」(朝鮮語音 羅馬字 表記法)이었다. 이 안은 주로 고유명사의 표기를 목적으로 하였는데, 자음의 표기에 평음에는 g, d, b를 격음에는 k, t, p를 사용하였고, 모음 'ㅓ, ㅡ'는 M-R 방식을 따르고 있다. 특히 'ㅊ'에 'cz'를 사용한 것이 특이하였다.

그 후 1948년 대한민국 문교부는 「한글을 로오마자로 적는 법」을 제정 고시하여 최초로 공식적인 표기법을 가지게 되었다. 이 표기법은 전자법(Transliteration)을 원칙으로 하면서 단어내부의 음운 변화를 표기에 반영하는 전사법(Transcription)을 혼용한 절충식 표기법이다.5) 이는 앞에 언급한 「조선어음 라마자 표기법」의 전자법 표기방식과 M-R의 전사법 표기방식을 절충한 것이다. 그러나 일관된 원칙이 없는 이러한 방식은 다양한 논쟁을 야기하게 되었고 결국 새로운 표기법이 마련되는 원인을 제공하였다.

1959년에는 완전한 전자법 표기법인 「한글의 로마자표기법」이 제정

---

3) 'ㅓ'와 'ㅡ'를 표기하기 위해 쓰인 기호인데, 'ㅗ'는 'o', ㅓ'는 'ŏ' , 'ㅜ'는 'u', 'ㅡ'는 'ŭ'로 표기한다.

4) M-R 방식은 자음의 무성음과 유성음을 구분하여 다음과 같이 표기하였다.

	ㄱ	ㄷ	ㅂ	ㅈ
무성음	k	t	p	c
유성음	g	d	b	j

5) "한 낱말 속의 ㄱ, ㄷ, ㅂ 들이 흐린 소리로 나는 것은 그 소리나는 대로 적는" 경우에만 전사법을 취하고 있다. 예를 들면 다음과 같다.
지게 chige　　포고 phogo　　지도 chido　　전도 chŏndo

된다. 이 표기법에 서 처음으로 구체적인 표기의 기본원칙이 표명된다. 이 표기법이 밝힌 「한글의 로마자표기의 기본원칙」은 다음과 같다.

1) 한글의 현행 표기법을 로마자식으로 표기한다.
2) 로마자 이외의 부호는 가급적 사용하지 않는다.
3) 일 음운 일 기호의 표기를 원칙으로 하되, 자음에 있어서는 이 기호를 허용한다.

이 규정은 결과적으로 1940년 조선어학회의 표기안과 유사하게 회귀하고 말았다. 이 표기법은 한국 사람이 표기하고 읽어 내기에 좋은 로마자표기법의 성격이 강했다. 그러나 이 표기는 로마자표기가 궁극적으로 누구를 위한 것이어야 하는가에 대한 논의가 부족했다는 비판을 면할 수 없었다. 즉 로마자표기가 궁극적으로 외국인을 위한 표기법이어야 한다는 측면에서 볼 때 상당한 문제를 내포하고 있었던 표기법이었다. 다시 말하면 로마자표기의 주체는 한국인이되 그 표기의 목적은 표기의 해독자인 외국인이 표기를 통해 한국어를 정확히 발음할 수 있어야 한다는 전제에 비추어 볼 때 한국어의 형태음소 변화를 인정하지 않는 전자법 위주의 표기는 근본적인 문제를 내포하고 있었던 것이다. 이점은 1984년에 새로운 로마자표기법이 제정되는 중요한 원인이 되었다.

1984년에는 1986년의 아시아경기대회와 1988년의 제24회 올림픽을 준비하면서 새로운 표기법인 <국어의 로마자표기법>이 제정되었다. 기본원칙을 전자법에서 전사법으로 바꾼 것이 가장 큰 변화인 이 표기법은 1959년도 표기법이 제시하였던 3항의 기본원칙 가운데 제1항을 다

음과 같이 바꾸어 전사법 원칙을 분명히 하였다.6)

1) 국어의 로마자표기는 국어의 표준 발음에 따라 적는다.

결국 1984년 표기법은 M-R안과 크게 다를 바 없는 내용으로 바뀌었다. 따라서 M-R안이 가지고 있던 장점은 물론 약점까지도 그대로 가지고 있게 되었다.

2000년 7월에 개정된 현행 「국어의 로마자표기법」은 종전까지 쓰이던 1984년 규정이 지니고 있던 몇 가지 문제점을 보완한 점에서 일단 발전된 안으로 평가된다. 1984년 규정은 M-R안을 준용하면서 만들어졌는데, 이 규정의 문제점은 크게 다음 두 가지로 요약된다. 먼저, "로마자 이외의 부호는 되도록 사용하지 않는다"는 표기의 대전제에도 특수부호인 반달표(˘)와 어깻점(′)을 사용하였다는 점이다. 특히 이러한 표기는 정보기기의 사용에 상당한 불편을 초래하였고, 인쇄의 편의를 위하여 이를 생략하도록 허용한 규정7)은 결과적으로 표기의 혼란을 부추기고 말았다.8) 이에 따라 2000년 규정에서는 이들 특수기호를 사용하지 않도록 하였다.

또 자음의 표기에서 유성음과 무성음을 구분하여 표기하도록 하였는바, 이는 언어학적 훈련이 되어 있지 않는 일반인들에게는 표기 원칙이

---

6) 나머지 2항은 다음과 같다. 모두 약간의 자구 수정에 지나지 않는다.
　　2) 로마자 이외의 부호는 되도록 사용하지 않는다.
　　3) 1 음운 1 기호의 표기를 원칙으로 한다.
7) 3장의 8항은 "인쇄나 타자의 어려움이 있을 때에는 의미의 혼동을 초래하지 않을 경우 ŏ, ŭ, yŏ, ŭi 등의 '˘'(반달표) 와 k′, t′, p′, ch′들의 '′'(어깨점)을 생략할 수 있다"고 규정되어 있었다.
8) 예를 들어 '근거'의 로마자표기는 'kŭngŏ'가 원칙이나 'kungo'도 허용되었다. 따라서 'kungo'는 '근거'의 표기인지 '군고'의 표기인지가 명확하지 않게 되었다.

납득되지 않는 표기법이었다. 따라서 2000년 규정은 이를 구분하지 않고 하나로 통합하도록 개정하였다.

결국 대한민국에서 공식적으로 1948년 이래 4번에 걸쳐 변화된 로마자표기법은 표기원칙에서 전자법과 전사법 사이의 변화였고, 음소 표기 방식에서는 M-R체계를 기초로 하고, 음소표기의 채택 여부를 놓고 벌인 변화였다.

2.1.2. 북한의 로마자표기법

북한의 로마자표기에 관한 규정인「외국자모에 의한 조선어 표기법」은 1956년 제정된 이래 현재까지 변화가 없다.9) 남한에서 비슷한 기간 동안 4번에 걸쳐 표기법을 바꾸고 있는 것과 비교할 때 언어정책적으로 시사하는 바가 매우 크다고 하겠다.

이 규정에 나타난 북한 로마자표기법의 원칙은 다음과 같다.

1) 전사법 원칙 : 제1항은 "외국자모로써 조선어를 표기함에 있어서는 조선 음운을 충실히 반영시킴을 원칙으로 하되, 조선어 받침을 중심

---

9) 외래어, 외국어 및 외국 문자 표기와 관련된 북한의 어문규범은 다음의 4가지이다.
① 조선어 외래어 표기법 : 외래어를 조선어로 적는 방법에 관한 규정
② 외국말 적기법 : 외국어의 고유명사를 조선어로 적는 방법에 관한 규정
③ 외국 자모에 의한 조선어 표기법 : 조선어를 외국 자모로 적는 방법에 관한 규정
④ 조선어의 어음 전사법 : 조선어를 IPA로 적는 방법에 관한 규정
이 가운데「조선어 외래어 표기법」이 1956년 제정된 이래 1984년에「고친 외래어 표기」로 수정되고, 「외국말 적기법」이 1969년에 제정된 뒤, 1985년에 개정되는 등 변화를 보인 것에 비해「외국 자모에 의한 조선어 표기법」이 반세기동안 변화가 없었음은 매우 특이한 현상이다.

으로 하는 어음교체 현상과, 조선어음의 결합적 변화만은 변화되는 대로 표기한다"고 밝혀 전사법에 의한 표기임을 분명히 하였다. 그러나 "조선어의 매개 단어의 형태론적 구성을 특히 명시할 필요가 있는 그런 경우에는, 조선어 철자법에 충실하게 외국자모를 대조시킨다"고 밝힘으로써 부분적으로 전자법에 의하여 표기할 수도 있도록 허용하고 있다.

2) 보조기호의 사용 제한 : 3항은 "해당 외국어의 현행 자모체계에 의거하며, 새로운 자모, 새로운 보조적 기호를 사용하지 않는다"고 하였다. 그러나 실제 규정에서는 M-R과 같이 반달표(ˇ)와 연결부(-)를 사용하도록 허용하고 있다.

3) 사용 대상의 확립 : 서론의 부기는 이 표기법이 누구를 위한 것인가를 분명히 하고 있다. 부기는 "외국 자모에 의한 조선어 표기법은 어디까지나 해당 외국어를 사용하는 사람들을 대상으로" 하였음을 분명히 한다. 남한의 로마자표기법에서 이에 대한 명확한 정리가 되지 않아 1959년의 표기법과 같은 한국인 위주의 표기법이 만들어졌던 점에 비하여 북한이 취하고 있는 이러한 입장은 언어정책적 측면에서 긍정적인 평가를 해 주어야 한다.

2.2. 표기법의 특징

그동안 주요한 국어 로마자표기법의 변화의 이유는 대략 다음의 세 가지로 집약된다.

1) 표기법의 원칙의 문제 : 전사법과 전자법의 갈등
2) 자음표기의 문제 : 평음과 격음, 경음의 표기, 무성음과 유성음의
　　　　　　　구분
3) 모음표기의 문제 : 'ㅓ'와 'ㅡ'의 표기

2.2.1. 전사법 원칙

로마자를 이용하여 특정언어를 표기하는 경우 일반적으로 적용되는 원칙은 전사법과 전자법의 두 종류이다. 전사법(Transcription)은 음소표기 방식을, 전자법(Transliteration)은 형태표기 방식을 원칙으로 한다. 주요 로마자표기법이 채택한 표기원칙을 비교하여 보면 다음 표와 같다.

〈표 1〉 주요 표기법의 표기 원칙

표기법	표기원칙	표기법	표기원칙
M-R	전사법	조선어학회	전자법
1948	절충식	1959	전자법
1984	전사법	2000	전사법
북한	전사법		

이 표에서 볼 수 있는 바와 같이 우리의 표기법은 전사법 위주로 되어 있다. 이는 로마자표기가 궁극적으로 외국인으로 하여금 한국어의 발음을 복원해 내도록 유도해 주어야 한다는 원칙에 비추어 볼 때 당연히 지향해야 하는 관점이다.[10]

---

10) 현행 로마자표기법은 제8항에 "학술 연구 논문 등 특수 분야에서 한글 복원을 전제로 표기할 경우에는 한글 표기를 대상으로 적는다. 이때 글자 대응은 제2장을 따르되 'ㄱ, ㄷ, ㅂ, ㄹ'은 'g, d, b, l'로만 적는다. 음가 없는 'ㅇ'은 붙임표

2.2.2. 표기자 우선원칙

M-R 표기법은 음성학적 고려에 의한 이음표기를 통해 서구인들의 음성실현이 매우 우수한 표기법이었다. 그러나 현행 표기법은 이러한 한국어 복원력을 다소 희생하면서도 표기주체인 한국인이 이해하기 쉬운 체계로의 전환을 시도하였다.

2.2.3. 자음표기의 문제

자음표기에서 문제가 되는 것은 평음과 격음, 경음의 표기, 무성음과 유성음의 구분 등이다. 다음 표에 주요 로마자표기법이 이들을 어떻게 처리하고 있는지를 나타낸다.11) 이 표를 통해 알 수 있는 것은 전사법 위주로 표기하는 경우 M-R 표기의 영향을 받아 유성음과 무성음을 철저히 구분하려고 노력하였음을 알 수 있다. 이점에 있어서는 북한의 표기법도 예외가 아니다. 그러나 성의 유무에 의한 변별은 한국어의 음소적 차원에서 이루어지는 일이 아니기 때문에 표기 주체인 한국인에게는 낯선 것이 될 수밖에 없고 따라서 현행 표기법은 이를 구분하지 않는 것이다.

격음의 표기에 나타나는 ' '(aphostropy)의 경우 초기의 표기법에서는 음성적 고려에 의하여 주로 사용하였으나 현행 표기법은 인쇄와 타자

______

(-)로 표기하되 어두에서는 생략하는 것을 원칙으로 한다. 기타 분절의 필요가 있을 때에도 붙임표(-)를 쓴다."고 하여 특수한 경우에만 전자법을 사용하도록 예외 규정을 두고 있다.

11) 한 음소의 표기에 두 개의 로마자가 쓰이는 경우(예 : ㄱ/g, k), 해당 음소의 무성음과 유성음을 구분하여 순서에 따라 표기하는 방법임을 나타낸다. 다만 현행 2000년 표기법은 유성음과 무성음을 구분하지 않으므로 이와 다르다. 현행 표기의 경우 'ㄱ'의 'g'는 초성의 경우, 'k'는 종성의 경우를 의미한다.

의 편의를 위하여 사용하지 않는 방향으로 개정되었다.

〈표 2〉 주요 표기법의 자음표기 방식

표기법	자음													
	ㄱ	ㅋ	ㄲ	ㄷ	ㅌ	ㄸ	ㅂ	ㅍ	ㅃ	ㅈ	ㅊ	ㅉ	ㅅ	ㅆ
M-R	k, g	k′	kk	t, d	t′	tt	p, b	p′	pp	ch	ch′	tch	s, sh	ss
조선어학회	g	k	gg	d	t	dd	b	p	bb	z	cz	zz	s	ss
1948년	k	kh	gg	t	th	dd	p	ph	bb	ch	chh	dch	s	ss
1959년	g	k	gg	d	t	dd	b	p	bb	j	ch	jj	s	ss
1984년	k, g	k′	kk	t, d	t′	tt	p, b	p′	pp	ch	ch′	tch	s, sh	ss
2000년	g, k	k	kk	d, t	t	tt	b, p	p	pp	j	ch	jj	s	ss
북한	k, g	kh	kk	t, d	th	tt	p, b	ph	pp	ts, dz	tsh	tss	s	ss

2.2.4. 모음의 표기

모음의 로마자표기는 이탈리아어의 모음체계를 기본으로 이루어진 일본 로마자표기의 영향을 받아 5개의 로마자를 사용하는 체계로 고착되었다. 그러므로 최소 8개의 단모음체계를 유지하고 있는 한국어를 표기하는데 근원적인 문제가 발생하게 되었다. 단모음의 로마자표기에서 문제가 되는 것은 'ㅓ', 'ㅡ', 'ㅐ'의 표기이다. 이들을 포함한 모음의 표기에 관한 여러 표기법의 표기방식을 다음 표에 제시한다.

〈표 3〉 주요 표기법의 단모음 표기방식

표기법	단모음							
	ㅏ	ㅓ	ㅗ	ㅜ	ㅡ	ㅣ	ㅐ	ㅔ
M-R	a	ŏ	o	u	ŭ	i	ae	e
조선어학회	a	ŏ	o	u	ŭ	i	ě	e
1948년	a	ŏ	o	u	ŭ	i	ai	e

표기법	단모음							
	ㅏ	ㅓ	ㅗ	ㅜ	ㅡ	ㅣ	ㅐ	ㅔ
1959년	a	eo	o	u	eu	i	ae	e
1984년	a	ŏ	o	u	ŭ	i	ae	e
2000년	a	eo	o	u	eu	i	ae	e
북한	a	ŏ	o	u	ŭ	i	ai	e

<표 4> 주요 표기법의 이중모음 표기 방식

표기법	이 중 모 음						
	ㅑ	ㅕ	ㅘ	ㅝ	ㅚ	ㅟ	ㅢ
M-R	ya	yŏ	wa	wŏ	oe	wi	ŭi
조선어학회	ya	yŏ	wa	wŏ	oe	wi	ŭi
1948년	ya	yŏ	wa	wŏ	oe	wi	ŭi
1959년	ya	yeo	wa	weo	oe	wi	eui
1984년	ya	yŏ	wa	wo	oe	wi	ŭi
2000년	ya	yeo	wa	weo	oe	wi	ui
북한	ya	yŏ	wa	wo	oi	wi	ŭi

이 표에서 알 수 있듯이 'ㅓ'는 ŏ와 eo, 'ㅡ'는 ŭ와 eu로 나뉘고 'ㅐ'는 ae, ai, ě 등의 세 가지로 나뉘어졌었다. ŏ와 ŭ, ě는 문자와 음소와의 관계에서 가장 이상적인 '일 음소 일 문자'표기에 충실한 방식이다. 그러나 특수부호의 사용으로 인하여 필기와 타이핑 등에서 혼란을 초래하며 정확한 음가를 확인하는 것이 용이하지 않다는 단점이 지적된다. 이런 점을 의식하여 1984년의 표기법은 인쇄의 편의에 따라 'ˇ'를 사용하지 않아도 좋다는 단서 규정을 두기도 하였던 것이며 현행 표기는 표기문자의 숫자가 증가하는 불리함에도 불구하고 표기방식을 바꾸었다. 그러나 현행 방식은 두 개 또는 세 개의 모음을 사용함으로 인해 한국어 복원력이 떨어진다는 비판을 면하기 어렵다.

3. 중국의 로마자표기법

3.1. 표기법의 변천[12]

한국과 마찬가지로 중국에서 로마자표기가 본격적으로 시작된 것은 선교사들의 활동에서 비롯되었다. 이미 17세기 초에 이탈리아 선교사인 마테오 리치, 니콜라 트리코 등이 로마자로 중국의 음운조직을 표기해 기독교 전도 목적에 사용하고 있었다.

그 후 한동안 서양 종교에 대한 탄압으로 활동을 중단하였던 선교사들은 18세기 말엽부터 중국 각지에서 새로이 활동을 시작하여 그들이 활동하던 지역의 방언을 로마자로 기록하기 시작하였다.[13] 소위 '교회 로마자'로 불린 이 표기법은 단순히 방언의 기록을 넘어서 성경의 번역에까지 사용되었다. 그러나 이 표기법은 그 대상이 지역방언이고 사용자들이 기독교 신자라는 특수성으로 인해 널리 전파되지 못하고 20세기 초기에 쇠퇴하였다.

아편전쟁 이후 중국은 정치적 종교적으로 개방되었고 이에 따라 기독교의 전도사들이 대대적으로 중국에 진출하였다. 그들은 로마자를 이용하여 각지의 방언을 기록하고, 성경을 번역하면서 이 로마자 방안으로 한자를 대체하자고 주장하였다. 이에 따라 다양한 로마자표기방식이 제안되었는데 이들 가운데 가장 널리 호응을 받았던 표기법은

---

12) 이 항목은 유명규(1975), 홍인표(1994), 허성도(1993, 1997), Chinese Romanization Guide(http://www.edepot.com/taoroman.html) 등을 바탕으로 집필되었다.
13) 이러한 활동의 결과 다양한 중국어방언사전이 이들에 의하여 발간되었는데, 모리슨의 『廣東語辭典』(1828), 메드하스트의 『福建話辭典』(1832), 에드킨즈의 『上海話文法』(1853)등이 대표적이다.

1859년 Thomas Francis Wade에 의하여 제안된 표기법이었다. 런던 출생으로 아편전쟁에 육군 중위로 참전하면서 중국과 인연을 맺은 뒤 40여년 간을 외교관으로서 중국에서 생활한 그는 당시 일부에서 통용되고 있던, R. Morrison의 표기법을 발전시켜 자신의 표기법을 제안하였다. 그 후 1912년에 Herbert Allen Giles이 한영자전을 편찬하면서 Wade의 방식을 수정, 제안하였는데 이를 합하여 「Wade-Giles System」이라고 한다. 이 방식은 1958년 중국정부가 공식적으로 한어병음방안을 공표하기까지 대표적인 로마자표기법으로 인식되어 영어권 국가에서 광범위하게 사용되었었다. 현재도 대만에서 일부 인명표기에 사용되기도 한다.

1958년 중국 정부는 국가적 표준 표기법으로 「한어병음방안(漢語拼音方案)」을 공포하였다. 이 방안이 현재 중국은 물론 세계적으로 공인받고 있는 중국의 공식적인 로마자표기 방안이다. 1958년 가을부터 초등학교에서 이 방안으로 한자의 읽기 교육을 실시하였으며, 1977년 UN에서 그리고 1982년 국제표준화위원회(ISO)에서 이 방안을 중국어 표기의 국제표준으로 인정하였다(I.S.O 7098).

위에선 언급한 두 가지 대표적인 표기법 이외에 그간 중국에서 자주 사용되던 표기법에는 다음과 같은 것들이 있었다.

중국에서 가장 먼저 정식으로 공포된 표기법은 「국어로마자」(國語羅馬字)방식이었다. 1923년, 중국 교육부가 '국어로마자병음연구위원회'를 구성하여 3년간의 논의 끝에 1926년에 발표한 이 방안은 1940년에 「역음부호(譯音符號)」라는 명칭으로 바뀌었다가 1958년에 폐기되었다. 1986년 대만 정부는 이를 약간 수정하여 「주음부호 제2식」(主音符號 第二式)으로 공표하여 사용하고 있다.

1929년 소련의 토라그라프에 의하여 창안되어 1930년대와 1940년대에 널리 쓰인 방식이 「라틴화 신문자」이다. 이 방식은 주로 산동방언을 위주로 표기되었기 때문에 중국 북부지방과 러시아 일부지역에서 사용되다가 10여년 뒤에 폐지되었다.

1948년, 미국 정부는 극동 지역에 파견하기 위한 미군의 훈련을 위하여 Yale 대학과 협조하여 Mirror Series라는 중국어 교재를 편찬하였다. 이 교재에는 중국어의 발음을 로마자로 병기하였는데 이것을 약간 수정한 것이 「Yale System」으로 이후 미국에서 널리 사용되었다.

3.2. 표기법의 특징

3.2.1. 전사법 원칙

로마자표기법은 활용 정도에 따라 두 가지로 분류된다.14) 하나는 로마자를 자국어의 발음기호로 사용하는 경우이고 다른 하나는 자국 문자가 통용되지 않는 상황에서 자국어를 표기하기 위한 수단으로 사용하는 경우이다. 중국어의 경우는 전자에 해당한다. 중국어를 표기하는 공식 문자는 한자이다. 그러나 한자는 그 자체가 음을 드러내기는 하나 완벽한 표음문자가 아니기 때문에 개별 한자의 음을 정확히 알기 위해

---

14) 김민수(1984)는 로마자 채택의 목적을 다음과 같이 세 가지로 나눈 바 있다.
  1) 言語表記 → 國字 …… 對內的 (예 : 越南, 터키…)
  2) 發音轉寫 → 記號 …… 對內外的 (예 : 漢語拼音案…)
  3) 로마자化 → 外國字 …… 對外的 (예 : 日本의 로마자교육…)
  그러나 이 글에서 논하는 로마자표기는 1)의 경우처럼 자국 언어를 표기하는 수단으로 완전히 로마자만을 사용하는 경우는 제외하고 2)와 3)의 경우만을 대상으로 한다.

서는 개별 한자별로 따로 학습하고 기억해야 한다. 곧 개별 한자의 음을 용이하게 파악할 수 있는 기호가 존재하지 않는다. 이러한 불편을 해소하기 위하여 중국에서는 로마자를 사용하여 개별 한자의 음을 표기하고 있다. 따라서 로마자는 공식적으로 발음을 나타내주는 기호로 사용되는 것이다.

중국어의 로마자표기는 현재 사용되고 있거나 또는 그동안 사용되었던 모든 방식이 전부 음소표기의 전사법을 채택하고 있다.

3.2.2. 표기자 우선 원칙

로마자표기는 표기의 주체와 대상을 누구로 설정하느냐에 따라 그 방식이 달라질 수 있다. 로마자표기의 연원을 생각해 보면 초기 표기의 주체는 현지인이 아니라 서양인들이었다. 그러므로 표기법도 서양인의 의식에 의하여 이루어졌다. 그러나 점차 중국인에 의한 표기가 시작되면서부터는 중국인의 관점에서 표기가 시작되었다. 즉 중국인이 표기하고 서양인이 발음하도록 하는 표기자 중심체계로 이행되었다.

3.2.2. 1음소 1문자 원칙

하나의 음소에 하나의 문자를 대응시키고자 하는 것은 모든 문자체계가 추구하는 이상이다. 현재 사용하고 있는 '한어병음방안(漢語拼音方案)'에서는 21개의 자음과 16개의 모음을 표기하고 있다. 이를 표기하기 위해 23개의 로마자를 사용하고 있다. 이 이외에 반모음은 'y, w'로 표기한다. 이들을 합치면 이 방안에서 사용하는 로마자의 총수는 25자가 된다. '한어병음방안'에서 사용하는 로마자는 다음과 같다.

> 모음 : a, e, o, i, u, w, y, ê
> 자음 : b, p, m, f, d, t, n, l, g, k, h, j, q, x, z, c, s, r,

이들 각각의 로마자는 하나의 음소를 대표하여 1음소 1문자 원칙을 표방하고 있다. 이에 따라 병음방안은 웨이드식에 비해 매우 간결한 체계로 정리되었다. 그러나 25개의 로마자로는 중국어의 모든 음소를 표기할 수 없으므로 자음의 경우 'zh, ch, sh, ng, er'과 같이 5종의 복합자모를 사용하며, 모음의 경우에도 이중모음 및 3중모음의 표기를 위해 복합자모를 사용한다.

3.2.3. 특수부호 사용 제한

자음표기에서 로마자 이외의 특수부호를 사용하지 않는다. 웨이드식은 유기음을 나타내기 위하여 ' '(aphostrophy)를 사용하였으나 병음방안은 표기문자를 조정하여 이를 없앴다. 예를 들면 웨이드식이 p 와 p'로 구분하던 것은 병음방안은 b와 p로 구분하고 있다.

그러나 모음의 표기에는 원순성을 나타내는 ' ″'(Umlaut)와 설전음 e와 설면음 ê를 구별하기 위한 부호(^)를 사용하였다.

4. 일본의 로마자표기법

4.1. 표기법의 변천[15]

한국이나 중국의 경우와 마찬가지로 일본어의 로마자표기도 서양인

---

15) 이 항의 기술은 강인선(1993, 1997), 김명식(2000) 등을 주로 참고하였다.

선교사들에 의하여 시작되었다. 16세기말 일본에 건너온 포르투칼 선교사들에 의하여 시작된 일본어의 로마자표기는 18세기 말 네덜란드 학자들에 의하여 소위 「蘭學」이 왕성하게 일어나면서 체계적으로 정리되기 시작하였다.

일본어의 로마자표기로 가장 먼저 체계화 된 것은 소위 '헵번식'이라고 불리는 방식이다. 이는 James Curtis Hepburn이 1886년 펴낸 일영사전인 『和英語林集成』의 제3판에서 쓰기 시작한 것으로[16] 자음은 영어 발음대로, 모음은 이태리어의 모음을 중심으로 표기하였다. 이 방식은 그후 몇 차례의 개정을 거치게 되는데, 구체적인 표기방식의 변화는 이루어졌으나 자음과 모음을 각각 영어와 이태리어 발음 위주로 한다는 원칙만은 현재까지도 지속되고 있다. 헵번식은 발음위주의 표기법 (transcription)인데 1908년에 현대음에 맞게 새롭게 개정되어 인명, 지명, 철도역명 등에 널리 사용되기 시작하였고 현재도 여전히 사용되고 있다. 이를 '표준식' 또는 '개정 헵번식'이라고 한다.

그러나 한국에서의 로마자표기에 관한 논쟁과 마찬가지로 일본에서도 표음주의 표기법인 헵번식에 대해 강한 비판이 제기되었다. 그 비판의 요점은 표음주의 표기의 경우 정확한 발음을 모르면 정확히 표기할 수 없다는 것이었다. 특히 방언 사이에 나타나는 음운적 차이를 해소하는 것이 어려워 표기상의 통일이 이루어지지 않았다는 것이다. 이에 따라 일본의 전통적인 오십음도에 기초한 형태주의 표기법(transliteration)인 '일본식' 표기법이 1886년 다나카다테 아이키치(田中館愛橘) 등에 의하여

---

16) 헵번이 이 방식을 창안한 것은 아니다. 1885년 가이야마(外山正一), 챔벌린 등에 의해 조직된 '羅馬字會'가 발표한 '로마자로 일본어를 쓰는 방법'을 헵번이 사전 편찬 시 처음으로 적용한 것이다.

창안되었다. 그러나 이 방식도 자음과 모음의 표기 기준은 헵번식과 마찬가지로 각각 영어식과 이태리어식을 따랐다.

그후 標準式과 日本式의 두 가지 표기법은 서로 주도적 입장을 차지하기 위한 갈등을 계속하게 된다. 특히 철도 역명의 표기를 둘러싸고 양쪽의 의견대립과 공방이 극심하였다. 20세기에 들어 정부와 군부의 여러 기관이 점차 일본식을 따르는 경향이 강해지는[17] 반면 여전히 헵번식을 고수하는 기관이[18] 있어 일본 내부에서조차 이에 대한 통일이 이루어지지 않자, 급기야 1928년 만국지리학회는 일본정부에 대해 일본 지명의 표기를 통일해 달라는 청원을 하기까지 이르렀다. 그러나 이에 아랑곳하지 않고 일본 내부의 혼란이 지속되는 가운데 1937년 일본식을 보완한 소위 훈령식이 내각 훈령으로 공표되었다. 이는 일본정부에 의하여 공식적으로 채택된 최초의 로마자표기법으로 이에 따라 초중등학교의 로마자 교육의 규범이 확립되고 표기법이 하나로 통일되어 가는 듯하였다. 그러나 이러한 경향은 1945년 제2차 세계대전의 종전과 더불어 또 한 차례의 변화를 겪게 된다. 종전 후 일본에 진주한 연합군 사령부는 일본 지명 표기를 '훈령식'에서 종전의 '표준식'으로 바꾸도록 하고 철도의 역명을 모두 이에 맞추어 바꾸었다. 이는 표음주의를 채택하는 표준식이 훈령식에 비하여 서양인들의 언어 관습에 더욱 편리하였기 때문이다. 이러한 상황은 미군이 한국에 진주한 이후 표음주의 표기법인 M-R을 사용한 것과 같은 맥락에서 이해하여야 한다.

일본의 현행 로마자표기법은 이러한 혼란을 겪은 후인 1954년 '내각

---

17) 1913년 중앙기상대, 1917년 육군성 육지측량부, 1922년 해군 수로부 등이 지명 표기에 일본식을 채택하였다.
18) 1927년 철도성은 철도게시규칙을 만들어 역명을 헵번식으로 쓰기로 결정하였다.

고시'로 공포되었다. 이 안은 일본식을 수정한 훈령식을 기본으로 하고 그와 차이가 나는 표준식을 추가로 인정하는 방식을 취하고 있다. 1954년 내각고시 제1호로 공포된 표기법의 머리말은 다음과 같다.

1. 일반적으로 국어를 표기할 경우는 제1표에 올린 철자법에 의한 것으로 한다.
2. 국제적 관계, 그 외 종래의 관례를 갑작스럽게 바꾸기 어려운 사정이 있는 경우에 한하여 제2표에 올린 철자법에 의해도 지장 없다.
3. 전 2항의 어떤 경우에 있어서도 대충 첨서를 적용한다.

그리고 이에 따른 제1표는 다음과 같다.[19]

a	i	u	e	o			
ka	ki	ku	ke	ko	kya	kyu	kyo
sa	si	su	se	so	sya	syu	syo
ta	ti	tu	te	to	tya	tyu	tyo
na	ni	nu	ne	no	nya	nyu	nyo
ha	hi	hu	he	ho	hya	hyu	hyo
ma	mi	mu	me	mo	mya	myu	myo
ya	(i)	yu	(e)	yo			
ra	ri	ru	re	ro	rya	ryu	ryo
wa	(i)	(u)	(e)	(o)			
ga	gi	gu	ge	go	gya	gyu	gyo
za	zi	zu	ze	zo	zya	zyu	zyo
da	(zi)	(zu)	de	do	(zya)	(zyu)	(zyo)
ba	bi	bu	be	bo	bya	byu	byo
pa	pi	pu	pe	po	pya	pyu	pyo

19) ( )에 표시된 것은 거듭 나타난 경우이다.

그리고 제2표는 다음과 같다.

<pre>
sha   shi   shu   sho
                tsu
cha   chi   chu   cho
                fu
ja   ji   ju   jo
di du dya dyu dyo
kwa
gwa
                        wo
</pre>

여기에 규정된 제1표는 종래의 훈령식을 그대로 따른 것이다. 즉 음절문자인 가나의 특성을 반영하여 동일 음절행에 사용된 자음의 경우 소리의 변화를 인정하지 않고 동일 로마자로 표기하는 전자법의 원칙을 따른 것이다.

제2표는 표준식과 일본식을 혼합한 것인데 모두 9행 가운데 위의 5행까지 14자는 표준식 표기이고, 아래 4행의 8자는 일본식 표기로 국제적 관례나 관습상 굳어진 경우에는 이들을 사용할 수 있도록 예외조항을 인정한 것이다.

그리고 일본어에 존재하는 특수한 음성형식인 하네루온(撥音)과 쓰마루온(促音) 등의 표기를 위하여 다음과 같은 부가조항을 두고 있다.

1. 撥音 「ン」 모두 n으로 쓴다.
2. 撥音을 나타내는 n과 다음에 오는 모음자음 또는 y와를 떼어 낼 필요가 있는 경우에는 n 다음에 ′를 넣는다.
3. 막힌음은 최초의 자음자를 겹쳐서 표기한다.

    4. 장음은 모음자의 위에 ^를 붙여 표기한다. 또한, 대문자의 경우
       는 모음자를 나열해도 좋다.
    5. 특수음의 표기법은 자유롭게 한다.
    6. 문의 서두, 및 고유명사는 어두를 대문자로 쓴다. 또한, 고유명
       사 이외의 명사의 어두를 대문자로 써도 좋다.

    결국 현행 방식은 훈령식 원칙 위에 표준식과 일본식의 예외를 인정하여 가미한 결과 일관되게 통일된 방식이라고는 할 수 없다. 그 후 이 방식은 1989년 9월 국제표준기구(ISO)에 의하여 국제규격(ISO 3602)으로 공인되어 사용되고 있다.

4.2. 표기법의 특징

현재 사용되고 있는 표기법의 특징을 살펴보면 다음과 같다.

4.2.1. 전자법 원칙

    현행 표기법은 형태주의 표기법인 전자법(transliteration)을 원칙으로 하고 있다. 그러나 표준식의 표기법을 일부 수용하여 사용자로 하여금 선택할 수 있도록 하여 절충적인 형태가 되고 말았다. 그런데 1945년 이후 일본에서는 발음을 정확히 표기해 내지 못하는 정서법에 대한 논란이 시작되어 결국 1986년 현대음에 기초한 새로운 정서법이 등장하게 되었다. 그리하여 철자법이 일본어 표음 위주의 것이 되므로 해서 일본어 로마자표기법은 전자법이면서 기본적으로는 전사법의 기능을 갖게 된 것이다.

4.2.2. 표기자 우선 원칙

현행 표기법은 훈령식을 바탕으로 만들어졌기 때문에 일본어의 음성 조직을 나타내는 데는 유리하나 영어를 비롯한 외래어로의 환원에는 불완전한 측면이 있다. 이는 로마자표기법을 채택하고 있는 언어사회에 공통되는 갈등으로 표기주체의 편의를 우선하느냐, 표기수용자의 편의를 우선하느냐 하는 문제에 지나지 않는다. 일본의 로마자표기는 이러한 갈등의 사이에서 표기자의 편의를 우선시하는 체계를 선택한 것이다.

4.2.3. 특수부호의 사용

현행규정은 부가조항에 의해 필요한 경우 로마자 이외의 특수부호를 사용하도록 허용하고 있다. 표기에 허용되는 특수부호는 2항의 撥音과 후행모음을 구분하여 음절을 나누는 경우(')와 4항의 장모음을 표기하는 경우(ˆ)로 이들은 훈령식에서 이미 제정되어 사용되던 것들이다. 다만 사용된 특수부호만이 달라졌을 뿐이다. 다음에 표기방식을 예로 들어 보인다.

	훈령식	현　행
음절경계표시	Okāsama, Kyūsyū, Ōsaka	Okâsama, Kyûsyû, Ôsaka/Oosaka
장음표시	hin-i, kin-yōbi, Sin-ōkubo	hin'i, kin'yôbi, Sin'ôkubo/Shin'ôkubo

5. 결론

위에서 살펴본 한·중·일 삼국의 로마자표기법의 특징을 간추려 결론으로 삼는다. 첫째 세 나라의 로마자표기법은 모두 시기적으로 다소간의 차이가 있으나 대체로 18세기말 서양 선교사들에 의하여 본격적으로 시작되었다. 즉 로마자표기는 현지인들의 필요에 의해서가 아니라 유럽인의 선교적 차원에서 이루어졌다는 것이다. 그후 일본은 일찍이 세계 외교무대에 참여하면서 이 문제에 대해 능동적인 자세를 보여 20세기 초반 스스로 표기법을 정리하고 있음에 비하여 중국과 한국이 공식적으로 정부차원의 표기법을 제정한 것은 제2차 세계대전 이후에야 이에 관심을 기울여 시기적으로 다소 늦게 출발하였음을 알 수 있다.

한편 중국과 일본 그리고 북한까지도 각각 1958년과 1954년, 1956년에 공식적인 표기법을 제정한 이후 50여 년 동안 한 가지 표기법을 사용하고 있음에 비해 한국은 1948년 이후 현재까지 모두 4차례에 걸쳐 표기법을 바꾸어 왔다. 이는 어떤 표기방식을 채택하더라 음성현실과 문자의 대응이 완전할 수 없는 로마자표기법의 성격에 비추어 볼 때 한국의 언어정책이 상당한 문제를 지니고 있음을 알 수 있다. 그리고 이와 같은 잦은 표기법의 변경이 결과적으로는 사회적으로 로마자표기법을 정착시키지 못하고 만 결과를 초래한 것이다.

둘째, 표기법의 원칙은 한국과 중국은 전사법(Transcription)을, 일본은 전자법(Transliteration)을 원칙으로 하고 있다. 중국은 일관되게 전사법 원칙을 고수하고 있는 반면 한국과 일본은 이 두 가지 원칙 사이에서 몇 차례 변천을 경험하고 있고, 현행 표기법도 각각 전자법과 전사법을 예외적으로 인정하고 있다. 이는 각국의 음운구조와 문자구조의 특성에 의한 것으로 한자는 음성을 실현하는 기호가 아니므로 근원적으로 전자법체계를 수용할 수 없는 구조이다. 그러나 한글과 가나는 음소문자와 음절문자의 속성 상 음성실현이 가능한 기호이기 때문에 이 두 가지 원칙 사이에 갈등을 빚을 소지를 안고 있다.

한국이 전사법을 채택한 것은 표기 대상을 한글이 아닌 한국어임을 분명히 한 것으로, 표기자에게는 다소 어려움이 발생할 수 있으나 외국인의 한국어 복원력을 높이기 위한 목적으로 채택된 것이다.

셋째, 중국과 일본의 로마자표기법은 현재 국제표준기구(ISO)에 등록되어 국제표준으로 채택되었다. 그러나 한국의 로마자표기법은 남북한 간의 입장 차이로 인해 아직 국제표준으로 인정받지 못하고 있다.[20] 남북한 간에 가로놓인 몇 가지 문제를 해결하여 단일한 표기법을 국제표준으로 만들어 가는 일이 매우 시급한 과제이다.

넷째, 각국은 일 음소 일 문자 원칙을 지키기 위해 노력하고 있다. 그러나 각국의 음운구조의 특성 및 여타 사정으로 정확히 지켜지지 않고 있다. 일본의 경우는 이 원칙이 잘 지켜지고 있다. 그러나 한국의 경우 종래 표기법은 비교적 이를 잘 지켰으나 현행 표기법은 정보기기의 사용 편리를 위하여 이를 포기하였고, 중국은 다양한 복합음운으로 인해 아직도 소수의 복합자모를 사용하고 있다.

이상에서 한국과 중국, 일본 세 나라의 로마자표기법에 대해 살펴보았다. 그러나 이 글은 표기법의 규정을 중심으로 한 원리적인 측면에

---

20) 이에 대하여는 정경일(2002)를 참조할 것.

대한 고찰만 진행하였다. 로마자표기에 대한 실질적인 고찰은 인명과 지명 등의 표기에 관한 구체적 내용과 각국의 표기자들이 과연 이들 규정을 얼마나 준수하고 있는지에 대한 실제적인 고찰이 이루어져야 할 것이다. 이에 대하여는 다음 기회의 과제로 남겨두기로 한다.

로마자표기의 과제

번역표기의 일관성과 로마자표기

1. 서론

이 논문은 한국문화를 비롯한 한국 관련 사항을 외국어로 번역하여 표기할 때 나타나는 고유명사 표기의 일관성을 보장하기 위한 방안 고찰의 일환으로 국어의 로마자표기와 번역표기의 관계에 대하여 살펴보고자 작성하였다.

번역이란 다른 언어권 사이에서 이루어지는데 원저자가 사용한 원천언어의 기호가 두 언어를 사용할 줄 아는 번역가를 통해 목표언어와 등가를 갖는 기호로 전환되는 과정과 결과물을 말한다.(허명수, 2003)

이때 중요하게 생각해야 하는 것이 원천언어의 고유명사들을 목표언어에서 어떻게 표기하는가이다. 고유명사는 일반명사와 달리 문맥에 따른 의미변화를 일으키지 않으면서 자신이 지시하는 고유의 의미를 드러내야 한다. 이때 동일한 원천언어의 고유명사가 번역자에 따라 달리 표기된다면 목표언어의 독자들은 고유명사의 동일성에 대해 혼란스럽게 여기게 되고, 원천언어의 문화적 정체성 확립에 부정적 영향을 주게 될 것이다.

한국 사회에서 일반적으로 번역은 '외국어 → 한국어'로의 과정을 의미한다. 그러나 한국문화 또는 한국문학의 세계적 확산과 위상 제고를 위해서는 '한국어 → 외국어'로의 과정이 활발해져야 하고 실제로 활발하게 진행되고 있다.

고유명사의 경우에는 번역과정에서 의미번역이 이루어지지 않고 음성번역만 이루어지므로 목표언어의 표기방식이 중요한 고려의 대상이 된다. 외국어를 한국어로 변환할 때 적용되는 한국어 표기의 규범은 <외래어표기법>이다. 그리고 한국어를 외국어로 변환할 경우에는 <국어의 로마자표기법>이 적용된다. 이들이 우리 언어규범으로 제정되어 있는 이유는 번역과정에서 나타날 수 있는 표기상의 다양성과 이로 인한 문화적 정체성의 혼란을 피하기 위함이라고 할 수 있다.

이 논문에서는 이런 관점에서 한국어를 외국어로 옮겨 적을 때 적용되는 로마자표기법의 문제를 번역의 관점에서 고찰하고자 한다. 이를 위해 한국문학작품의 외국어 번역에 나타난 작가명 표기의 실상을 검토하고 이를 <국어의 로마자표기법>[1]과의 관련성 속에서 살펴보고자 한다.

---

1) 이하 '로마자표기법'이라 부름.

2. 번역의 관점에서 본 로마자표기

2.1. 외래어표기와 로마자표기

외래어표기법과 로마자표기법은 모두 번역의 관점에서 고찰할 수 있다. 일반적으로 번역은 문장이나 텍스트를 단위로 하여 이루어진다. 그러나 외래어표기나 로마자표기는 이들을 단위로 하지 않고 개별 단어 그중에서도 주로 고유명사를 대상으로 하여 이루어진다.

유명우(2000)는 번역과 외래어의 관계에 대해 논하면서 외래어는 번역학의 입장에서 보면 외국어의 음성번역(Phonetic Translation)이라고 정의하였다. 음성번역은 마땅한 의미번역이 없는 상황에서 외국어를 받아들이는 가장 손쉬운 방법이라는 것이다. 그는 번역의 단계를 다음의 3단계로 요약하였다.

> 1) 원어차용(Zero Translation) : 원어를 그대로 쓰는 경우 – Sports
> 2) 음성번역(Phonetic Translation) : 외래어 – 스포츠
> 3) 의미번역(Phonetic Translation) : 일반적 번역 – 운동, 체육

외래어표기와 로마자표기는 모두 위의 세 단계 가운데 제2단계 즉 음성번역 단계의 기능을 수행한다. 그러나 이들이 관계하는 원천언어와 목표언어는 상이하다.

외래어표기법은 다양한 외래어를 한국어로 표기하기 위하여 만들어진 규범이다.[2] 반면 로마자표기법은 한국어를 로마자로 표기하기 위하

---

2) 일반적으로 외래어는 외국어에 기반을 두고 국어에 유입된 이후 국어 어휘체계에 정착된 어휘를 말한다. (김세중, 1998 ; 송철의, 1998) 그러나 외래어와 외국

여 제정된 규범이다. 이들 규범 사이의 가장 큰 차이점으로 필자는 다음의 두 가지를 생각한다. 첫째는 개별 외국어의 독자성 인정여부이고 두 번째는 표기법의 표기자와 수용자의 관계이다.

2.1.1. 외국어의 독자성 인정여부

먼저 개별 외국어의 독자성 인정여부에 대해 살펴보자. 외래어표기법은 다양한 외국어를 한국어로 변환하는 과정에서 개별 외국어의 독자성을 인정하고 있는데 반해 로마자표기법은 한국어를 다양한 외국어로 전환할 때 해당 외국어의 특성을 고려하지 않는다는 점이다.

예를 들어 알파벳 'g'로 표기된 경우 일반적으로 한국사회에서는 'g'에 대응되는 한국어의 음소는 'ㄱ'으로 인식하고 있다.[3] 그런데 에스파냐어의 경우 모음 앞에 있는 'g'는 'ㄱ/ㅎ'으로 발음되므로 외래어표기법은 이를 표기에 반영하도록 규정하고 있다.[4]

4) ㄱ : ganga 강가   ㅎ : geologia 헤올로히아

또 폴란드어에서는 'g' 가 자음 앞이나 어말에 사용된 경우 'ㄱ/ 그/ 크'로 표기된다.

어를 엄격하게 구분하는 것은 매우 어렵다. 이 글은 논의의 초점이 번역에 있으므로 외래어와 외국어를 구분하지 않고 외국어로 통칭하고자 한다. 다만 어문규범을 논하는 자리에서는 불가피하게 외래어라는 용어를 사용하고자 한다.
3) 때로는 'g'를 'ㅈ'으로 인식하는 경우도 있다. 이는 영어의 'geography, geometry' 등으로부터 영향을 받은 것이다. 이와 같이 알파벳의 음가에 대한 한국 사회의 인식은 대부분 영어 음운체계의 영향으로 형성되어 있다.
4) 이 부분의 논의에 제시된 예들은 <외래어표기법>의 제2장 표기일람표에서 가져왔다. 이하 모두 같다.

5) ㄱ : góra 구라   그 : grad 그라트   ㅋ : targ 타르크

스웨덴어의 경우는 더욱 다양하게 나타난다. 'g'가 모음 앞에 있을 때
는 'ㄱ/이'로 표기된다.

6) ㄱ : Gustav 구스타브, helgon 헬곤
   이 : Göteborg 예테보리, Geijer 예이예르, Gislaved 이슬라베드

그러나 자음 앞이나 어말에 사용된 경우에는 '이/ㅇ/ㄱ/그'로 다양한
변이형을 보인다.

7) 이(lg, rg) : älg 엘리, Strindberg 스트린드베리, Borg 보리
   ㅇ(n 앞) : Magnus 망누스, Ragnar 랑나르, Agnes 앙네스
   ㄱ(무성음 앞) : högst 획스트
   그 : Grönberg 그뢴베리, Ludvig 루드비그

또 'r'로 표기된 경우 일반적으로는 한국어의 'ㄹ'로 대응되어 표기되
나 포르투칼어에서는 'r'이 모음 앞에 있을 때는 'ㄹ/ㅎ'으로 대응되어
표기된다.

8) ㄹ : Freire 프레이르   ㅎ : Rodrigues 호드리게스

그러나 로마자표기법은 한국어를 표기규정에 맞게 표기한 뒤에는 그
것이 각각의 외국어에서 어떻게 발음되는지에 대해서는 관심을 두지
않는다. 현행 로마자표기법은 중립적 표현인 '로마자'를 표기 수단으로

한정하고 있으나 일반 언중들은 물론 대부분의 어문 전문가들도 로마자의 실체를 정확히 인식하지 못하고 있다. 로마자는 라틴어에서 비롯되어 현재 사용되고 있는 영어, 독일어, 불어, 이태리어, 스페인어 등 대부분의 유럽 언어를 표기하는 문자이다. 그렇기 때문에 오히려 명확한 실체를 파악하기가 어렵다. 다시 말하면 번역의 관점에서 볼 때 원천언어는 한국어가 분명하나 목표언어가 무엇인지가 뚜렷하지 않기 때문에 사회적으로 일치된 표기법의 생성이 어렵다는 것이다. 실제로 현행 로마자표기법은 독일어, 불어, 폴란드어 등 많은 유럽언어들에 사용되고 있는 특수부호들을 사용하지 말도록 규정하고 있다.5) 이로 인해 일반적으로는 '로마자'가 아닌 '영어'표기로 인식되어 있는 것이 현실이다.

이런 결과 동일한 로마자표기가 실제로 발음될 때에는 외국어마다 다르게 나타나기도 하며 이로 인해 한국어가 왜곡되는 현상이 빚어지기도 한다. 예를 들어 한국어의 'ㅈ'은 'j'로 표기하도록 규정되어 있다. 그러나 'j'는 유럽의 많은 언어권에서 자음이 아니라 반모음으로 인식된다. 이에 따라 노벨 평화상 수상자인 한국의 'Kim Dae Jung' 대통령은 스웨덴식 발음으로는 '김대융'이 되는 일이 벌어졌다.

---

5) <국어의 로마자표기법> 제1장 제2항은 "로마자 이외의 부호는 되도록 사용하지 않는다."고 규정하고 있다. 그러나 이 규정은 중대한 오류를 범하고 있다. 여기서 말하는 로마자 이외의 부호란 예를 들어 그리스어의 'Ῐ, Ÿ, ά, ὃ, Ἄ, Ὑ' 등이나 러시아어의 'Ç, v̆, Й' 등에 사용되는 일반적인 알파벳 이외의 부호를 의미한다. 그러나 이들은 부호가 포함된 상태에서 해당언어의 음운표기를 위해 사용되는 만큼 이 자체도 로마자로 불러야 옳다. 많은 로만언어(Roman Language) 가운데 이러한 특수부호를 사용하지 않는 언어는 영어, 이탈리아어 정도에 불과하다.

2.1.2. 표기자와 수용자의 관계

외래어표기는 표기자와 수용자가 모두 한국인이다. 그러므로 외래어 표기가 해당 외국어와 발음이 일치하지 않는 경우가 발생한다고 해서 한국인 사이의 소통에 장애가 발생하지는 않는다.6)

반면 로마자표기의 표기자는 한국인이고 수용자는 외국인이다. 한국인끼리는 굳이 로마자를 이용한 표기가 불필요하다. 그러므로 로마자표기는 외국인이 쉽게 이해할 수 있는 표기가 되어야 한다. 특히 로마자표기의 중요한 원칙인 환원성이라는 측면에서 볼 때 외국인이 해당 표기를 통해 한국어 화자와 가장 유사한 한국어 발음을 구현해 낼 수 있도록 표기가 이루어져야 한다. 원론적으로, 그렇게 되기 위해서는 각각의 외국어의 특성에 맞는 로마자표기법을 개발해야 한다. 그러나 이는 실제적으로 불가능하다. 왜냐하면 그것은 외국어표기이지 로마자표기가 아니기 때문이다. 게다가 불특정한 외국인을 대상으로 수많은 표기법을 만들어 사용할 수도 없다. 그렇기 때문에 현행 로마자표기법은 다양한 외국인에게서 달리 발음될 수 있다는 한계를 인정하면서도 현실적인 고려에 의하여 수용자인 외국어의 특성을 고려하지 않고 하나의 표기법만을 규정하고 있다.

---

6) 최근 외국어의 정확한 표기가 이루어지지 않아 외국어 학습은 물론 외국인과의 소통에 장애가 발생한다는 의견이 있고 이를 해소하기 위하여 외국어를 외래어 표기법이 아닌 정확한 외국어발음으로 표기해야 한다는 주장이 제기되고 있다. 그러나 이는 외국어와 외래어의 개념규정의 혼선으로 빚어지는 오해이다. 외래어 표기법은 한국어 체계에 동화된 외래어를 대상으로 하는 표기법이다.

2.2. 로마자표기법의 한계

주지하는 바와 같이 로마자표기의 주요 대상은 고유명사이다. 그러나 고유명사라도 단어의 구조적 특성에 따라 어휘요소의 일부가 음성 번역으로 그치지 않고 의미번역이 되는 경우가 있다. 다음에 지명의 경우에서 몇 가지 예를 『로마자표기 용례사전』에서 들어 보자.[7]

   9) 호수, 저수지
      Baegun lake (백운 호수)   Junam reservoir (주남 저수지)
  10) 폭포
      Guryong falls (구룡 폭포)   Cheonjeyeon falls (천제연 폭포)
  11) 동굴
      Gossi cave (고씨 동굴)   Cheondong cave (천동 동굴)
  12) 다리
      Mapo bridge (마포 대교)   Wonhyo bridge (원효 대교)

일정한 어휘 요소를 의미역으로 표기하는 것은 수용자인 외국인에게 해당 명사가 지시하는 대상의 성격을 분명히 하기 위한 것이다. 대표적인 예로 관광 안내 표지를 살펴보면 이와 같은 이유를 충분히 이해할 수 있다. 한국관광공사의 홈페이지에 나타난 경주 지방 관광지의 지명과 각종 문화재 표기를 예로 들어 보자. 외국인 관광객에게 한국 문화

---

7) 국립국어연구원이 2000년 7월 새로운 로마자표기법의 고시와 함께 펴낸 『로마자표기 용례사전』은 「일러두기」의 11항 표기 세칙의 2조에서 보통명사를 영어 단어로 번역하여 표기하는 문제에 대해 일정한 원칙을 제시하고 있다. 즉 '한라산', '금강' 등 한글 표기에서 붙여 쓰는 표제어는 하나의 고유명사로 보아 전체를 로마자로 옮긴다고 하였다. 그러나 한글 표기에서 띄어 쓰는 표제어는 보통명사 부분에 대해 실용상의 편의를 위해 널리 통용되는 영어로 번역하여 쓰도록 하고 있어 어휘의 구조에 따른 의미번역을 인정하였다.

유적에 대한 정보를 제공하고 있는 이 공사의 홈페이지에 나타나 있는 로마자표기는 표기법의 규정에 맞추어 명사 전체를 표기한 뒤, 이 경우 발생할 수 있는 의미 파악의 어려움을 해소해 주기 위하여 해당 문화재의 성격을 나타내는 일반명사를 다음과 같이 고유명사 뒤에 병기하고 있다.

13) Bulguksa Temple (불국사) Seokguram Grotto (석굴암)
　　Anapji Pond (안압지) Cheomseongdae Observatory (첨성대)
　　Cheonmachong Royal Tomb (천마총) Poseokjeong Pavilion (포석정)

이들 표기는 'Bulguksa', 'Seokguram', 'Anapji' 등 해당 명사의 표기 이외에 'Temple, Grotto, Pond, Observatory, Royal Tomb, Pavilion' 등 문화재의 성격을 드러내는 일반 명사를 표기하여 외국인에게 편의를 제공하고 있다. 이는 로마자표기법의 규정에는 배치된다. 그러나 문화 간 소통과 교류를 위한 불가피한 방편으로 이해된다.

『로마자표기 용례사전』이 표기 세칙에서 어휘요소의 일부를 영어로 번역하여 표기할 수 있도록 한 것도 이와 같은 취지인 것으로 보인다. 그러나 그 표기 대상을 '한글 표기에서 띄어 쓰는 표제어'로 제한하고 있는 점이 문제의 소지가 된다. 이 규정에 따르면 '한강 대교'와 '한강교'의 표기 방식이 달라진다. '한강 대교'의 경우 'Hangang bridge'로 표기하도록 하고 있는데, 이는 '대교'라는 한국어 형태소의 의미가 'bridge'임을 신속히 이해시키기 위함이다. 그러나 동일하게 'bridge'의 의미를 지니는 '한강교'는 한글로 표기할 경우 띄어 쓰지 않았기 때문에 'Hanganggyo'라고 표기하도록 규정하고 있는데, 과연 우리 로마자표기를 읽는 외국

인들이 이 표기에서 'bridge'의 의미를 파악해 낼 수 있을까8)? 이 부분
이 로마자표기가 갖는 번역상의 한계점이다.

3. 번역의 인명표기와 일관성

3.1. 일관성이란?

번역은 상호 이질적인 문화의 접촉 과정에 나타나는 소통의 장애를
넘어 문화 간의 소통과 이해, 교류를 위한 표기의 변환과정이다.
　따라서 번역에서 중요한 것은 접촉되는 두 문화의 특성이 훼손되지
않으면서 온전히 다른 문화권으로 전해져야 한다는 점이다. 이 점에서
번역의 양 측면 텍스트 즉 원천언어 텍스트(Source Language Text)와 목표
언어 텍스트(Target Language Text) 사이의 등가성이 중요하다. 번역에서
등가관계란 역어의 내용, 형태, 문체, 기능 등이 원어의 그것들과 일치
할 때 성립되는 것이다. 물론 이때 완전한 일치를 본다는 것은 그리 쉽
지 않은 일이지만, 대체로 등가개념의 기준은 일반적으로 형식적인 유
사함보다는 언어표현 관계나 그 외적 요인에 기초를 둔다. 그러나 등가
개념을 객관적으로 정확히 정의하는 일은 매우 어렵다. 왜냐하면 등가
개념 자체가 번역, 텍스트, 독자의 특수성 등에 연관되어 있고, 등가성

---

8) 물론 이에 대해 관광 목적 등 일시적인 체류자가 아닌 장기적인 체류자의 경우
　는 한국 생활을 통하여 그 의미를 알 수 있을 것이고 또 외국인으로 하여금 의
　미파악이 가능하도록 교육하여야 한다는 주장도 제기되어 있고 나름대로 일리
　는 있다. 그러나 동일한 의미를 지닌 어휘를 형태적 관점에서 표기를 달리하는
　것은 재고할 필요가 있다.

립 기준도 기준에 따라 다를 뿐 아니라 객관적 기준이 없으므로 등가어 선정은 번역가의 선택에 달려 있다.(김효중, 1998 : 212)

등가어 즉 정확한 번역어의 선택이 번역가의 주관적 판단에 따른 것임은 재론의 여지가 없다. 그러나 본 논문이 주목하는 고유명사는 상황이 다르다. 일반명사와 고유명사는 번역의 기제가 다르기 때문이다. 앞서 논의한 바와 같이 외국어는 번역학의 입장에서 보면 음성번역(Phonetic Translation)의 단계에 있다. 음성번역은 마땅한 의미번역이 없는 상황에서 외국어를 받아들이는 가장 손쉬운 방법이다. 일반명사는 원어차용의 단계에서 음성번역을 거쳐 의미번역의 단계로 나아가는 것이 일반적이다. 그러나 고유명사는 의미번역의 단계에 이르지 않고 음성번역의 단계에 머물게 된다.

이때 음성번역은 다음 단계인 의미번역의 단계와 달리 목표언어의 음운규칙의 적용을 받게 된다. 음운규칙의 적용을 받는다는 의미는 음성번역으로 나타난 표기는 번역가에 관계없이 동일한 형태를 가져야 한다는 점이다. 의미번역은 어휘의 기초적인 의미뿐만 아니라 그 어휘가 사용되고 있는 문맥의미를 포함한 통사론적, 의미론적, 화용론적 측면에 따라 의미해석이 달라질 수 있다. 반면 접촉하는 두 언어의 음운대응은 일정한 규칙 내부에서 이루어지기 때문에 음성번역 과정에서의 다양성은 쉽사리 일어나지 않는다고 예상할 수 있다.9)

그러나 음운규칙의 대응관계에 대해 정확히 인식하지 못한 경우 동일한 외국어에 대해 잘못 번역되어 표기되는 경우를 우리는 종종 볼

---

9) 물론 음성과 음소의 개념적 차이에서 고찰하면 외국어의 음성번역은 잘못된 표현이며 음소번역이 타당하다. 그러나 유명우의 음성번역이라는 용어를 번역과정에 나타난 음성 실현을 음소적으로 추상화 한 뒤 이를 문자로 전환한다는 의미로 해석하여 그의 용어를 그대로 사용하고자 한다.

수 있다. 예를 들어 1960년대를 풍미했던 포르투칼의 세계적인 축구선수 Eusebio가 우리나라에 왔을 때 우리 언론은 그를 '유세비오'라고 불렀다. 그러나 얼마 뒤 그의 이름이 본국에서는 '에우제비오'라고 불린다는 사실이 알려졌고 일부 언론은 이렇게 표기하기 시작하였다. 이로 인해 우리 사회에는 동일인물에 대해 두 가지 표기가 나타나게 된 것이다. 미국의 대통령이었던 Ronald W. Reagan도 '리건'으로 불리다가 '레이건'으로, 브라질의 축구선수 Ronaldo도 '로날도'라고 불리다가 '호나우두'라고 바뀌었다. 이러한 변화는 외래어에 대한 정확한 음운대응 또는 원음을 인식하지 못함으로 해서 일어나는 혼란이다.10) 그러므로 번역의 과정에서 고유명사는 하나의 일관된 표기형을 적용하여야 한다. 필자는 이러한 특성을 일관성이라 부르고자 하는데 일관성은 동일성과 지속성이라는 두 개의 개념을 포괄하고 있는 것으로 해석한다. 동일성이란 특정 고유명사의 번역표기는 번역가에 상관없이 동일한 형태로 표기되어야 한다는 의미이며, 지속성이란 일단 표기된 형태는 통시적으로 변함없이 동일한 형태를 유지하여야 한다는 의미이다.

3.2. 번역표기의 실상

여기에서는 외국어로 번역된 문헌에 나타난 한국관련 고유명사 표기의 현황에 관해 살펴보기로 한다.

---

10) 이런 혼란을 방지하기 위하여 1991년부터 '정부언론 외래어심의 공동위원회'가 설치되어 외래어의 표준형을 정하여 보급하고 있다.

3.2.1. 국가홍보물의 표기

먼저 국가홍보물에 나타난 고유명사 표기를 살펴본다. 논의의 자료는 문화체육관광부 산하 한국해외문화홍보원(Korean Culture and Information Center)에서 발간한 한국홍보책자의 표기를 검토하였다.11) 여기에 표기된 한국관련 고유명사를 살펴보면 두 가지 양상으로 나타남을 볼 수 있다. 하나는 해당 언어의 표기 관행을 따라 상이하게 표기된 경우이고 다른 하나는 언어권에 관계없이 국어의 로마자표기법에 맞춰 일률적으로 표기된 경우이다.

해당 언어의 표기 관행에 따른 표기 가운데 대표적으로 '한국'과 '서울'의 표기를 다음 표에 제시한다.

<표 1> 국가홍보물의 언어별 '한국'과 '서울' 표기

	English	German	French	Italian	Spanish	Swedish	Indonesian
한국	Korea	Korea	Corée	Corea	Corea	Korea	Korea
서울	Seoul	Seoul	Séoul	Seul	Seúl	Seoul	Seoul

<표 17>에 나타난 언어별 '한국'과 '서울' 표기는 해당국 언어의 표기 관행을 그대로 따르고 있다. 한국에 대한 표기는 크게 Korea 표기와 Corée 표기 계열로 나뉜다. 서울도 Seoul과 Seul로 나뉜다. 이러한 표기 관행은 우리가 한국의 국호를 로마자로 표기하기 이전부터 해당 언어에서 표기해 오던 관행이기 때문에 우리가 이를 개정하여 통일된 표기

---

11) 이 책자는 영어 등 모두 11개 언어로 제작된 한국 소개 책자이다. 영어 제목은 [Welcome to Korea]이다. 표기언어는 다르나 책자의 제목과 목차, 내용, 사용된 사진 등은 모두 동일하다. 11종의 책자 가운데 일본어, 중국어, 아랍어, 러시아어로 된 책자는 로마자표기가 아니어서 논의의 대상에서 제외한다.

를 요구하기는 불가능하다.

로마자표기법에 맞춰 일률적으로 표기한 두 번째 경우의 사례는 매우 많이 나타나는데 그 중 일부를 제시하면 다음과 같다. 이들은 모든 언어권의 소개 책자에 동일하게 표기되어 있다.

1) 인명 : Sejong (세종), Lee Myung-bak (이명박)
2) 지명 : Jeju-do (제주도), Seoraksan (설악산)
3) 기타 : Taegeukgi (태극기), Mugunghwa (무궁화), Bulgogi (불고기), Hangeul(한글), Hanbok (한복), Chuseok (추석)

정부기관에서 발간하는 책자이므로 고유명사의 표기에서 로마자표기법을 준수하고 있는 점은 당연하다 하겠다. 그러면서 동시에 한국과 서울의 표기는 각 언어의 독자성을 존중하고 있음에서 번역표기의 이중성을 엿볼 수 있다.

3.2.2. 문학작품 번역의 인명표기

여기에서는 한국문학 작품을 외국어로 번역할 때 표기된 작가명의 표기양상을 살펴보기로 한다. 논의의 자료는 한국문학번역원에서 지원하여 외국어로 번역 출판된 작품으로 제한한다.12)

3.2.2.1. 여러 작가의 인명표기

먼저 2008년과 2009년에 한국문학번역원에서 지원하여 출판된 문학

---

12) 이하 한국문학번역원의 자료는 한국문학번역원 홈페이지(http://www.klti.or.kr/)의 2010.9.30일자 통계자료에 의한다.

작품의 작가명과 해당 표기언어를 다음 표에 제시한다.[13]

〈표 2〉 2008년과 2009년 지원 출판작품 작가명

년도	작가명	번역표기	목표언어	년도	작가명	번역표기	목표언어
2008	송영	Song Young	영어	2009	황석영	Hwang Sok-Yong	네델란드/ 프랑스
	이순원	Lee Sun Won	"		이상	Yi Sang	루마니아
	김혜순	Kim Hyesoon	"		김만중	Man-Jung Kim	"
	최윤	Ch'oe Yun	"		김승옥	Kim Sŭng-Ok	독일
	하근찬	Ha Keunchan	"		김선우	Kim Sun-Woo	"
	이인수	Insoo Lee	"		성석제	Sung Suk-je	"
	이성일	Sung-il Lee	"		박지원	Park Jiwon	"
	김영하	Kim Young-ha	프랑스		송기원	Song Kiwon	"
	고은	Ko Un	"		이이	YiI	프랑스
	전영애	Young-Ae Chon	독일		은희경	Eun Hee-Kyung	"
	전상국	Jeon Sang-guk	"		윤흥길	Yun Hûng-gil	스웨덴
	김훈	Kim Hoon	"		손창섭	Son Chang-sop	스페인
	윤흥길	Yun Heung Gil	스페인		김주영	Kim Joo-Young	"
	권정생	Kwon Jeong-Saeng	"		고창수	Chang Soo Ko	"
	황순원	Hwang Sun-Won	"		고은	Ko Un	이탈리아/ 영어
	박완서	Park Wan Suh	"		나희덕	Heeduk Ra	영어
	이효석	Lee Hyo-Seok	"		강경애	Kang Kyong-ae	"
	공선옥	Gong Sun-Ok	"		황순원	Hwang Sunwŏn	"
	김종길	Kim Jong-Gil	"		이태준	Yi T'aejun	"
	황석영	Hwang Sok-Yong	"		김영하	Kim Youngha	폴란드
	김춘수	Kim Chunsu	"				
	황석영	Hwang Sok-Yong	스웬덴				
	오세영	O Se-yong	"				

---

13) 2개년 간 번역된 작가 가운데 김삿갓(Kim Sakkat), 세종대왕(Le roi Sejong), 혜
경궁 홍씨(Hyegyeong-Gung Hong), 서산대사(Mistr Sosan)는 우리 고유의 인명
이라고 보기 어려워 논의의 대상에서 제외하였다.

2008년도에는 23명의 23작품이 5개 국어로, 2009년도에는 20명의 22작품이 9개 국어로 번역되었다. 그런데 번역 작품의 작가명 표기양상을 살펴보면 전체적으로 일정한 규칙이 드러나지 않는다.14)

로마자로 인명을 표기할 때 살펴봐야 할 요소는 대개 다음의 두 가지이다.

> 1) 인명 구성소의 표기
> 2) 개별 음소의 표기

인명구성소의 표기란 성(姓, Last name)과 이름(名, First Name)의 표기순서와 이름 내부의 표기방식을 말한다. 성과 이름의 표기순서에 대해 로마자표기법은 이를 우리의 전통적인 이름 구성 방식을 좇아 성과 이름의 순서로 표기하도록 규정하고 있다. 그리고 이름의 경우 하나의 단위로 간주하고 붙여 쓰도록 규정하고 있다.15) 위에 제시된 43명의 표기를 보면 표기법의 규정에 따라 '성-이름'으로 표기한 경우는 37명이고 일반적인 로마자표기를 따라 '이름-성'의 순서로 표기한 경우는 6명에 불과하다.16) 그러므로 성과 이름의 표기는 대체로 규정에 맞으며 일관성이 있다고 할 수 있다.

다음, 이름 내부의 표기는, 일반적으로 한국인의 이름을 구성하는 2개의 음절을 별도로 표기하는가 아니면 하나의 단위로 표기하는가에

---

14) 한국문학번역원에 전화로 문의한 결과 번역가들에게 인명을 비롯한 고유명사의 표기에 아무런 사전 제한조치를 취하지 않았음을 확인하였다. 즉 모든 고유명사의 표기 방식에 대한 결정은 전적으로 번역가의 재량에 맡겨져 있다.

15) 그러나 이름의 음절 사이에 붙임표(-)를 붙이는 것은 허용하고 있다.

16) 김만중(Man-Jung Kim), 나희덕(Heeduk Ra), 이성일(Sung-il Lee), 전영애(Young-Ae Chon), 이인수(Insoo Lee), 고창수(ChangSoo Ko) 외 여섯 명이 '이름-성'의 순서로 표기되어 있다.

관한 논의이다. 대상이 되는 36명의 인명 표기를17) 나누어 보면 다음과
같다.

　　　3) 이름의 각 음절을 구분하여 표기한 경우 : 4명 (11.1%)
　　　　예 : Yun Heung Gil
　　　4) 이름을 한 단위로 표기한 경우 : 10명 (27.8%)
　　　　예 : Kim Chunsu
　　　5) 이름의 음절 사이에 붙임표(-)를 표시한 경우 : 22명(61.1%)
　　　　예 : Kim Joo-Young

　3)의 경우는 한국인 인명의 각 음절을 표기하는 한자의 의미를 중시
하는 경향을 드러내는 표기 방법이다. 정경일(1997), 김혜숙(1998) 등에서
우리 인명표기에 많은 비중을 차지하고 있음이 보고되고 있다. 4)의 경
우는 2000년의 새 표기법에서 우리의 전통적인 인명의식에서 전환하여
서양식 인명구조로의 변화 즉 성과 이름을 각각 하나의 단위로 인식하
는 표기방식이다. 5)의 경우는 1984년에 고시된 로마자표기법에서 정해
졌던 방식으로 3)의 방식과 4)의 방식을 혼합 절충한 표기방식이다. 이
방식은 2000년의 표기법에서도 사용할 수 있도록 허용되어 있는데,
2008년과 2009년에 번역된 작가의 이름에 이런 표기가 가장 많이 등장
하는 것은 번역가들의 관행적 표기가 남아있었기 때문인 것으로 풀이
된다. 결론적으로 인명구성소의 표기방식은 완벽하지는 않으나 비교적
무난하게 표기법의 규정을 준수하고 있는 것으로 파악된다.
　그러나 논의의 핵심은 개별음소의 표기에 적용된 음소의 대응방식에

---

17) 43명 가운데 이상, 이이, 송영, 고은(2회), 최윤, 김훈은 이름이 1음절이므로 이
　　논의에서 제외한다.

있다. 로마자표기법의 논의에서 항상 논란의 대상이 되는 것은 자음의 경우 'ㄱ, ㄷ, ㅂ, ㅈ' 등의 장애음과 모음의 경우 'ㅓ, ㅡ, ㅜ' 등의 표기이다. 위에 제시된 인명표기에서도 이들은 다양한 표기를 보이고 있어 우리 현실에서 나타나는 로마자표기의 혼란상이 그대로 재연되고 있음을 알 수 있다. 다음에 자음과 모음의 표기양상을 표에 제시한다.18)

먼저 자음의 경우를 보자.

〈표 3〉 자음 표기에 사용된 다양한 로마자

자음	ㄱ	ㄴ	ㄷ	ㄹ	ㅁ	ㅂ	ㅅ	ㅇ	ㅈ	ㅊ	ㅋ	ㅌ	ㅍ	ㅎ
표기	k, g	n, r	d	l	m	p	s	ng	j, ch	ch, ch′	–	t′	–	h

'ㄱ'의 표기에 'k, g', 'ㅈ' 표기에 'j, ch', 그리고 'ㅊ'의 표기에 'ch, ch″가 쓰여 하나로 통일되지 않은 모습을 보이고 있다. 'ㄴ'의 표기에 'r'이 쓰인 것은 성의 경우에 두음법칙을 무시한 표기이다.19)

다음 모음의 경우를 보자.

〈표 4〉 모음 표기에 사용된 다양한 로마자

모음	ㅏ	ㅓ	ㅗ	ㅜ	ㅡ	ㅣ	ㅑ	ㅕ	ㅛ	ㅠ	ㅐ	ㅔ
표기	a	o, eo, u	o	u, ooŭ, û	eu, u	I, ee	–	yo, yu, you	–	–	ae	e

자음 표기에 비해 모음 표기는 더욱 혼란한 모습을 보인다. 로마자표기의 음소대응에서 늘 논의의 대상이 되는 'ㅓ, ㅡ, ㅜ' 등이 역시 일정

---

18) 본 발표에서는 이에 대한 자세한 논의의 장이 아니므로 개략적인 혼란상을 보여주는 것으로 마무리하고자 한다.
19) '나희덕'의 표기가 'Heeduk Ra'로 되어 있다.

한 원칙이 없이 표기되고 있다. 특히 'Son Chang-sop'처럼 동일인의 표기에서 알파벳 'o'를 한국어 'ㅗ, ㅓ'에 동시 사용하는 모습을 비롯하여 대부분의 표기 혼란은 우리 사회가 겪고 있는 로마자표기의 일반적 혼선과 맥을 같이하는 현상이다.

3.2.2.2. 동일 작가의 인명 표기

여기에서는 문학작품의 번역에서 동일 작가가 번역가에 따라 어떻게 표기되는지를 살펴보기로 한다. 논의의 대상은 한국문학번역원에서 지원하여 번역·출판된 작품 가운데 번역 작품 수가 많은 상위 5명의 표기를 대상으로 한다.[20] 상위 5명은 이문열(38작품), 조정래(38작품), 황석영(36작품), 고은(32작품), 이청준(31작품)이다. 다음에 이들 작가의 인명표기에 대해 살펴보자.

1) 이문열

이문열은 모두 38건으로 가장 많이 번역된 작가이다. 번역된 언어도 영어, 독일어, 프랑스어, 스페인어, 이태리어, 스웨덴어 등으로 매우 다양하다. 이문열의 인명표기를 다음에 제시한다.

---

20) 한국문학번역원 홈페이지의 작가별 현황 통계 참조 (2010.9.30). 각 작가별 현황에는 번역 출간된 작품, 출간 작업이 진행 중인 작품, 번역이 진행 중인 작품 등이 모두 포함되어 있다. 번역 작품의 인명 표기는 출간이 완료된 작품을 대상으로 하였다. 인명 표기는 연구자가 작품을 직접 접해보기 어려워 한국문학번역원에서 표기한 자료를 이용하였다. 본문에서는 논의의 편의를 위하여 모든 작품의 표기 전부를 제시하지 아니하고, 다른 작품의 표기와 구분되는 경우만을 예시한다.

〈표 5〉 이문열의 번역표기

번호	번역표기	작품명	번역자	표기언어
1	Yi Munyol	Der Entstellte Held	김희열 외	German
2	Yi Munyŏl	Il Figlio Dell'uomo	Andrea De Benedittis	Italian
3	Yi Munyôl	Poeten	Anders Karlsson 외	Swedish
4	Yi Mun-Yol	El invierno de quel año	Hyesun Ko 외	Spanish
5	Yi Mun-yol	Two Fold song	권경미	English
6	Lee Mun-yol	Hail to the Emperor	Sol sun-bong	English

이문열의 번역 표기는 6가지로 나뉜다. 먼저 성의 표기는 대부분 'Yi'로 되어 있다. 이는 대부분의 이씨 표기와는 동떨어진 표기이다. 일반적으로 이씨는 'Lee'로 표기한다. 'Yi'는 개인이 사용하는 예는 극히 드물다.21) 한편 이름의 표기는 대체로 일관된 모습을 보이나 세부적으로는 미세한 차이를 드러낸다. 특히 로마자표기에서 원칙적으로 금지하고 있는 특수부호를 사용하는 Yi Munyŏl, Yi Munyôl 등의 예는 해당 언어권의 독자를 염두에 둔 표기라고 판단된다. 특히 이러한 표기의 번역가 또는 번역가의 일부가 해당 언어 사용자라는 점이 주목된다.

2) 조정래

조정래도 모두 38작품이 번역된 작가이다. 아래 표에 제시된 바와 같이 그의 표기는 3가지 언어권에서 5가지로 나뉜다.

---

21) 1999년 국립국어원에서 외교부 여권과 자료를 대상으로 조사한 바에 의하면 이씨의 경우 'Lee'는 98.4%, 'Yi'는 0.9%의 표기율을 보였다.(문화관광부, 2001)

〈표 6〉 조정래의 번역 표기

번호	번역표기	작품명	번역자	표기언어
1	JO Jong-nae	La chaîne des monts Taebaek	변정원외	French
2	Jo Jong-Rae	Land der Verbannung	이기향외	German
3	Jo Jung-Nae	Terre d'exile	임영희 외	French
4	Cho Chŏgnae	Land of Exile	Rilh Marshall 외	English
5	Cho Jung-Rae	Anthology of Korean Literary	전경자외	English

조정래의 경우 성의 표기는 'Jo'와 'Cho'로 나뉜다.[22] 규정에 의하면 'Jo'가 맞다. 'ㅓ'표기에 'o, u'가 쓰이고 있는데 모두 규정과 맞지 않다. 1984년 규정에 따르면 'ㅓ'는 'ŏ'가 원칙이고 'o'가 허용되어 있었다. 그러므로 위의 표기들은 아마 예전 규정에 의한 관습적 표기로 생각된다. 'ㄹ'을 발음대로 표기한 'n'과 형태대로 표기한 'r'의 표기사례도 두드러진다.

3) 황석영

황석영은 모두 36작품이 번역된 작가이다. 그의 표기는 아래 표와 같이 4개 언어권에 8가지로 나뉜다.

〈표 7〉 황석영의 번역 표기

번호	번역표기	작품명	번역자	표기언어
1	Hwang Sok-Yong	The Ancient Garden	Jay Oh	English
2	Hwang Sok-yong	Der Gast	확인불가	German
3	Hwang Sok-Young	La route de Sampo	최미경 외	French

---

22) 여권 자료에 의하면 '조'는 'Cho'가 87.9%, 'Jo'는 10.7%의 표기율을 보인다. (문화관광부, 2001)

번호	번역표기	작품명	번역자	표기언어
4	Hwang Sok Young	Der Feme Garten	오동식 외	German
5	Hwang Sŏk-Yŏng	Il Signor Han	Andrea De Beneditis	Italy
6	Hwang, Sok-young	The Road to Sampo and Other Korean Short Stories	McHale, Brendan	English
7	Hwang Suk-Young	The Shadows of Arms	전경자 외	English
8	Hwang Seok-Yong	L'Oiseau de Molgyewol Nouvelles	김화영 외	French

황석영의 표기에서 성의 표기는 규정에 일치하며 일반적으로도 거의 대부분 이렇게 표기한다.23) 문제가 되는 부분은 'ㅓ'의 표기가 규정과 일치하지 않는다는 점이다. 다만 1984년의 규정에 의하면 'ㅓ'는 'ŏ'로 표기하는 것이 원칙이나 인쇄의 편의를 위해서는 'o'로 표기하는 것이 허용되었었다. 'ㅓ'에 대한 'ŏ', 'o' 표기를 이 규정에 따라 표기된 뒤 관습적으로 유지된 것으로 판단할 수도 있다. 그러나 'u' 표기는 근거가 없다.

4) 고은

고은은 32작품이 번역되었는데, 표기는 다음의 두 가지로만 나뉜다.

<표 8> 고은의 번역 표기

번호	번역표기	작품명	번역자	표기언어
1	Ko Un	L'Isola che canta	Vincenza D'urso	Italy
2	Ko, Un	Qu'est-ce? Poèmes Zen	노미숙 외	French

---

23) 여권 자료에 의하면 '황'은 'Hwang'이 95.4%이고 기타 'Whang', 'Hoang' 등이 나타난다. (문화관광부, 2001)

고은의 경우는 두 가지로 나뉘지만 'Ko, Un'표기는 전체 작품 가운데 1곳에만 표기되어 있으므로 실제로 모두 일관된 표기로 되어 있다고 볼 수 있다.[24)

5) 이청준

이청준의 작품은 31작품이 번역되었다. 그의 표기는 아래 제시된 표와 같이 5개 언어권에 9가지로 나뉜다.

〈표 9〉 이청준의 번역 표기

번호	번역표기	작품명	번역자	표기언어
1	Lee Chong-jun	This Paradise of Yours	장왕록	English
2	Yi Chongjun	Paradiso Cercado	고혜선 외	Spanish
3	Yi Chong Jun	Canto del oeste coreano	고혜선 외	Spanish
4	Yi Chong-jun	The Snowy Road	이현재 외	English
5	Yi Cheong-Jun	Die Weiben Kleider	양귀분 외	German
6	Yi Chŏng Jun	Your Paradise	Jeniffer M.Lee 외	English
7	Yi Chŏng-Jun	Euer Paradies	김형식 외	German
8	Yi Ch'ŏng Jun	Les Gens du Sud	김정숙 외	French
9	Yi Ch'ŏngjun	Enigmi Coreani : Il profeta e L'isola de IO	Antonetta Bruna	Italy

성의 표기는 이문열의 경우와 마찬가지로 일반적인 표기와는 다르게 'Yi'로 되어 있음이 주목된다. 그리고 앞서 논의한 바와 같이 'ㅓ'의 표기가 규정과 어긋나 있음을 볼 수 있다.

이상 살펴본 바와 같이 5명의 표기는 2종류에서 많게는 9종류까지

___

24) 여권 자료에 의하면 '고'는 'Ko'가 68.5%, 'Koh'가 18, 9%, 'Go'가 10.2%의 표기율을 나타내고 있다. (문화관광부, 2001)

다양하게 나타나고 있다. 이에 대한 분석은 앞에서 논의한 바와 동일한 맥락에서 그 혼란상이 드러난다. 특히 동일 작가에 대해 동일 언어권에서조차 다르게 표기되는 경우가 있는데 이러한 현상은 결과적으로 작가의 정체성을 저해하는 요소가 된다고 판단된다.

물론 번역과정에서 작가명을 표기할 때 가장 바람직한 것은 표기의 일관성을 위하여 목표언어와 관계없이 로마자표기법에 따라 표기를 하는 것이다. 그러나 인명에 관한 표기 특히 성의 표기는 로마자표기법에서도 현재 규정을 완성해 놓고 있지 못할 만큼 미묘하고 복잡한 문제를 내포하고 있다.[25] 따라서 일부 언론을 비롯한 우리 사회 일각에서는 인명표기에 관한 자신들만의 기준을 설정해서 표기하고 있어 이로 인해 오히려 혼란이 가중되는 사태가 빚어지기도 한다.[26]

따라서 현재 상황에서 선택할 수 있는 차선의 방법은 번역 작품의 인명 표기를 할 때 평소 해당 작가 스스로의 표기를 확인하여 따르는 방법이 가장 합리적이라고 판단된다. 물론 이 표기가 로마자표기법의 규정에 정확히 부합하는 것이라면 금상첨화이다.

---

25) 2000년 7월 개정·고시된 현행 로마자표기법은 제4항 2조에서 성씨의 표기는 따로 정하기로 하였으나 현재까지 이에 대한 아무런 결론을 맺지 못하고 있다. 또 제7항은 "인명, 회사명, 단체명 등은 그동안 써 온 표기를 쓸 수 있다."고 규정하고 있다. 이 항은 규정의 엄밀성이라는 측면에서 논란의 소지가 있는 부분이다. 그러나 현실적으로 인명표기를 일률적으로 규정하는 것이나 또는 표기의 변경을 강제할 수 없다는 점을 인정하는 규정으로 보아야 한다.

26) 예를 들어 앞에 논의한 다섯 작가의 로마자표기를 언론사의 인물DB에서 확인해 보면 언론사마다 표기가 다름을 확인할 수 있다. 다음에 작가명의 로마자표기를 조선일보 인물DB와 중앙일보 인물DB의 차례로 보인다. 이문열 : YI MUN YOUL / LEE, MOON-YOUL, 조정래 : JO JUNG RAE / JO, JUNG-RAE 황석영 : HWANG SUK YOUNG / HWANG, SUK-YOUNG 고은 : KO EUN / 표기 없음. 이청준 : LEE CHUNG JOON / LEE, CHUNG-JOON

4. 번역표기의 일관성을 위한 제언

번역표기의 일관성은 문화 간 교류에서 매우 중요하다. 손지봉(2007)에 따르면 중국에서 아편전쟁 이후 서양의 문물을 받아들이는 과정에서 대부분의 번역이 민간에서 자의적으로 진행되어 같은 서적을 여러 곳에서 번역하기도 하고 역명(譯名)을 통일하지 않아 혼란을 겪게 하였음을 알려주고 있다. 이런 상황은 동일한 시기 대표적 번역가요 사상가인 양계초(梁啓超)가 그의 저서 『논역서(論譯書)』에서 번역서의 문제점으로 인명과 지명, 물명(物名), 도량형, 기년(紀年) 등의 통일된 역명이 필요하다는 점을 강조하였다는 사실에서도(손지봉, 2007) 일관성의 중요성을 볼 수 있다.

우리 문화를 세계에 널리 알리려면 우리 문화를 드러내는 고유명사들의 번역표기 형태를 한가지로 고정시켜 국내외에 보급하여야 한다. 이것이 고정되지 않고 번역가나 글 쓰는 이의 자의적 판단에 따라 다양한 형태로 표기하게 되면 상당한 불편과 혼란을 겪게 된다. 일반명사의 경우에는 번역의 잘됨과 잘못됨이 내용 전달의 측면에서 논의되어질 수 있겠지만, 고유명사의 경우에는 일관성의 유지가 중요하다.

이를 위해 필자는 현실적으로 가능한 대안으로 다음 세 가지 사항을 제안하고자 한다.

1) 규범표기의 제정
2) 개별표기의 존중
3) 번역가에 대한 홍보와 교육

　　로마자표기의 대상은 국어 전반이지만 실제로는 지명, 인명, 단체명, 문화재명 등이 주요 대상이다. 그런데 이들은 성격상 공공적 성격을 띤 것과 사적 성격을 띤 것으로 나뉜다. 즉 지명이나 문화재명 등은 공공적 성격을 띤 것이며 그 이름을 로마자로 표기할 경우 표기의 주체는 국가나 지방자치단체 등이 될 것이다. 그러므로 이들에 대해서는 로마자표기법의 규정에 따라 일정한 표기를 제정하고 이를 널리 홍보하여 번역과정에 반영되도록 하여야 한다. 필자는 이렇게 공공적 성격을 띤 표기를 규범표기라고 부르고자 한다.27)

　　원론적으로 규범표기는 로마자표기법을 그대로 따르면 된다. 그런데 번역뿐만 아니라 도로표지판이나 문화재의 안내간판 등에서 이들 규범표기의 오류와 동일 지명에 대한 상이한 표기 등의 혼선이 존재한다. 특히 지명의 후부요소나 문화재의 성격을 나타내 주는 부분들에서 의미번역된 부분이 병기되면서 이에 대한 혼선이 빚어지고 있음을 살펴볼 수 있다. 이를 개선하기 위해서는 어문규범 담당부서와 일선 행정부서, 그리고 어문전문가를 아우르는 협의체를 구성하여 이곳에서 일정한 표기 형태를 제정하여야 한다. 그리고 논의되어 결정된 표기를 행정부나 지방자치단체에 강제하고 사회적으로 홍보하는 방안이 마련되어야 한다.

　　반면 사적 성격을 지닌 인명이나 단체, 회사, 학교 등의 명칭은 표기법의 규정에 맞지 않는 표기가 주를 이루고 있다. 현실적으로도 이들은 자신들이 그동안 사용해 온 표기를 계속적으로 사용하기를 원하며, 국

---

27) 2000년에 현행 로마자표기법이 고시된 이후 발간된 『로마자표기 용례사전』에 수록되어 있는 지명과 도로명, 문화재명 등이 바로 이에 해당한다. 그러나 현실적으로 전국의 도로나 지명 등에서 상당한 불일치가 나타나고 있다. 정경일(2006)은 이런 표기에서 나타나는 혼란상을 보고하고 있다.

가적 차원에서도 표기에 어긋난다 해서 규정에 맞추어 바꾸도록 강제할 수도 없다.[28] 필자는 이런 표기를 개별표기라고 부른다. 그렇다면 번역의 과정에서 번역가는 개인이나 개별 단체가 그동안 사용해 온 표기를 확인하고 이를 존중하여야 한다. 개인이 별도로 사용하는 표기가 있음에도 이를 사용하지 않고 번역가의 임의로 표기한다면 이는 매우 부적절한 태도이다.

마지막으로 로마자표기의 일관성에 대하여 번역가를 대상으로 하는 홍보와 교육이 이루어져야 한다. 이를 위해서 번역가 단체의 워크샵, 학술회의, 각종 홍보물 배포 등을 비롯한 다양한 방법이 사용될 수 있을 것이다. 물론 번역가의 활동 양상이 개별적인 경우가 많으므로 이러한 홍보와 교육의 기회를 만들기가 용이하지는 않으나 일관성의 중요성에 대한 공감대가 형성되면 불가능한 일도 아니라고 여겨진다.

한국어를 외국어로 번역하는 과정에서 일관성의 확보를 위해 적용할 수 있는 가장 현실적 규범은 로마자표기법이다. 그러나 앞서 논의한 바와 같이 로마자표기법은 그 자체로 많은 문제점을 안고 있다. 결코 절대선이 아니라는 의미이다.

그러나 로마자표기법을 강제하는 것만으로는 일관성을 확보하는 데에는 어려움이 있으므로 앞서 제안한 바를 포함한 다양한 논의가 이루어져 표기의 일관성이 확보되기를 기대한다.

---

28) 주 25)참조.

지명과 도로명의 로마자표기에 관한 제언

1. 서론

「국어의 로마자표기법」은 '국어'를 '표준 발음법에 따라 적는 것'을 원칙으로 하고 있다. 그러므로 이 표기의 대상은 모든 국어이다.1) 그러나 실제의 표기 대상은 국어 전체라기보다는 특정 명사가 표기의 주 대상이 된다. 「국어의 로마자표기법」(이하 '표기법'으로 표기)에 예시된 용례들을 살펴보면 주 대상이 인명, 지명, 도로명, 문화재명이나 단체명 등 명칭들임을 알 수 있다. 그런데 표기법은 인명에 대해서는 표기 방식에 대해 분명한 원칙을 제시하고 있으나 지명의 표기에 대해서는 명

---

1) '국어의 로마자표기법'의 로마자표기 원칙은 다음과 같다.
　제1장 표기의 기본 원칙
　　제1항 국어의 로마자표기는 국어의 표준 발음법에 따라 적는 것을 원칙으로 한다.
　그런데 '한글맞춤법'은 "한글맞춤법은 표준어를 소리 나는 대로 적되 어법에 맞게 함을 원칙으로 한다."라고 하여 표기 대상을 표준어로 규정하고 있다. 반면 국어의 로마자표기법은 이런 제한을 두지 않는다. 따라서 필자는 로마자표기법의 대상을 '국어' 전체로 파악하는 것이다.

문화하고 있지 않다.

표기대상이 무엇이냐에 상관없이 표기법이 '국어'를 발음대로 표기하는 것이라고 할 때 어디까지를 발음대로 표기할 것인가 하는 문제가 발생한다. 예를 들어 '돈암서원'은 'Donam seowon'으로 표기되어 있다. 그런데 '서울역'의 경우는 어떠한가? '서울역'을 표기할 경우 표기법의 원칙을 따른다면 'Seoullyeok'으로 표기해야 한다. 그러나 실제 '서울역'의 표기는 'Seoul Station'으로 되어 있다. '시청'의 표기 역시 표기법을 준수한다면 'Sicheong'이라야 된다. 그러나 전국의 모든 도시에 있는 시청은 모두 'City Hall'이라고 되어 있다.

우리가 주변에서 접하게 되는 대부분의 도로표지 또는 지명표지들은 이와 같이 일정부분을 영어로 표기하고 있다. 그렇다면 이런 표기들은 로마자표기법의 규정을 지키지 않고 있는 셈이 된다.

특정지명이나 문화재, 교량이나 터널 등과 같은 인공 구조물의 명칭을 어떻게 로마자로 표기하여야 하는가 하는 문제도 로마자표기가 직면하고 있는 가장 큰 고민거리이다. 이들을 우리 발음대로 로마자로만 표기하여야 한다는 것이 표기법의 기본 취지이다. 그러나 이렇게 했을 경우 이를 통해 한국 문화와 한국사회를 이해해야만 하는 외국인에게 이런 표기는 자칫 이해할 수 없는 암호와 같은 존재가 될 수도 있다. 특히 도로표지의 표기는 도로명 이외에 지명과 문화재명, 기관이나 단체명 등을 포함하고 있기 때문에 매우 중요한 의미를 가진다.

그러나 우리 주위에서 일상적으로 만나게 되는 도로표지들은 '표기법'이 규정하고 있는 규정과는 일치하지 않는 표기를 하고 있어서 표기법에 대한 혼선을 빚고 있다. 또 앞의 사례에서 볼 수 있듯이 우리의 표기가 과연 로마자를 이용한 표기인지 아니면 영어표기인지에 대한 근본적인 질문을 제기한다.

도로표지와 관련된 또 하나의 문제는 도로명이나 지명, 단체명 등을 표기하는 정부나 관련기관에 따라 그 표기의 기준들이 통일되어 있지 않다는 점이다. 이에 따라 다양한 표기가 나타나 로마자표기의 혼선을 빚어내고 있는 점이다.

필자는 이 글에서 현재 우리 주변에서 도로 또는 지명의 로마자표기와 관련하여 사용되고 있는 규정들에 대하여 살펴보고 이들에 나타나는 문제점을 검토하고자 한다. 검토의 대상이 되는 주요 표기규정은 다음과 같다.

1) 국어의 로마자표기법(2000. 7. 7. 문화관광부)
2) 도로표지 규칙(2005. 12. 30. 건설교통부)
3) 도로명판의 영문표기원칙(2003. 행정자치부)
4) 한글명칭 영문표기 기준(http://englishname.seoul.go.kr. 서울특별시)
5) 외국어 관광안내표기 표준화사업(2005. 12. 한국관광공사)

이 글은 이들 규정들의 특징을 검토하고 이들에 나타나는 문제점을 살펴 본 뒤 이에 대한 개선책을 제시하고자 한다.

2. 각종 규정의 표기방식

2.1. '표기법'의 표기

'표기법'은 인명에 관해서는 명문화된 규정이 있으나[2] 지명이나 기타 명칭의 표기에 관해서는 특정한 규정이 없다. 다만 용례에서 자연지물명, 문화재명, 인공축조물명은 붙임표 없이 붙여 쓰도록 하고 다음과 같은 예들을 들고 있다. 예들의 일부를 옮겨 적는다.

남산	Namsan	금강	Geumgang
독도	Dokdo	화랑대	Hwarangdae
경복궁	Gyeongbokgung	무량수전	Muryansujeon
연화교	Yeonhwagyo	불국사	Bulguksa
안압지	Anapji	남한산성	Namhansanseong

이들 용례를 통하여 볼 때 '표기법'의 원칙은 모든 지명을 지리적 특성이나 성격에 관계없이 소리나는 대로 표기하는 것이다. 즉 우리말을 소리나는 대로 적는다는 원칙을 예외없이 적용한다는 것이다.

그런데 2000년 7월, '표기법'을 공고한 직후 문화관광부와 국립국어연구원이 새로운 표기법의 홍보를 위해 펴낸 『로마자표기 용례사전』(2000. 7. 20/이하 '용례사전'으로 표기)은 고시된 표기법에 따라 우리나라의 지명과 문화재명 등 약 8, 000여 항목을 로마자로 표기하여 제시하고 있다. 그

---

2) 인명에 관한 규정은 다음과 같다. "제4항 인명은 성과 이름의 순서로 띄어 쓴다. 이름은 붙여 쓰는 것을 원칙으로 하되 음절 사이에 붙임표(-)를 쓰는 것을 허용한다.((   )안의 표기를 허용함.)"(이하 용례 및 세부조항 생략)

러므로 이 책에 실린 행정지역명이나 각종 지명, 문화재명은 가장 규범
이 되는 표기로 생각할 수 있다.

'용례사전'은 지명을 로마자로 표기하면서 대부분은 소리 나는 대로
표기한다는 원칙에 충실한 표기를 제시하고 있다. 그러나 일부 표기는
이 원칙에서 벗어나 로마자가 아닌 영어로 표기하는 사례를 찾아 볼
수 있다. 아래에 지하철 역사의 이름을 표기하고 있는 예 가운데 일부
를 보인다.

  1) 서울역　Seoul Station
     동대문운동장　Dongdaemun Stadium
     김포 공항　Gimpo Int'l Airport
     이대　Ewha Womans Univ.
     서울대입구　Seoul Nat'l Univ.[3]

  2) 시청　City Hall
     종합운동장　Sports Complex
     고속터미널　Express Bus Terminal
     정부과천청사　Government Complex Gwacheon
     경마공원　Seoul Racecourse Park
     어린이대공원　Children's Grand Park

  1)의 경우는 전체 명칭 가운데 일부는 로마자표기의 원칙을 따르고
일부는 영어로 표기한 방식이고 2)의 경우는 전체를 영어로 번역하여

---

3) 각 대학교 부근의 지하철 역사 이름은 대부분 Dongduk Women's Univ. 또는
Kyonggi Univ., Korea Univ. 처럼 각 학교의 영문표기를 사용하고 있다. 그런데
한양대학교 앞에 있는 '한대앞'역은 발음대로 'Handaeap'으로 표기되어 있다.

표기한 방식이다.

이러한 예들은 지명을 전적으로 우리 발음에 대응하는 로마자로만 표기하였을 경우, 외국인이 겪게 될 가능성이 있는 의미파악의 어려움을 덜어주기 위한 방식으로 이해된다. 이런 표기의 원칙은 무엇인가? 그리고 이런 표기가 야기하게 되는 로마자표기 원칙상의 문제점은 무엇인가?

먼저 영어 표기의 원칙에 대해 알아보자. '용례사전'은 '일러두기'의 11항, 표기세칙에서 보통명사를 영어 단어로 표기하는 문제에 대해 일정한 원칙을 제시하고 있다. 표기세칙의 2)항은 '한라산', '금강' 등 한글 표기에서 붙여 쓰는 표제어는 하나의 고유명사로 보아 전체를 로마자로 옮긴다고 하고, 다만 한글 표기에서 띄어 쓰는 표제어는 보통명사 부분에 대해 실용상의 편의를 위해 널리 통용되는 영어 번역어를 덧붙여 쓸 수 있다고 하였다.

예를 들어 계곡 표기의 경우 '무릉 계곡'은 '무릉'과 '계곡'을 각각 띄어 쓰는 경우에 해당하므로 계곡을 'valley'로 번역하여 영어로 표기한다는 설명이다. 즉 '무릉 계곡'은 'Mureung valley'로 표기한다는 것이다. 그러나 '뱀사골'과 같이 띄어 쓰지 않고 한 단어로 이루어진 명칭은 영어 단어를 표기하지 않고 로마자로만 'Baemsagol'로 표기한다는 것이다.

이런 원칙에 따라 이 용례 사전에서 보통명사를 영어로 번역하여 표기한 경우와 그렇지 않은 경우는 다음의 예들과 같다.

　　3) 계곡

　　　　Mureung valley (무릉 계곡)
　　4) 호수, 저수지

   Baegun lake (백운 호수)

   Junam reservoir (주남 저수지)

   Gyeongpoho (경포호)

   Uirimji (의림지)

 5) 폭포

   Guryong falls (구룡 폭포)

   Huiryongpo (희룡포)

 6) 동굴

   Gossi cave (고씨 동굴)

   Manjanggul (만장굴)

 7) 다리

   Mapo bridge (마포 대교)

   Gwangjingyo (광진교)

 8) 해수욕장

   Naksan beach (낙산 해수욕장)

 9) 온천

   Yuseong spa (유성 온천)

 10) 공원

   Sajik park (사직 공원)

‘용례사전’의 이 규정이 주목되는 이유는 지명의 표기에 비록 일부 보통명사 부분에 해당하기는 하나 영어표기를 허용하고 있다는 점이다. 이는 로마자표기법에 대한 근본적인 몇 가지 논의 가운데 하나인 이 표기가 로마자표기인가 아니면 영어표기인가 하는 매우 근본적인 문제의 소지를 안고 있기 때문이다. 이를 비롯한 이 규정의 문제에 대해서는 뒤에 다시 논의하기로 한다.

2.2. 도로표지 규정의 지명 표기

문화관광부에서 고시한 '표기법'이 우리말의 로마자표기에 관한 총론의 성격이라면 건설교통부가 우리나라의 도로상에 설치되어 있는 모든 도로표지의 설치와 관리에 관해 규정한 '도로표지규칙'(2003. 5. 24. 건설교통부령 제 357호)은 실제로 도로명과 지명 등의 표기를 관리하는 구체적 규정이다. 이 도로표지규칙 제5조 2항은 도로표지에 사용하는 글자에 대해 다음과 같이 규정하고 있다.

> ② 도로표지에 사용하는 글자는 한글과 영문을 병기하는 것을 원칙으로 한다. 다만, 관광지표지의 경우에는 한글에 영문 및 한자를 병기하여 표기할 수 있다.

도로표지에 '한글' 및 '영문'을 표기하겠다는 것이다. 그리고 이어서 '영문표기'의 방식에 대해서 다음과 같이 규정하고 있다.

> ③ 고유명사의 영문표기는 문화관광부장관이 정하는 국어의 로마자표기법에 의하고, 보통명사에 대한 영문표기 및 약어의 표기는 건설교통부장관이 따로 정한다.

이 규칙은 도로표기의 대상을 고유명사와 일반명사로 구분하고 이들 각각의 표기법을 정하는 주체도 문화관광부장관과 건설교통부장관의 두 기관에 있음을 분명히 하고 있다.

그리고 도로 표지에 단순히 '영문'이 아닌 '영어'를 사용하겠다는 뜻을 분명히 한 것이며4) 로마자표기법은 고유명사라고 하는 제한적 대상에만 적용한다는 것이다. 결국 건설교통부의 이러한 입장은 '표기법'의 규정에도[5] 불구하고 이를 따르지 않고 독자적인 기준을 만들어 사용하겠다는 의미이다. 정부 내의 부처 사이에 존재하는 이러한 혼선을 어떻게 해석해야 하는가?

건설교통부 장관은 도로표지의 영문표기를 어떻게 규정하고 있는가를 좀 더 살펴보자. 위 '규칙'의 하위 규범으로 '도로표지 제작·설치 및 관리지침'(2006. 3. 10)이 있다. 이 '지침'은 영문표기의 기본원칙과 2000년 7월 고시된 로마자표기법을 수록하고 있고, '시설물별 표기방법'을 제시하고 있다. 즉 이 '지침'은 표기법에서 명시되지 않은 지명이나 각종 시설물의 표기 방식을 건설교통부가 나름대로 규범화한 것이다. 따라서 이 규범은 실제로 외국인은 물론 일반적인 한국인들이 생활 속에서 일상적으로 부딪히게 되는, 그래서 도로표지에 나타난 영문표기를 정부가 정한 규범적인 것으로 인식하게 되는 표기법이다.

영문표기의 원칙 가운데 주요한 것들만을 살펴보도록 하겠다. '지침'은 8장 2절 '영문표기원칙'의 1)항에서, '영문표기'는 "영문표기법과 국제적 표준표기 관례 및 국제통용 약어에 따라 표기"하는 것을 분명히 하고 3)항에서는 "일반적으로 통용되고 현대적인 영어를 표기한다"고 하였다. 이는 표기수단이 로마자가 아닌 영어임을 명백히 한 것이다. 5)

---

4) ②항에서 언급하고 있는 '영문'은 병기하고 있는 '한글'과의 대비에서 단순히 영어문자 즉 알파벳을 의미하는 것으로 볼 수도 있다. 그러나 ③항은 '보통명사'를 '영문'으로 표기한다고 하였는데 이 경우 '영문'을 알파벳으로 해석할 수는 없다.

5) '표기법'은 부칙 ②항 '표지판 등에 대한 경과 조치'를 통해 "이 표기법 시행 당시 종전의 표기법에 의하여 설치된 표지판(도로, 광고물, 문화재 등의 안내판)은 2005. 12. 31.까지 이 표기법을 따라야 한다."고 규정하고 있다. 따라서 건설교통부에서 관장하는 도로표지도 이 규정을 따라야 한다.

항에서는 영어표기는 한글의 내용을 모두 표기하지 않고 유형별로 간
단·명료하게 시설종류의 뜻이 전달될 수 있도록 표기하도록 하고 다
음의 예를 들고 있다.

    1) 종합병원, 개인병원, 시립병원 → Hospital
       경기장, 운동장, 공설운동장, 시민운동장, 종합운동장,
           → Stadium
       국제공항, 일반공항 → Airport
       시민회관, 구민회관 → Citizen's Hall

그리고 6)항에서는 지명이 고유명사와 보통명사로 구성된 단어인 경
우 고유명사는 로마자표기법을 따르고 보통명사는 영어로 표기한다는
점을 분명히 하고 그 예를 다음과 같이 들고 있다.

    2) 부산역 Busan Stn

8)항에서는 "고유명사화된 지명 또는 시설명과 보통명사가 복합되어
고유명사가 된 지명 또는 시설명은 구분하여 표기한다"고 하고 이에
해당하는 지명들을 분류하여 다음과 같이 시설물별 표기방법을 정하고
있다.

    (가) 도로명, 문화재, 재(고개) 등 고유명사화된 지명 또는 시설명
         은 한글 발음대로 영어로 표기한다.
    (나) 교량, 산, 하천 등 시설명은 한글 발음대로 표기하되, 한글의
         뜻이 전달될 수 있도록 단어 끝의 괄호 속에 교, 산, 강(천)
         의 영어약어를 표기한다.

이들에서 발견되는 문제는 '영어'와 '영문'사이의 혼돈이다. '지침'에 쓰인 '영어'는 앞서 살펴 본 '규칙'에 쓰인 '영문'과 동일하게 중의적인 의미로 쓰이고 있다. 즉 (가)에서는 단순히 표기 수단인 알파벳의 의미로, (나)에서는 영어의 의미로 쓰이고 있다. 동일한 부처에서 제정된 규정에서조차 이런 혼선이 나타나는 것이 현재 우리 로마자표기가 안고 있는 현실이다.

8)항의 표기방법에 따른 표기 예들 가운데 주요한 것을 일부 살펴보면 다음과 같다.

> 3) 도로의 인터체인지 또는 외곽순환도로에서 방향+지명인 경우
> 　동서울 : East Seoul 또는 E. Seoul
> 　북수원 : North Suwon 또는 N.Suwon
> 4) 역명인 경우
> 　서광주역 : Seogwangju Stn　　동대구역 : Dongdaegu Stn
> 5) 교량명의 경우
> 　상주교 : Sangjugyo(Br)　　한강대교 : Hanganggyo(Br)
> 6) 산의 경우
> 　남산 : Namsan(Mt)
> 7) 하천의 경우
> 　금강 : Geumgang(Riv)
> 8) 터널의 경우
> 　중부터널 : Jungbu Tunnel

표기 대상의 성격에 따라 상이한 방식을 채택하고 있고, 교량과 산, 강의 경우에만 괄호 속에 영어 약어를 병기하고 있는 것이 특징이다.

2.3. 도로명판의 영문표기원칙(2000. 10. 행정자치부)

행정자치부에서는 1997년부터 새로운 지번 부여방법을 개발하면서 서울시 강남구와 경기도 안양 등 6개 지역을 대상으로 '도로명 및 건물번호 부여사업'을 시작하여 2001년 1월, '도로명 및 건물번호 부여에 관한 규정'을 대통령령(제17488호)으로 제정하였다. 이 규정은 제5조 2항에서 "도로명은 한글을 사용하는 것을 원칙으로 하되, 부득이한 경우에는 외래어를 사용할 수 있다."고 규정하여 도로명의 외래어 표기 가능성을 열어두었고, 제9조 4항에서는 "주간선도로와 보조간선도로의 도로명판에는 한글과 영문으로 표기하고, 소로 및 골목길의 도로명판은 한글로 표기하는 것을 원칙으로 하되, 그 지역의 특성에 따라 필요한 경우에는 외국어를 병기할 수 있다."고 하여 외래어표기가 결과적으로는 영문표기임을 분명히 하였다.

그리고 이 규정의 하위규정인 '도로명 및 건물번호 부여사업 실무편람'(2000. 10)은 '2. 도로명 영문표기 원칙'에서 영어로 도로명을 표기할 경우의 원칙들을 밝히고 있다. 주요 사항은 다음과 같다.

　가. 영문표기는 영문표기법과 국제적 표준표기 관례 및 국제 통용약어에 따라 표기해야 한다.
　나. 도로명을 로마자로 표기할 때에는 국어의 로마자표기법에 따라 표기한다.
　다. 도로명은 영어로 번역하여 표기하지 않는다. 다만, 필요시에는 ( ) 속에 약자로 표기할 수 있다.
　아. 고유명사와 보통명사가 복합되어 고유명사화 된 경우 한글발음 대로 영어로 표기하며, 도로명중 "로(路)"로 끝나는 말은

붙임표(-)없이 소리나는 대로 ro, lo, no등으로 표기하고, 은혜길 등 "길"로 끝나는 도로명은 붙임표(-)다음에 gil을 쓴다. 다만 외래어의 도로명에 "로(ro, lo, no)"가 붙는 경우에는 -ro로 단일화하여 표기한다.

　이 원칙은 도로명에 국한된 내용이기는 하지만 로마자표기와 영어표기 사이에 나타나는 인식의 혼란을 보여준다. 도로명을 영어로 번역하지 않고 로마자표기법에 따른다면 굳이 영문표기원칙이 존재해야 할 필요가 없다. 이 원칙의 용례에서는 행정관청 인근의 도로를 표기하는 경우의 예를 다음과 같이 제시하고 있다.

　　1) 도청길　Docheong-gil
　　　시청길　Sicheong-gil
　　　구청길　Gucheong-gil

　그런데 앞서 언급한 건설교통부의 '지침'에 따르면 도청은 'Provincial Office', 시청은 'City Hall', 구청은 'District Office'로 표기하도록 되어 있다. 이 표기는 국제적 통용을 고려한 영어 표기이다. 그러나 위의 표기들은 표기법에 의한 로마자표기이므로 영어표기와는 관계가 없다. 이들 사이에 발생하는 표기상의 혼란을 어떻게 해소할 것인가가 문제가 된다.

2.4. 한글명칭 영문표기 기준(서울특별시)

서울특별시는 영문표기사전(http://englishname.seoul.go.kr.)을 운영하면서

'한글명칭 영문표기 기준'을 만들어 시행하고 있다. 이 기준의 주된 표기 대상은 지명, 인명, 기관명, 문화재명 등이다. 이 기준을 만든 목적은 "한글을 언어 및 발음체계가 상이한 로마자로 옮기기 위한 「국어의 로마자표기법」만으로는 지명, 인명, 기관명, 문화재명 등 다양한 한글 명칭을 모두 영문으로 표기하기에 불충분함에 따라 이를 보완하기 위한 기준과 용례를 마련함"으로 규정하였다. 이에 따라 표기의 대원칙은 "영문표기는 문화관광부의 「국어의 로마자표기법」을 따르는 것을 원칙"으로 하되

> 가. 도로표지판의 영문표기는 건설교통부의 「도로표지 제작·설치 및 관리지침」을
> 나. 새주소 도로명판의 영문표기는 행정자치부의 「도로명의 영문표기 방법」에 따른다.

고 하였다. 도로표지 뿐 아니라 다양한 대상의 표기방식을 정해 놓았다는 점에서 긍정적인 평가를 받을 수 있으나 기준으로 삼은 건설교통부나 행정자치부의 표기 방식과 어긋나는 보기도 있어 문제가 된다.

예를 들면 영문 약자는 영어권 국가에서 통용되는 약자만을 사용토록 하고 반드시 apostrophe(') 또는 period(.)를 병기하도록 하고 있으나6) 건설교통부의 지침에서는 사용하지 않아도 무방한 것으로 정해 놓고 있다. 행정관청의 경우 서울시의 표기는 구청은 'ㅇㅇ-gu Office', 동사무소는 'ㅇㅇ-dong Office'로 표기하도록 하였으나 건설교통부의 표기는 앞서 밝힌 바와 같아 서로 일치하지 않는다.

---

6) Building → Bldg.   Department Store → Dept. Store
   University → Univ.   Mountain → Mt.

2.5. 외국어 관광안내표기 표준화사업(2005. 12. 한국관광공사)

한국관광공사는 2005년 '외국어 관광안내표기 표준화 사업'을 실시하였다. 이 사업을 시행한 목적을 한국관광공사(2005)는 다음과 같이 밝히고 있다.

- 올바른 관광안내표기의 정착과 보급을 통하여 외래 관광객 관광불편요인 해소
- 외국어 표기의 표준화 확대를 통하여 관광객 만족도 및 관광한국 이미지 제고

이 사업을 실시한 배경은 관광 산업 분야의 외국어 관광안내표기, 안내문, 설명문 등이 잘못 표기되어 있어 이로 인한 관광객의 불편이 매우 크기 때문에 이를 바로 잡겠다는 것이다. 한국관광공사(2005)의 조사에 의하면 외래 관광객 불편조사에서 안내 표지판을 꼽은 경우가 2002년 23.6%, 2003년 23.5%, 2004년 33%로 증가되었다는 것이다. 이런 조사 결과를 바탕으로 관광공사는 영어, 일본어, 중국어를 대상으로 외국어 안내표기를 표준화하였다는 것이다.

한국관광공사의 외국어 안내표기 표준화 사업은 원칙적으로 로마자표기가 아니라 영문표기라는 점이 특징이다. 이는 실체가 불분명한 로마자표기를 포기하고 영문표기를 명시함으로써 표기의 범위를 분명히 하였다는 점이 중요하다. 한국관광공사의 영문표기 기준은 다음과 같다.

- 모든 한글 명칭의 영문표기는 기본적으로 국어의 로마자표기법(국립국어연구원, 2000. 7. 7.)을 준수하여 고유명사 전체를 로

마자로 표기하고 외국인의 이해를 돕기 위하여 그 뒤에 영어 설명어를 붙여준다. 단, 앞에서 이미 언급이 되어 반복적으로 쓰일 경우에는 설명어를 빼고 고유명사 부분만을 로마자표기 한다.

설명어를 붙이는 예는 다음과 같다.

불국사　Bulguksa Temple　　경복궁　Gyeongbokgung Palace
춘천호　Chuncheonho Lake　　용두산공원　Yongdusan Park
별천계곡　Byeolcheon Valley

결국 한국관광공사의 표기는 '표기법'의 '용례사전'에서 제시한 영어 단어 부가표기를 확대 발전시킨 것으로 설명어의 표기를 좀 더 적극적으로 하고 있는 점이 특징이다.

3. 표기규정의 문제점

3.1. 표기의 원칙에 관한 문제

3.1.1. 표기 대상의 문제

'표기법'의 로마자표기는 전사법(transcription)의 원칙을 따르고 있다. 도로표지 규정도 '한글발음'을 표기 대상으로 하여 표기법과 같은 입장을 보이고 있다. 그러나 서울특별시의 한글명칭 영문표기 기준이나 한국관광공사의 외국어 관광안내표기는 '한글'을 표기 대상으로 하고 있다. 이는 '표기법'의 전사법 원칙에 벗어난 것으로 우리 표기법 사상 1959년도에 고시되었던 '한글의 로마자표기법'이 채택하였던 전자법(transliteration)을 적용하는 것이다.

이는 우리 사회에서 여전히 한글과 국어를 혼동하는 데서 나타나는 현상으로 일단 표기의 대상은 '글'이 아닌 '말' 즉 '한글'이 아닌 '국어'로 제한되어야 한다.

3.1.2. 표기 문자의 문제

앞에서 살펴본 규정들은 지명이나 도로명, 또는 문화재 등의 표기가 로마자표기인지 영어표기인지에 대해 혼란한 의식을 보여주고 있다. 특히 '영어'와 '영문'이 혼용되어 사용되는 경우도 있다. '표기법'은 원칙적으로 로마자로 표기하도록 하고 있다. 그리고 표기원칙의 2항에서 "로마자 이외의 부호는 되도록 사용하지 않는다"고 하였다. 그러면 로마자는 과연 무엇인가? 로마자 이외의 부호란 무엇을 말하는 것인가?

현행 표기법에서 사용을 허용한 부호는 '-'(붙임표) 하나뿐이다. 이외의 모든 문자는 영어의 알파벳과 정확히 일치한다. 그러면 실질적으로 로마자는 영어 알파벳을 의미하는 것이 된다. 기원적으로 로마자는 로만어(Roman Language family)의 언어를 기록하는 수단이었다. 그 후 로마자는 인도-유럽 언어의 일반적인 표기 수단이 되었다. 그러나 현재 이들 언어의 표기에 사용되는 로마자는 대부분 영어표기에 쓰이는 알파벳 외에 한두 가지의 특수부호를 사용하고 있으며 영어만이 특수기호를 사용하지 않고 있다.7) 따라서 '붙임표' 이외의 특수부호를 사용하지 않는 현재의 로마자표기법은 결국 표기수단으로 영어 알파벳을 사용하는 셈이다. 바로 이 점이 우리 사회에서 로마자표기는 곧 영어표기라는 인식을 초래하게 된 것이며 이에 따라 단순히 영어 알파벳을 이용하여 표기하는 경우 즉 영문표기도 영어 표기라고 혼동하는 경우가 생겨나는 것이다.

현실적으로 한국 사회에서 로마자표기는 영문표기라는 인식이 굳어져 있다. 위에서 살펴본 명칭 표기에 관한 여러 규정들의 혼선도 이와 같은 인식을 반영한 것이다. 그렇다면 우리는 언제까지 실체조차 불분명한 '로마자'를 표기에 사용하여야 하는가? 이에 대한 근본적인 논의를 통하여 표기문자가 영어문자임을 분명히 하는 것도 이제는 검토해 보아야 할 시점에 도달하였다.

3.2. 영어표기의 문제

위의 규정들에 나타나는 것처럼 표기의 일정 부분을 영어로 번역하여 표기하는 것은 불가피해 보인다. 그렇다면 어디까지를 번역할 것인가가 문제가 된다. 위 규정들 가운데 가장 정밀한 의식을 보이는 것은 '용례사전'이다. '용례사전'은 고유명사와 보통명사를 구분하여 고유명사는 로마자로 표기하고 보통명사는 영어로 번역한다고 정해놓고 있

---

7) 현재 '로마자'를 표기에 사용하는 언어는 모두 64가지로 집계되고 있다. 이들은 대부분 라틴계, 게르만계, 슬라브계 등 유럽 언어인데, 아시아계로는 터키어, 헝가리어 등이 있다. 이들 가운데 거의 모든 언어가 기본 로마자 26자 이외에 ' `, ´, ¨,~,ˆ ˑ, ˚, ˇ ' 등의 다양한 특수기호를 사용하고 있다. 심지어 인공언어인 에스페란토어조차도 특수기호인 'ĉ, ĝ, ĥ, ĵ, ŝ, ŭ' 등을 사용하고 있다. (세계문자연구회, 1997)

다. 그리고 이러한 구분의 기준으로 띄어쓰기를 제시하고 있다.

이 방식의 문제점을 살펴보자. 용례사전의 표기 세칙은 영어 단어 표기의 대상을 '한글 표기에서 띄어 쓰는 표제어'로 제한하고 있다. 따라서 '한강 대교'와 '한강교'의 표기 방식이 달라진다. 이는 '대교'라는 한국어 형태소의 의미가 'bridge'임을 신속히 이해시키기 위함이다. 그러나 동일하게 'bridge'의 의미를 지니는 '교'는 '띄어 쓰지 않았기' 때문에 'gyo'라고 표기한다면 과연 우리 로마자표기를 읽는 외국인들이 'bridge'와 'gyo'의 차이를 정확히 알아 낼 수가 있을 것인가?

또 로마자표기의 주체가 되어야 할 한국인들이 우리 맞춤법의 띄어쓰기 규정에 대한 충분한 이해가 되어 있지 않은 상태에서 과연 이러한 구분이 실효가 있겠는가도 고려해 보아야 할 점이다. '한강교'와 '한강 대교'의 단어 구성의 형태적 차이를 정확히 인식하여 구분·표기하는 것은 현실적으로 매우 어려운 문제이다. 바로 이러한 난점 때문에 「한글 맞춤법」에서 표기의 원칙으로 '한강 대교'라고 띄어 쓰도록 규정하면서도 단서 조항으로 '한강대교'와 같이 붙여 쓰는 것을 허용하고 있음은 우리 맞춤법의 현실을 잘 보여 주는 것이다. 오히려 최근의 일반적 경향은 띄어 쓰는 것보다는 '한강대교'와 같이 붙여 쓰는 쪽으로 나아가고 있다. 따라서 띄어쓰기를 기준으로 영어단어의 표기가 달라지는 것은 개선되어야 한다.

다른 규정들도 대략적으로 명칭 내부의 고유명사는 로마자로 표기하고 보통명사는 영어로 표기하도록 하고 있다. 그러나 이미 도로명이나 지명, 문화재명 등은 그 자체로 고유명사이다. 그러므로 표기방식을 규정하면서 고유명사와 보통명사에 의한 상이한 표기체계를 규정하는 것은 논리적이지 못하다.

3.3. 번역어의 문제

영어로 번역하는 것을 허용하는 표기규정들은 표기에 사용되는 영어의 기준을 모두 "국제적인 통용어 또는 현대 영어"로 하고 있다. 그런데 실제 특정 대상의 번역어가 기관마다 다르다. 이를 어떻게 통일할 것인가?

건설교통부와 서울특별시의 영어 표기 가운데 차이를 보이는 몇 예를 들어보면 다음과 같다.

명칭	건설교통부	서울특별시
교육대학교	Teacher's College	National University of Education
교도소	Penitentiary	Correctional Institution
구청	District Office	○○-gu Office
동사무소	Town Office	○○-dong Office
구민회관	Citizen's Hall	Community center
보건소	Health Center	Community Health Center
유원지	Resort	Park
주차장	Parking Area	Parking Lot
초등학교	Primary School	Elementary School
후문	Rear Gate	Back Gate

서울특별시의 표기는 대체로 행정자치부의 표기와 동일하다. 이러한 기관 간의 차이는 관련 기관들의 공동노력에 의해 단일 표기를 마련해야만 할 것이다.[8]

---

8) 도로표지의 관리 주체에 따른 상이한 표기와 그에 대한 개선책은 양병선(2003ㄴ)의 견해를 참조하는 것이 좋다.

3.4. 부가표기의 문제

건설교통부의 도로표지 규정은 지명이나 도로명의 의미파악을 위하여 영어 약어를 괄호 속에 부기할 수 있도록 하였다. 표기규정에서 예시된 괄호 사용 예는 다음과 같다.

<table>
<tr><td>상주교 Sangjugyo(Br)</td><td>금강교 Geumganggyo(Br)</td></tr>
<tr><td>남산 Namsan(Mt)</td><td>지리산 Jirisan(Mt)</td></tr>
<tr><td>금강 Geumgang(Riv)</td><td>한강 Hangang(Riv)</td></tr>
</table>

그러나 이런 표기는 두 가지의 문제점을 가지고 있다. 첫째는 괄호 사용의 기준이 불분명하다는 점이다. 표기 예에 따르면 교량의 경우 (Br)로 표기하고 있다. 그러나 동일한 예시에서 '한강대교'는 'Hanganggyo'로 표기하고 있어 일관성을 상실하고 있으며 교량과 산, 강의 명칭에는 괄호를 이용하여 의미를 보여주면서도 이외의 경우 예를 들어 '-도(섬), -지(연못), -재(고개)' 등을 비롯한 다른 명칭들에는 괄호를 사용하지 않고 있어 괄호 사용의 기준이 무엇인지를 확인하기 어렵다.

두 번째는 괄호 속에 표기된 용어가 전체의 의미를 명확히 드러내지 못한다는 점이다. 문자는 단순히 음소를 시각화할 뿐 아니라 그 자체로 시각적으로 의미를 전달하는 표의적 기능을 가진다.(이익섭, 1997) 그런데 괄호 속에 표기된 약어는 비록 이것이 국제적으로 용인된 표기라 하더라도 전체적인 의미파악에 혼란을 초래할 우려가 있다.

한편 한국관광공사의 표기처럼 해당 영어단어를 부기하는 방식은 외국인에게 해당 표기 대상의 성격을 이해하도록 하는데 매우 효율적이다. 그러나 이 표기는 일반적 명칭 외에 대상의 성격을 보여주는 영어

단어를 부기함으로써 표기가 길어진다. 이런 표기는 관광산업에서 사용되는 안내책자나 문건 등에 사용하기에는 적합할 수 있으나 도로표기에 사용할 경우 제한된 표지판에 이를 전부 표기하기에 곤란하고 또 이동하는 차량에서 신속히 파악하기 어렵다는 약점을 지닌다.

결국 괄호나 설명어를 부기하는 것은 의미파악을 돕는다는 긍정적인 효과가 있으나 표기의 장형화를 초래하여 시각적으로 판독의 어려움을 초래하게 되는 문제가 있다.

4. 후부요소의 영어단어 표기

국어의 로마자표기법은 한국어를 로마자로 표기하여 외국인들로 하여금 우리가 일상적으로 사용하는 발음대로 복원할 수 있도록 사용하는 표기법이다. 따라서 로마자표기법의 완성도는 이 표기를 통하여 외국인들이 얼마나 한국인과 동등한 발음을 하도록 유도할 수 있느냐에 달려 있다 하겠다.9) 즉 로마자표기법의 제정에서 고려해야 할 첫 번째 요소는 로마자로부터 한국어로의 복원성에 있다.

다음으로 고려해야 할 사항은 표기의 경제성이다. 표기의 경제성이란 로마자로 표기하는데 반드시 필요한 최소한의 문자만을 사용하도록 해야 한다는 것이다. 복원력만을 고려한다면 예를 들어 IPA의 정밀표기와 같은 방식을 생각해 볼 수 있다. 그러나 전문가가 아닌 일반인들

---

9) 이현복(1998)은 로마자표기법의 사용자를 일차적으로는 외국인을 설정하고 부차적으로 한국인에게도 필요한 것이므로 이들 모두를 위한 최대 공약수의 조건을 갖추어야 한다고 주장한다.

도 표기에 참여해야 하는 사용자의 특성과 인쇄 및 정보기기의 사용에 불편함이 있어서는 안 된다는 기능적 측면을 고려한다면 일반인들에게 널리 알려진 기본적인 로마자만을 표기수단으로 삼아야 한다.

세 번째는 사용자의 인식이다. 즉 복원력과 경제성이 학문적·이론적인 검증을 통하여 우수한 것으로 판단되었다 하더라도 이를 사용하여 국어를 로마자로 표기해야 하는 일반 언중들의 관습이나 인식 등도 고려의 대상이 되어야 한다.

로마자표기는 독자인 외국인이 그 표기를 통하여 한국인과 동일하거나 또는 유사한 발음으로 그 대상을 지칭해 주기를 바라는 표기이다. 이는 로마자표기가 단순히 시각적으로만 인식되는 것이 아니라는 점을 말한다. 또 로마자표기는 표기 대상의 성격을 알려주는 것이 일차적인 목표가 아니라는 의미이다. 따라서 한국관광공사에서 채택한 표기방식처럼 전체 지명을 표기법에 의하여 표기한 다음 다시 후부요소의 의미를 설명하는 영어 단어를 병기하는 방식은 경제성이라는 측면에서 매우 번거로운 방식이다.

발음의 복원성을 우선한다면 현행 표기법이 규정하고 있는 방식을 그대로 따르면 된다. 그러나 이미 용례세칙에서 영어 단어의 표기를 수용하고 있듯이 복원성만을 강조하면 대상의 의미를 파악하는 데 어려움이 있다. 따라서 부분적으로는 복원성을 손상하더라도 지칭 대상의 의미를 전달하는 데에도 관심을 가져야 한다.[10] 왜냐하면 로마자표기는 궁극적으로 한국인과 외국인 사이의 커뮤니케이션을 위한 수단이기

---

10) 이익섭(1997)은 문자 표기의 원리상 문자는 단순히 발음을 복원하도록 유도하는 기호일 뿐 아니라 시각적으로 그 의미를 전달하는 기능을 지니고 있음을 강조하고, 로마자표기도 이와 관련시켜 생각해야 한다고 주장한다.

때문에 정확한 의미파악은 의사소통과정에서 필수적이기 때문이다.

문제는 발음의 정확성 즉 한국어로의 복원성을 어느 정도에서 희생하는가에 달려 있다. 이 점을 고려하는데 있어 이미 시행되고 있는 여러 규정들의 방식은 시사하는 바가 많다. 앞서 살펴본 것처럼 '표기법'을 비롯한 여러 표기방식들은 대체로 지명의 고유어 부분은 로마자로 표기하고 일반명사 부분은 영어단어로 표기하는 방식을 택하고 있다. 필자는 이를 좀 더 보완하여 고유명사와 보통명사의 구분보다 단어 형태구조에 따른 표기방법의 원칙을 제안한다.

모든 지명은 형태상 전부요소와 후부요소로 이루어져 있다.[11] 전부요소는 해당 지명의 고유 명칭이고 후부요소는 해당 지명의 특성을 드러내주는 요소이다.

다음의 예들을 보자.

   1) 한+강   속리+산   제주 +도   무릉 +계곡
      연화+교   남한+산성   안압+지
   2) 소월+길   세종+로   강남+대로   경부+고속도로

1)은 지명의 예이고 2)는 도로명의 예이다. 이들 예에서 후부요소인 '강, 산, 도, 계곡, 교, 산성, 지(池), 로, 길, 대로, 고속도로' 등은 자체로는 일반명사이면서 해당 지명의 특성을 반영하는 접사적 성격을 지닌 요소이다. 성격요소인 전부요소는 지명어 명명의 유연성과 관계가 깊은 요소이며 후부요소는 분류요소에 해당하는 것이다.(박병철, 1999)

---

11) 이러한 명칭에 대해 다양한 의견이 있을 수 있다. 이에 대해서는 박병철(1999)가 참고가 된다.

필자는 이 경우 전부요소는 영어 알파벳을 이용하여 발음대로 표기하고 후부요소는 영어 단어로 표기하는 방식을 제안한다.

우선 전부요소를 표기하는 데 로마자가 아닌 영어 알파벳을 이용하자는 제안은 앞서 밝힌 바와 같이 실제 존재여부가 불분명한 로마자 대신 국민들 사이에 명확하게 인식되어 있고 국제적으로 통용력이 강한 영어 알파벳을 표기수단으로 삼자는 것이다. 그러나 음소의 대응은 현재의 방식을 그대로 준용하는 것이 국어의 특성을 훼손하지 않고 현행 방식에 익숙한 국민들의 혼란을 줄이는 방법이 될 것이다. 후부요소들의 경우는 가장 일반적인 영어단어를 선정하여 표기하도록 한다.

이런 원칙에 따라 위의 예들을 표기하면 다음과 같다.

    1-1) 한강 Han River   속리산 Songri Mountain

          제주도 Jeju Island   무릉계곡 Mureung Valley

          연화교 Yeonhwa Bridge

          남한산성 Namhan Mountain Fortress Wall

          안압지 Anap Pond

    2-1) 소월길 Sowol Road[12]   세종로 Sejong Street

          강남대로 Gangnam BLVD

          경부고속도로 Gyeongbu Express Way

지명이나 도로명을 전부요소와 후부요소로 나누는 경우 분석에 문제가 되는 경우가 발생한다.

---

12) 영어에서 도로의 명칭에 사용되는 Drive, Road, Street, Avenue, Boulevard 등을 어떻게 구분할 것인가에 대해서는 별도의 논의가 필요할 것이다.

예를 들면 '한강공원'이나 '금강산역'의 경우를 어떻게 처리할 지가 문제가 된다. '한강공원'을 '한+강+공원'으로 분석해야 하는지 아니면 '한강+공원'으로 분석해야 하는지가 문제가 된다.

필자는 이런 경우 이를 일차지명과 이차지명으로 나누어보고자 한다. '한강'이나 '금강산'처럼 지명이나 도로명을 나타내는 후부요소의 일차적 결합으로 형성된 명칭을 일차언어로 규정하고 이들은 위에 제안한 방식으로 표기한다. 이차지명은 일차지명에 다시 후부요소가 결합된 지명으로 이들의 경우 일차지명부분은 로마자로 표기하고 최종적인 후부요소에 대해서만 영어로 표기하는 방안이 합리적이라고 생각된다. 즉 '한강공원'과 '금강산역'은 각각 'Hangang Park', 'Geumgangsan Station'으로 표기하는 것을 제안한다.

물론 이러한 표기는 직접적으로 로마자표기가 아니라 영어표기임을 의미하게 된다. 즉 로마자표기를 궁극적으로 영어표기로 전환하는 것을 검토해 보자는 것이다.13) 이는 앞서 언급한 바와 같이 이미 우리의 로마자표기는 영어에 사용되는 알파벳만을 쓰도록 규정하고 있으며 실제적으로 일반명사 부분에 대해 영어 단어를 표기하도록 규정하고 있는 현실적 상황에 비추어 볼 때 자연스런 변화라고 판단된다.

또한 이러한 영어위주의 표기방식은 로마자표기에 관한 우리 국민들의 의식과도 관련이 있다고 생각한다. 우리 국민들의 대부분은 로마자표기를 정확히 인식하지 못하고 대부분 영어표기로 인식하고 있다.14) 따라서 영어표기가 오히려 현행 로마자표기보다 국민들의 언어감각에

---

13) 이러한 견해는 배양서(1975)에서 주장되었고 양병선(2003.ㄱ)에서도 지지되었다.
14) 우리 국민들이 자신의 이름을 로마자로 표기하는 방식을 배우는 경로는 대부분 영어교과를 통한다는 조사결과(정경일.2001.ㄱ)가 이를 보여주는 방증이 될 수 있다.

더 적절한 표기법이라고 판단된다.

그리고 지명과 도로명의 표기는 외국인으로 하여금 발음의 복원성보다는 의미파악이 우선되어야 한다는 점도 무시할 수 없는 상황이다.

5. 결론

한 사회에 통용되는 규범은 사회 구성원이 이해할 수 있는 범위에서 만들어져야 하며 일단 만들어진 뒤에는 예외없이 적용될 수 있어야 한다. 국어와 관련된 주요 언어규범의 하나인 국어의 로마자표기법도 마찬가지이다.

이 글은 지명과 도로명의 로마자표기 방식에 대해 현행 표기법과 이를 준용하는 몇 가지 표기 방식에 대한 문제점을 짚어 보고 이에 대한 개선안을 제안하였다. 로마자표기법 자체가 여전히 여러 문제점을 내포하고 있고 표기 범위 또한 매우 다양하여 표기 방식에 대한 분명한 개선안을 찾는 것은 그리 쉬운 일이 아니다.

로마자표기법을 비롯한 어문규정은 국민들의 언어생활에 심대한 영향을 끼치는 만큼 그 개정에 대하여는 매우 신중해야 한다. 개정을 위해서는 어문관련 연구자뿐 아니라 일반 국민, 그리고 관련 행정기관과의 종합적인 의견수렴을 거쳐야 할 것이다. 또한 중국이나 일본 등 외국의 사례에 대한 충분한 검토가 있어야 할 것이다.[15]

그러나 개정의 방향은 외국인의 편의는 물론 일반 국민들의 언어의

---

15) 이 글은 자료부족으로 이를 정밀하게 다루지 못 하였다. 이에 대해서는 후고를 기다린다.

식도 함께 고려되어야 한다.

　이 글이 제안하는 전부요소와 후부요소의 구분에 의한 표기방식은 이런 점에서 로마자표기법의 개정을 위한 합리적인 대안이라고 생각한다. 우리 모두가 주지하다시피 완벽한 로마자표기법은 만들어질 수 없다. 그러나 국어의 특성을 살리면서도 국제적으로 널리 통용될 수 있는 방식의 도출에 대해서는 지속적인 관심과 노력이 필요하다. 필자가 제안하는 방안을 포함한 다양한 논의를 통해 좀 더 완벽한 표기방식에 대한 사회적 합의가 도출되기를 기대한다.

로마자표기법의 남북통일방안

1. 서론

1.1. 로마자표기법의 성격

왜, 그리고 누구를 위해서 국어를 로마자로 표기하는가? 이 물음은 로마자표기와 관련한 여러 문제를 이해하는데 가장 기본적인 물음이다. 음성언어와 문자언어의 상관성에서 볼 때, 한글은 국어의 음운체계를 바탕으로 창제되었기 때문에 국어를 표기하는데 가장 효과적이다. 그리고 문자는 자체로서 규범성, 보수성을 지니는 기호체계이기 때문에 한글은 단순히 국어를 기록하는 데에서 나아가 국어음을 보존, 복원하는 기능을 수행하기도 한다.

국어의 로마자표기법은, 문자의 음성 복원기능을 통해 한글을 이해하지 못하는 외국인에게 로마자를 이용하여 한국어와 한국문화를 이해시키는 수단으로서의 중요성을 지닌다. 한국과 한국문화에 관심을 가지는 외국인은 능동적으로 한국어를 습득하여 한국인과 교류를 하거나, 한국인이 그들의 언어를 학습하여 그들과 교류를 하는 것이 가장 효과적일 것이다. 그러나 그것이 여의치 않을 경우 한국어를 로마자로 표기하여 그들이 읽어 낼 수 있도록 할 수도 있을 것이다. 또 외국인으로 하여금 로마자로 표기된 한국어를 이용하여 한국인과 교류할 수 있도록 보조하는 수단으로 사용되기도 한다. 이런 점에서 국어의 로마자 표기법은 단순한 표기 방식의 차원이 아니라, 한국어의 세계화를 위한 수단이라는 관점에서 논의되어야 한다.

로마자표기의 주요 대상은 인명과 지명, 단체명 등을 비롯하여 각종 문화재나 동식물의 이름 등 고유명사인데 이들의 표기가 일관된 원칙 아래 이루어지지 않으면 외국인에게 한국인과 한국문화의 정체성에 혼동을 초래할 우려가 있다. 따라서 우리는 국가에서 공인된 로마자표기법을 제정, 시행하여 표기의 혼선에서 빚어지는 혼란을 예방하고자 노력하고 있다.

이 글은 남한과 북한에서 각각 달리 규정되어 있는 로마자표기법을 살펴보고 이를 통일하는 방안에 대하여 고찰하고자 한다.[1)

1.2. 표기법 통일의 필요성

남한과 북한은 언어동일체이다. 분단 이후 60년이 되어가면서 남북한 언어의 이질적 현상에 대한 우려가 있기는 하나 아직 남북한은 근본적으로 동일한 언어체계를 유지하고 있다. 그런데 현재 남북한 간에

---

1) 남한에서는 정부에서 고시한 공식적인 표기법 이외에 개인이나 각종 단체에서 수많은 종류의 표기법이 제안되어 있다. 이 글은 남북한의 표기법을 다루는 만큼 공식적인 표기법만을 대상으로 하여 고찰하고자 한다.

는 서로 다른 로마자표기 규정이 채택되어 사용되고 있다. 그리고 이러한 표기상의 차이는 국제적으로 남한과 북한의 언어를 각기 다른 것으로 오해하도록 하는 혼선을 가져오고 있다.[2] 따라서 남북한 사이에 있는 두 가지 표기법을 통일하여 국제적으로 단일한 언어체계임을 천명할 필요가 있다.

1.2. 통일안 설정의 고려사항

로마자표기에 관한 논의에서 가장 중요한 것은 과연 이 표기가 누구를 위한 것이냐 하는 점이다. 즉 외국인을 위주로 하는 것인가? 아니면 내국인을 대상으로 하는 것이냐 하는 점이다. 또 표기자를 위주로 할 것인가? 아니면 독자 위주인가? 에 대한 논의도 중요한 검토의 대상이 된다. 로마자표기를 누구를 위한 것으로 설정하느냐에 따라 그 표기법이 달라지기 때문이다.

국어의 로마자표기법은 한국어를 로마자로 표기하여 외국인들로 하여금 우리가 일상적으로 사용하는 발음대로 복원할 수 있도록 사용하는 표기법이다.[3] 따라서 로마자표기법의 완성도는 이 표기를 통하여 외국인들이 얼마나 한국인과 동등한 발음을 하도록 유도할 수 있느냐에 달려 있다 하겠다.[4] 즉 로마자표기법의 제정에서 고려해야 할 첫 번

---

2) 남북한의 로마자표기법을 통일하려는 구체적인 시도가 1980년대 중반 ISO의 권고에 의하여 시작되었다는 사실은 이러한 정황을 잘 보여 주는 예라 하겠다.

3) 이익섭(1997)은 문자 표기의 원리상 문자는 단순히 발음을 복원하도록 유도하는 기호일 뿐 아니라 시각적으로 그 의미를 전달하는 기능을 지니고 있음을 강조하고, 로마자표기도 이와 관련시켜 생각해야 한다고 주장한다. 그러나 이 글은 로마자표기법의 경우 그 본질적 속성상 한글의 대체 수단이라는 측면에서 단순히 발음 복원을 위한 기호로 이해하고자 한다.

째 요소는 로마자로부터 한국어로의 복원성에 있다.

다음으로 고려해야 할 사항은 표기의 경제성이다. 표기의 경제성이란 한국어를 로마자로 표기하는데 반드시 필요한 최소한의 문자만을 사용하도록 해야 한다는 것이다. 복원력만을 고려한다면 예를 들어 IPA의 정밀표기와 같은 방식을 생각해 볼 수 있다. 그러나 전문가가 아닌 일반인들도 표기에 참여해야 하는 사용자의 특성과 인쇄 및 정보기기의 사용에 불편함이 있어서는 안된다는 기능적 측면을 고려한다면 일반인들에게 널리 알려진 기본적인 로마자만을 표기수단으로 삼아야 한다.

세 번째는 기존의 표기방식에 대한 사용자의 인식이다. 즉 복원력과 경제성이 학문적·이론적인 검증을 통하여 우수한 것으로 판단되었다 하더라도 이를 사용해야 하는 일반 언중들의 관습이나 인식 등도 고려의 대상이 되어야 한다.

이상의 세 가지 고려사항은 로마자표기법의 설정에 관한 일반적 원칙이다. 그러나 남북한 사이의 통일안을 만들기 위해서는 네 번째로 남북한의 이념적·정치적 대립 양상에 대한 고려가 있어야 하며5) 이에 따른 타협과 조정이 필요할 것이다.

---

4) 이현복(1998)은 로마자표기법의 사용자를 일차적으로는 외국인을 설정하고 부차적으로 한국인에게도 필요한 것이므로 이들 모두를 위한 최대 공약수의 조건을 갖추어야 한다고 주장한다.
5) 일례를 들면 북한은 '김일성'과 '김정일'의 로마자표기인 'Kim Il Sung', 'Kim Jong Il'에 대해서는 어떤 경우라도 이를 바꾸려 하지 않는다. ISO가 주도한 로마자표기의 통일안 수립과정에서, 1992년에 이루어진 합의안이 무산된 데에는 이러한 배경이 깔려 있었다.(정경일, 2001ㄴ)

2. 남북한 로마자표기법의 비교

이 장에서는 남한과 북한의 로마자표기법을 언어정책, 음소표기, 형태표기의 측면에서 비교하도록 한다.

2.1. 언어정책적 비교

2.1.1. M-R 표기법[6)]

남한에서 공식적인 로마자표기법이 제정된 것은 1948년이었다. 이보다 앞서 1939년에 미국인 G.M.McCune과 E.O.Reischauer에 의하여 발표된 소위 M-R 방식은 발표 이후 구미에 소개되어 국제적으로 널리 알려졌다. 특히 미군이 군사적 용도로 이 표기법을 사용함에 따라, 광복과 함께 우리나라에 도입되어 현재까지도 남북한에 걸쳐 가장 강력한 영향을 미치고 있다. 이 표기법의 주요한 특징은 다음과 같다.

1) 표기 원칙 : 전사법(Transcription)
2) 표기 기준 : 자음은 영어식, 모음은 이탈리아어식.
3) 특수 기호 사용 : '˘'(the Micron) 사용 : 예) ŏ , ŭ
4) 음성 표기 : 음운 분포 환경에 따른 이음표기 : 예) ㄱ- k/g/ng, ㄹ-r/l/n

---

6) 19세기 말엽부터 서양인 선교사에 의하여 다양한 표기법이 제안되었고, 1940년 조선어학회가 「朝鮮語音羅馬字表記法」을 제정하기도 하였으나 모두 공식적인 표기법은 아니었다. 이 글은 남북한의 공식적인 표기법에 대해 논하므로 이들에 대해서는 논의하지 않는다. 다만 M-R표기법(1939)은 남북한의 표기법 수립에 상당한 영향을 주었을 뿐아니라 현재도 가장 강력한 방식으로 인식되고 있는 만큼 간략히 짚어보고 가기로 한다.

5) 격음 표기 : ′ (the apostrophe) 사용 : 예) k′, t′, p′

이 표기법은 간략한 음성표기방식을 위하고 있으므로 표기문자를 통하여 외국인이 국어음을 복원해 내는 데에 매우 편리한 체계로 되어 있다. 그러나 표기의 주체가 되어야 하는 한국인들로서는 표기상에 어려움이 많은 체계이다. 첫째는 모음에 사용된 특수기호 '˘'이고 두 번째는 자음의 분포에 따른 이음의 표기이다. 특히 국어에서 유성음과 무성음을 정확히 구분하여 표기한다는 것은 음소적으로 이를 구별하지 못하는 한국인 표기자에게는 지나치게 어렵고 번거로운 표기방식이었다.

2.1.2. 남한의 표기법

남한에서는 1948년 <한글을 로오마자로 적는 법>을 제정 고시하여 최초로 공식적인 표기법을 가지게 되었다. 이 표기법은 총칙에서 전자법(Transliteration)을 원칙으로 하고 있음을 밝히고 있다. 총칙은 다음과 같다.

"한글을 로오마자로 적음에는, 다음의 한글과 로오마 자와의 맞댐틀(對照表)에 따름을 원칙으로 한다."

그러나 단어 내부의 음운 변화는 표기에 반영하는 전사법을 혼용한 절충식 표기법이다.[7] 이는 1940년 조선어학회가 제정한 <조선어음 라

------

7) "한 낱말 속의 ㄱ, ㄷ, ㅂ 들이 흐린 소리로 나는 것은 그 소리나는 대로 적는" 경우에만 전사법을 취하고 있다. 예를 들면 다음과 같다.
지게 chige　　　　포고 phogo　　　　지도 chido　　　　전도 chŏndo

마자 표기법>이 취하고있는 전자법 표기방식과 M-R 표기방식을 절충한 것이다.

1959년에는 완전한 전자법 표기법인 <한글의 로마자표기법>이 제정된다. 이 표기법에 서 처음으로 구체적인 표기의 기본원칙이 표명된다. 이 표기법이 밝힌 「한글의 로마자표기의 기본원칙」은 다음과 같다.

> 1) 한글의 현행 표기법을 로마자식으로 표기한다. (正字法)
> 2) 로마자 이외의 부호는 가급적 사용하지 않는다.
> 3) 일 음운 일 기호의 표기를 원칙으로 하되, 자음에 있어서는 이
>   기호를 허용한다.

이 표기법은 한국 사람이 표기하고, 읽어 내기에 좋은 로마자표기법의 성격이 강했다. 즉 로마자표기가 궁극적으로 외국인을 위한 표기법이어야 한다는 측면에서 볼 때 상당한 문제를 내포하고 있었던 표기법이었다. 이 점은 1984년에 새로운 로마자표기법이 제정되는 중요한 원인이 되었다. 1984년, 우리 사회의 국제화 경향에 맞추어 새로운 표기법인 <국어의 로마자표기법>이 제정되었다. 이 표기는 기본원칙을 전자법에서 전사법으로 바꾼 것이 가장 큰 변화이다. 이 표기의 기본원칙은 1959년도 표기법과 마찬가지로 다음의 3항으로 되어 있다.

> 1) 국어의 로마자표기는 국어의 표준 발음에 따라 적는다.
> 2) 로마자 이외의 부호는 되도록 사용하지 않는다.
> 3) 1 음운 1 기호의 표기를 원칙으로 한다.

2)항과 3)항은 기존의 표기법과 대동소이하나 1)항의 원칙이 크게 바

꿰고 있다. 즉 표기법의 원칙을 전자법에서 전사법으로 바꾸어 외국인으로 하여금 한국어에 가깝게 발음할 수 있도록 유도하도록 하였다는 점이 크게 달라진 점이다. 결국 이 1984년 표기법은 M-R안과 크게 다를 바 없는 내용으로 정착되었다. 따라서 M-R안이 가지고 있던 장점은 물론 약점까지도 그대로 가지고 있게 되었다.

2002년 7월에 개정된 현행 <국어의 로마자표기법>은 종전까지 쓰이던 1984년 표기법이 지니고 있던 몇 가지 문제점을 보완한 점에서 일단 발전된 안으로 평가된다. 1984년 표기법은 M-R안을 준용하면서 만들어졌는데, 이 안의 문제점은 크게 다음 두 가지로 요약된다. 먼저, "로마자 이외의 표기는 사용하지 않는다"는 표기의 대전제에도 특수부호인 반달표(˘)와 어깻점(')을 사용하였다는 점이다. 특히 이러한 표기는 정보기기의 사용에 상당한 불편을 초래하였고, 인쇄의 편의를 위하여 이를 생략하도록 허용한 규정8)은 결과적으로 표기의 혼란을 부추기고 말았다.9) 따라서 2000년 표기법에서는 이들 특수기호를 사용하지 않도록 하였다.

또 자음의 표기에서 유성음과 무성음을 구분하여 표기하도록 하였는바, 이는 언어학적 훈련이 되어 있지 않는 일반인들에게는 표기 원칙이 납득되지 않는 표기법이었다. 따라서 2000년 표기법은 이를 구분하지 않고 하나로 통합하도록 개정하였다.

결국 남한에서 1948년 이래 4번에 걸쳐 변화된 로마자표기법은 표기

---

8) 3장의 8항은 "인쇄나 타자의 어려움이 있을 때에는 의미의 혼동을 초래하지 않을 경우 ŏ, ŭ, yŏ, ŭi 등의 ˘'(반달표) 와 k', t', p', ch' 들의 ' '(어깨점)을 생략할 수 있다"고 규정되어 있었다.
9) 예를 들어 '근거'의 로마자표기는 'kŭngŏ' 가 원칙이나 'kungo'도 허용되었다. 따라서 'kungo'는 '근거'의 표기인지 '군고'의 표기인지가 명확하지 않게 되었다.

원칙에서 전자법과 전사법 사이의 변화였고, 음소 표기 방식에서는 M-R체계를 기초로 하고, 음소표기의 채택 여부를 놓고 벌인 변화였다.

2.1.2. 북한의 표기법

북한의 로마자표기에 관한 규정인 <외국자모에 의한 조선어 표기법>은 1956년 제정된 이래 현재까지 변화가 없다.[10]

이 규정은 다음과 같이 3장으로 구성되어 있다. 특히 이 규정은 외국 자모의 범위를 로씨야어와 로마자로 이원화해 놓고 있음이 특징적이다. 이 규정이 제정될 당시 북한과 소련과의 특수한 정치적 관계가 드러나 보인다.

제1장 서론
제2장 로씨야어 자모에 의한 조선어 표기에 관한 일반적 규칙
제3장 로마자모에 의한 조선어 표기에 관한 일반적 규칙

제1장 서론은 표기의 원칙을 천명하고 있다. 모두 5항과 부기로 되어 있는데, 주요 내용을 간추리면 다음과 같다.

---

10) 외래어, 외국어 및 외국 문자 표기와 관련된 북한의 어문규범은 다음의 4가지이다.
  ① 조선어 외래어 표기법 : 외래어를 조선어로 적는 방법에 관한 규정
  ② 외국말 적기법 : 외국어의 고유명사를 조선어로 적는 방법에 관한 규정
  ③ 외국 자모에 의한 조선어 표기법 : 조선어를 외국 자모로 적는 방법에 관한 규정
  ④ 조선어의 어음 전사법 : 조선어를 IPA로 적는 방법에 관한 규정
  이 가운데 「조선어 외래어 표기법」이 1956년 제정된 이래 1984년에 「고친 외래어 표기」로 수정되고, 「외국말 적기법」이 1969년에 제정된 뒤, 1985년에 개정되는 등 변화를 보인 것에 비해 「외국 자모에 의한 조선어 표기법」이 반세기 동안 변화가 없었음은 매우 특이한 현상이다.

1) 전사법 원칙 : 제1항은 "외국자모로써 조선어를 표기함에 있어서는 조선 음운을 충실히 반영시킴을 원칙으로 하되, 조선어 받침을 중심으로 하는 어음교체 현상과, 조선어음의 결합적 변화만은 변화되는 대로 표기한다"고 밝혀 전사법에 의한 표기임을 분명히 하였다. 그러나 "조선어의 매개 단어의 형태론적 구성을 특히 명시할 필요가 있는 그런 경우에는, 조선어 철자법에 충실하게 외국자모를 대조시킨다"고 밝힘으로써 부분적으로 전자법에 의하여 표기할 수도 있도록 허용하고 있다.

2) 보조기호의 사용 제한 : 3항은 "해당 외국어의 현행 자모체계에 의거하며, 새로운 자모, 새로운 보조적 기호를 사용하지 않는다"고 하였다. 그러나 실제 규정에서는 M-R과 같이 반달표와 연결부를 사용하도록 허용하고 있다.

3) 사용 대상의 확립 : 서론의 부기는 이 표기법이 누구를 위한 것인가를 분명히 하고 있다. 부기는 "외국 자모에 의한 조선어 표기법은 어디까지나 해당 외국어를 사용하는 사람들을 대상으로" 하였음을 분명히 한다. 남한의 로마자표기법에서 이에 대한 명확한 정리가 되지 않아 1959년의 표기법과 같은 한국인 위주의 표기법이 만들어졌던 점에 비하여 북한이 취하고 있는 이러한 입장은 언어정책적 측면에서 긍정적인 평가를 해 주어야 한다.

2.2. 음소표기의 비교

2.2.1. 자음 표기

자음의 로마자표기에서 항상 문제가 되고 있는 부분은 파열음과 파찰음 'ㄱ, ㄷ, ㅂ, ㅈ'과 이들의 격음, 경음 표기에 관한 규정이다. 이들을 'k, t, p, ch'로 표기하는 방안과 'g, d, b, j'로 표기하는 방안은 남한의 표기법 변화에서 지속적으로 논란이 되어 온 부분이다. 격음의 표기는 이들의 표기에 따라 이차적으로 결정되는 경향이 있었다. 예를 들어 'ㄱ'을 'k'로 표기하는 경우 'ㅋ'은 'k'', 또는 'kh'로 표기되고 'ㄱ'이 'g'로 표기되는 경우 'ㅋ'은 'k'로 표기되는 것과 같은 방식이다.[11) 또 유성음과 무성음의 구분 표기도 논란의 대상이 되어 왔다.

한편 북한의 표기법은 규정의 제3장 20항에서 로마자모와 조선어자모의 대조표를 제시하고 있고, 21항에서는 한글의 받침을 표기하는 규정으로 받침이 모음 앞에 있을 때와 자음 앞 또는 어말에 있을 때의 두 가지 경우를 구별하고 있다.[12) 이를 통해 무성음의 유성음화와 어말 중화, 어말 자음군의 단순화 현상 등을 표기에 반영하고 있다.

결과적으로 북한의 로마자표기법은 자음표기의 유성음과 무성음의

---

11) 주요 표기법에 규정된 파열음과 파찰음, 마찰음의 표기체계를 정리하면 다음과 표와 같다.

표기법	자 음													
	ㄱ	ㅋ	ㄲ	ㄷ	ㅌ	ㄸ	ㅂ	ㅍ	ㅃ	ㅈ	ㅊ	ㅉ	ㅅ	ㅆ
M-R	k, g	k'	kk	t, d	t'	tt	p, b	p'	pp	ch	ch'	tch	s, sh	ss
1948년	k	kh	gg	t	th	dd	p	ph	bb	ch	chh	dch	s	ss
1959년	g	k	gg	d	t	dd	b	p	bb	j	ch	jj	s	ss
1984년	k, g	k'	kk	t, d	t'	tt	p, b	p'	pp	ch	ch'	tch	s, sh	ss
2000년	g, k	k	kk	d, t	t	tt	b, p	p	pp	j	ch	jj	s	ss

12) 받침의 대조표는 다음과 같다.

구별, 모음표기에 있어서의 특수부호의 사용 등으로 비추어 볼 때 M-R 안을 기조로 하는 표기방식을 계속 이어오고 있다고 보인다.

다음 표에 남한과 북한의 자음 표기체계를 비교하여 보인다.

<표 1> 남북한 현행 로마자표기법의 자음 표기 대조표

자 음	남 한	북 한	자 음	남 한	북 한
ㄱ	g, k	k, g	ㅋ	k	kh
ㄴ	n	n	ㅌ	t	th
ㄷ	d, t	t, d	ㅍ	p	ph
ㄹ	r, l	l, r	ㅎ	h	h
ㅁ	m	m	ㄲ	kk	kk
ㅂ	b, p	p, b	ㄸ	tt	tt
ㅅ	s	s	ㅃ	pp	pp
ㅇ	ng	ng	ㅆ	ss	ss
ㅈ	j	ts, dz	ㅉ	jj	tss
ㅊ	ch	tsh			

남북한의 자음표기에서 서로 다른 점은 다음과 같다.

1) 'ㄱ, ㄷ, ㅂ, ㅈ'의 표기와 성의 유무 구분 : 남한은 'g, d, b, j'로 표기하고 유성음과 무성음의 구분은 인정하지 않는다. 다만 'ㄱ, ㄷ, ㅂ'이 자음 앞이나 어말에 놓일 때는 'k, t, p'로 적는다. 북한에서는 'k, t, p, ts'로 적으며 이들이 유성음화 환경에 놓일 때 무성음과 구분하여 'g, d, b,

받침	ㅂ	ㅍ	ㅄ	ㄷ	ㅌ	ㅅ	ㅆ	ㅈ	ㅊ	ㄱ	ㅋ	ㄲ	ㄳ	ㅎ
모음앞	b	ph	ps	d	th	s	ss	dz	tsh	g	kh	kk	ks	h
자음앞 또는 어말	p	p	p	t	t	t	t	t	t	k	k	k	k	h

받침	ㄹ	ㄼ	ㄿ	ㄺ	ㄾ	ㄽ	ㅀ	ㄻ	ㄴ	ㄵ	ㄶ	ㅁ	ㅇ
모음앞	r	b	lph	lg	lth	ls	lh	lm	n	ndz	nh	m	ng
자음앞 또는 어말	l	p	p	k	l	l	l	m	n	n	n	m	ng

dz’로 적도록 하였다. 성의 유무에 의한 구분 표기는 M–R에서 채택된 이래 많은 논란을 일으켜 왔는데 남한에서는 표기주체인 한국인의 음소인식은 이를 변별하기 어렵다는 의견을 따르고 있다.

2) 격음의 표기 : 남한에서는 평음이 ‘g, d, b, j’로 표기됨에 따라 격음은 ‘k, t, p, ch’로 적는다. 이는 일음소일문자표기의 원칙을 좇은 것이다. 다만 ‘ㅊ’을 ‘c’로 적지 않고 ‘ch’로 적은 것은 원칙을 좇기보다 사회적 관행을 따른 것이다. 북한에서는 유기음을 발생시키는 ‘h’를 함께 적는 방식을 택하여 시각적으로 분명히 인식할 수 있도록 하였다.

2.2.2. 모음 표기

모음의 표기에서 논란의 대상이 되어 온 부분은 단모음 ‘ㅓ, ㅡ’와 이중모음 ‘ㅐ’ 등의 표기이다. 이들을 제외한 ‘ㅏ, ㅗ, ㅜ, ㅣ’와 기타 이중모음의 표기는 남한의 여러 표기법은 물론 북한의 표기법에서도 대체로 일치되어 있다. 다음에 남한과 북한 표기법의 주요 모음 표기 체계를 도표로 정리하여 제시한다.[13]

---

13) 참고로 역대 남한 주요 표기법의 모음 표기 체계를 도표로 정리하여 제시한다.

표기법	모 음														
	ㅏ	ㅓ	ㅗ	ㅜ	ㅡ	ㅣ	ㅐ	ㅔ	ㅑ	ㅕ	ㅘ	ㅝ	ㅚ	ㅟ	ㅢ
M-R	a	ŏ	o	u	ŭ	i	ae	e	ya	yŏ	wa	wŏ	oe	wi	ŭi
1948년	a	ŏ	o	u	ŭ	i	ai	e	ya	yŏ	wa	wŏ	oe	wi	ŭi
1959년	a	eo	o	u	eu	i	ae	e	ya	yeo	wa	weo	oe	wi	eui
1984년	a	ŏ	o	u	ŭ	i	ae	e	ya	yŏ	wa	wo	oe	wi	ŭi

<표 2> 남북한 로마자표기법의 모음 표기

표기법	모 음														
	ㅏ	ㅓ	ㅗ	ㅜ	ㅡ	ㅣ	ㅐ	ㅔ	ㅑ	ㅕ	ㅘ	ㅝ	ㅚ	ㅟ	ㅢ
남한	a	eo	o	u	eu	i	ae	e	ya	yeo	wa	wo	oe	wi	ui
북한	a	ŏ	o	u	ŭ	i	ai	e	ya	yŏ	wa	wŏ	oi	wi	ŭi

남북한 모음 표기체계의 차이는 다음과 같다.

1) 단모음 'ㅓ, ㅡ'의 경우 남한은 'eo, eu'로 2문자를 사용하는 반면 북한은 부호 'ˇ'를 사용하고 있다. 그러나 이 부호는 인쇄 시에 사용하지 않아도 되도록 규정하고 있다.

2) 복모음 'ㅐ, ㅚ'의 경우 남한은 'ae, ui'로 표기하나, 북한은 'ai, oe'로 표기한다.

이외에는 남북한 간에 모음표기에 커다란 차이는 없다.

2.2.3. 음운변화 표기

단어내부에서 음운변화가 일어나는 경우, 남북한의 표기법은 모두 전사법체계를 원칙으로 하고 있으므로 이를 반영하여 표기하도록 규정하고 있다. 구체적으로는 자음의 동화, 설측음화, 구개음화 등의 음운변화는 모두 소리나는 대로 표기하도록 규정되어 있어 차이가 없다.

음운변화의 표기에서 차이가 나는 부분은 다음과 같다.

1) 격음으로 되는 경우의 표기 : 남북한 모두 자음이 ㅎ의 앞뒤에서 격음으로 되는 경우 이를 표기에 반영한다. 다만 남한에서는 3장 1항에서 "체언에서 'ㄱ, ㄷ, ㅂ' 뒤에 'ㅎ'이 따를 때에는 'ㅎ'을 밝혀 적는다"[14]

---

14) 예를 들면 다음과 같다.

고 하여 전자법 원칙을 수용하고 있다.

2) 경음으로 되는 경우의 표기 : 남한에서는 단어 내부에서 이루어지는 된소리되기는 표기에 반영하지 않는다(3장 1항). 반면 북한에서는 제14항에서 이를 표기에 반영하도록 규정하고 있다.

3) 장모음 표기 : 남한에서는 이에 대한 별도규정이 없다. 그러나 북한에서는 제15장에 "특별한 필요가 있어 장음을 표시할 경우에는 그 음절의 끝 모음을 거듭 쓴다"고 규정하고 있다.[15]

2.3. 형태표기의 비교

2.3.1. 인명 표기

인명은 로마자표기에서 가장 중심이 되는 표기 대상이다. 인명표기에서 관심의 대상이 되는 것은 인명의 음소표기와 표기방식의 두 가지이다.

음소표기는 원칙적으로 일반적 음소 표기 규정을 준수하도록 되어 있다. 그러나 현실은 그러하지 아니하다. 남한의 경우, 여권 소지자의 인명 표기를 조사한 김세중(2001)에 의하면 '정'씨는 'Chung, Chong, Cheong, Jung, Jeong' 등으로 다양하게 표기되고 있으며, '곽'씨의 경우는 'Kwack, Kwak, Kwag, Koak, Gwak, Gwag' 등으로 다양하게 나타나고 있다.

표기법은 이러한 상황에 대해 이를 일률적으로 규제하고 통일하려는

묵호 Mukho　　집현전 Jiphyeonjeon
15) 「외국 자모에 의한 조선어 표기법」에 제시된 예는 다음과 같다.
밤(栗) паам　　별(星) пеер　　곰(熊) коом　　굴(窟) куур　　일(事) иир

노력을 포기하였다. 1984년 표기법은 3장 7항에서 "고유명사의 표기는 국제 관계 및 종래의 관습적 표기를 고려해서 갑자기 변경할 수 없는 것에 한하여" 예외적 표기를 인정했다. 현행 표기법은 이러한 취지를 더욱 확대하여 3장 7항에서 "인명, 회사명, 단체명 등은 그동안 써 온 표기를 쓸 수 있다."고 천명하였다. 특히 4항의 (2)는 "성의 표기는 따로 정한다"고 하여 '성'은 별도의 표기 규정을 둘 것임을 분명히 하였다.

북한에서는 이에 관해 특별한 규정을 두지 않고 있다. 따라서 음소표기의 일반원칙을 준용하도록 하고 있다. 그러나 실제 표기 예에서도 거의 예외없이 지켜지고 있다.16)

그런데 서로 다른 것은 인명의 표기방식이다. 이에 대한 남북한의 규정은 다음과 같다.

> 1) 남한 : "인명은 성과 이름의 순서로 띄어 쓴다. 이름은 붙여 쓰는 것을 원칙으로 하되 음절 사이에 붙임표(-)를 쓰는 것을 허용한다." (3장 4항) 예를 들면 민용하 Min Yongha, 송나리 Songnari와 같이 적도록 되어 있다.17)
>
> 2) 북한 : 제17항 "조선 사람의 성명을 로시야어 자모로 전사함에 있어서는, 성과 이름을 띄어 쓴다."18)

---

16) 필자가 조사한 자료에 의하면 다음과 같은 예외가 발견되나 극히 일부에 불과하다.
　　조현복 Jo Hyon Pok　　　한영빈 Han Yong Bin
17) 우리 표기법이 인명의 표기에 대해 공식적으로 규정한 것은 1984년 표기법부터이다. 1984년 표기법은 이에 대해 성과 이름을 띄어쓰고 이름의 2음절 사이에는 붙임표(-)를 사용하도록 하였었다. 예를 들면 '민용하' Min Yong-ha, '송나리' Song Na-ri 와 같다. 현행 표기법은 이 방식을 허용하도록 규정하고 있다.
18) <외국 자모에 의한 조선어 표기법> 제 21항은 로마자표기에 별도의 규정이 없는 경우에 대해 "조선어를 로마자로 대조하여 표기함에 있어서 준수해야할 각종의 규칙들은 조선어를 로씨야어 자모로 대조함에 있어서 준수해야 할 각종의 규칙들을 대체로 그냥 적용한다"고 규정하고 있다.

따라서 원칙적으로는 대동소이한 동일한 방식으로 표기하도록 되어 있다. 그러나 실제 표기 양상은 사뭇 다르다. 먼저 북한의 표기는 일률적으로 성과 이름의 삼 음절을 모두 띄어 쓰고 있다. 그리고 각 음절은 모두 대문자로 시작한다.[19] 예를 들면 다음과 같다.[20]

김일성	Kim Il Song	김정일	Kim Jong Il
이상범	Ri Sang Bom	강남식	Kang Nam Sik
조봉암	Jo Pong Am	최덕신	Choe Tok Sin

그러나 인명표기에 관한 남한의 양상은 매우 복잡한 모습을 보여준다. 정경일(1997), 김혜숙(1998) 등에 의하면 남한인의 인명표기는 북한과 같이 3음절을 모두 독립시켜 표기하는 방법과 1984년 표기법에 따르는 경우, 2000년에 따르는 경우 그리고 이외의 여러 경우들로 다양하게 나뉘어져 있어 전혀 통일이 되어 있지 않다.

2.3.2. 고유명사 표기

로마자표기에서 가장 까다로운 부분은 산이나 강 등의 지명이나 교량, 문화재 등의 명칭 표기에 관한 것이다. 이에 대한 남북한의 규정은 다음과 같다.

---

19) 북한 인명과 지명 표기 자료는 평양에서 발행되는 월간 『Korea Today』 2002년 1월-6월호와 주간 『Pyongyang Times』 2002년 10월~2003년 1월분, 그리고 평양 조선국제려행사(Korea International Travel Company)에서 발행한 『평양관광안내지도』에서 수집하였다.

20) 극히 일부의 예이기는 하나 'Ri Chonbok'과 같이 규정에 맞는 예도 보이고 'Syngman Rhee'처럼 관례에 따라 성과 이름의 순서를 바꾼 표기도 보인다. 그러나 이러한 예외는 극히 일부일 뿐이다.

1) 남한 : 3장 6항 "자연지물명, 문화재명, 인공 축조물명은 붙임
표 없이 붙여 쓴다."
2) 북한 : 제18항 "조선의 지리적 고유명사를 로씨야어 자모로 전
사함에 있어서는 띄여 쓰지 않되 , <산, 강, …> 등의
의의를 가진 로씨야어 단어를 그 앞에 놓는다."

남한의 규정에 의하면 '남산'은 'Namsan'으로, '금강'은 'Geumgang'으
로 '독도'는 'Dokdo', '경복궁'은 'Gyeongbokgung'으로 표기하도록 되어
있다. 그러나 우리 주위의 실제 표기 예를 살펴보면 이 규정을 제대로
지키는 경우가 그리 많지 않음을 알 수 있다. 일례로 '남산'의 표기가
우리 주위에는 대략 다음의 4가지 형태로 나타난다.

Namsan	Mt. Namsan
Namsan Mountain	Nam Mountain

과연 이들 가운데 어떤 표기를 기본으로 삼을 것인가가 문제가 되는
것이다.

2000년 7월에 국립국어연구원이 펴 낸 『로마자표기 용례 사전』은 고
유명사의 표기에 있어 한글로 붙여 쓰는 경우는 음소표기를 적용하되,
띄어 쓰는 부분에 대해서는 그 의미에 해당하는 영어단어를 병기할 수
있도록 하였다. 예를 들면 다음과 같다.

광진교	Gwangjingyo	한강 대교	Hangang Bridge
피아골	Piagol	무릉 계곡	Mureung Valley

이러한 표기방식은 지명의 후부요소를 영어단어로 표기함으로써 그

지명의 성격을 외국인에게 분명히 알게 해 줄 수 있다는 점에서 긍정적으로 평가할 수 있다. 그러나 이런 구분이 띄어쓰기에 의해 이루어지는 것은 적절치 않다. 예를 들어 '광진교'와 '한강 대교'의 경우, 이들을 한글로 붙여 쓰는 것인지 띄어 쓰는 것인지를 한국인들이 정확히 구별할 수 있겠는가가 문제가 된다. 특히 '한강 대교'의 경우 <한글 맞춤법> 제49항은 이를 '한강대교'처럼 붙여 쓰는 것도 허용하고 있는데 이런 상황에서 동일한 '다리(橋)'의 의미를 가지는 '-교'와 '-대교'를 띄어쓰기 기준만으로 구분하도록 하는 것은 상당한 문제를 내포하고 있다.

북한에서는 로씨야어 표기에 규정한 원칙을 로마자표기에서도 적용하고 있는데 강이나 산의 표기에는 잘 지켜지고 있으나 다른 지명에서는 그렇지 않은 모습을 보인다. 다음의 1)은 규정을 잘 지키고 있는 경우이고 2)는 이를 지키지 않는 예이다.

1) River Amnok	River Rakdong[21]
Mt. Paekdu	Lake Samji
2) Manphok Valley	Kuryong Pond
Jongil Peak	Mansu Hill
Nam Gate	Kwanbop Temple
Pogwang Hall	Pubyuk Pavilion
Ongnyu Bridge	Kwanum Fall

2)의 경우는 남한의 『로마자표기 용례사전』이 규정하고 있는 것과 같은 방식이다.

---

21) 그러나 강의 이름이 하나의 단위로서 회사나 단체의 이름 속에 포함될 경우에는 '-강'을 포함한 이름 전체가 음소표기된다.
Jaeryonggang Power Station   Taedonggang Beer Brewery

3. 남북한 로마자표기법의 통일방안

3.1. ISO의 합의 사항

남북한 간에는 이미 1985년부터 로마자표기의 합의에 관한 논의가 진행되어 왔었다.[22] 1996년 남북한은 일차적으로 합의안을 도출하여 ISO에 문서번호 TR11941로 등록하였는데 그 합의안의 주요 내용은 다음 표와 같다. 이 내용을 보면 자음의 경우는 남북한 사이에 합의가 이루어지지 않아 북한안(Method I)과 남한안(Method II)이 함께 실려 있고, 모음은 양측의 합의안이 도출되었음을 알 수 있다. 따라서 남북 간의 로마자표기법 통일을 고려할 때는 이미 일차적인 합의가 이루어졌던 ISO의 합의안을 바탕으로 고찰하는 것이 순리일 듯하다.

〈표 3〉 TR11941의 주요 내용

Consonants				Vowels		
No	Korean	Latin		No	Korean	Latin
		Method I	Method II			
1	ㄱ	k	g	20	ㅏ	a
2	ㅋ	kh	k	21	ㅓ	eo
3	ㄲ	kk	gg	22	ㅗ	o
4	ㄷ	t	d	23	ㅜ	u
5	ㅌ	th	t	24	ㅡ	eu
6	ㄸ	tt	dd	25	ㅣ	i
7	ㅂ	p	b	26	ㅐ	ae

---

22) ISO합의안에 대한 자세한 논의는 김복문(1996), 정경일(2001ㄴ)을 참조할 것. 이 합의안은 ISO가 남북한에 허용해 준 최종 합의안 도출 기간인 2002년 말이 경과함에 따라 자동적으로 폐기된 상태임.

Consonants				Vowels		
No	Korean	Latin		No	Korean	Latin
		Method I	Method II			
8	ㅍ	ph	p	27	ㅔ	e
9	ㅃ	pp	bb	28	ㅚ	oe
10	ㅈ	c	j	29	ㅑ	ya
11	ㅊ	ch	c	30	ㅕ	yeo
12	ㅉ	cc	jj	31	ㅛ	yo
13	ㅅ	s	s	32	ㅠ	yu
14	ㅆ	ss	ss	33	ㅒ	yae
15	ㅎ	h	h	34	ㅖ	ye
16	ㅇ	zero	zero	35	ㅘ	wa
17	ㄴ	n	n	36	ㅝ	weo
18	ㄹ	r/l	r/l	37	ㅟ	wi
19	ㅁ	m	m	38	ㅙ	wae
				39	ㅞ	we
				40	ㅢ	yi

3.2. 표기의 원칙 : 전사법

현재 남북한 간에 사회적으로 널리 인식되고, 사용되고 있는 체계는 전사법체계이다. 이는 로마자표기의 전제가 외국인으로 하여금 그 표기를 통하여 한국어를 한국인과 유사하게 발음해 내도록 하는 것인 만큼, 기본적으로 문자 위주의 것이 아니라 발음 위주의 것이기 때문이다. 즉 로마자표기의 대상이 한글이 아니라 한국어라는 점이 강조되어야 한다는 것이다. 물론 기계화에 의한 로마자표기의 한글 복원력을 감안하면 전자법에 의한 일대일 표기가 뛰어나다는 점도 부인할 수 없다.23) 그러나 로마자표기의 원칙이 외국인으로 하여금 로마자표기를 통하여 한국어를 복원해 내도록 하는 것이라고 볼 때에 전자법체계는 제한적인 용도로 사용할 수밖에 없을 것이고, 전사법체계가 한층 우위에 있다고 보인다.

3.3. 자음표기

ISO에서 로마자표기법의 통일을 위한 논의를 진행하던 기간, 그리고 단일안의 일차적 합의가 이루어진 1992년에는 실제로 남북한에서 사용되고 있었던 표기법 사이에는 크게 차이가 없었던 것이 사실이다.

그러나 북한이 1993년 3월 이 합의안에 대하여 수정안을 제시하므로 인해 최초 합의안은 무시되고 다시 양측의 주장이 팽팽히 맞선 상태로 되돌아가 자음의 경우 두 개의 안을 동시에 사용하기로 하고 말았던 것이다.

그렇다면 여기에서 생각해 볼 수 있는 첫 번째 합의 도출 가능성은 1992년의 합의안으로 돌아가는 것이다.[24] 이는 당시 남북한 양측에 모두 널리 알려져 있던 방식으로 사회적 인지도가 매우 높은 방식이다.

그러나 이 방식은 비록 남북한 사이에 합의가 이루어진 것이기는 하나 그 합의가 로마자표기와 관련한 학문적인 또는 실용적인 고려에 의한 것이라기보다는 정치적인 타협에 의한 것이었기 때문에 당시부터 그 실용성에 의문이 제기되었었다.

이 합의안의 자음표기는 로마자표기의 전제가 되는 한국어로의 복원

---

23) ISO의 합의안은 기계적 처리 위주의 방식으로, 전자법체계로 이루어져 있다.
24) 1992년 5월에 일차로 남북이 합의한 표기안은, 자음은 북한측이 주장한 k, t, p/ kh, th, ph/, kk, tt, pp 안을, 모음은 남한측이 주장한 ㅐ, ㅚ, ㅢ를 ae, oe, yi로 하자는 의견을 각각 수용하여 만들어졌다.

력과 경제성에서 문제를 포함하고 있다. 복원력이라는 측면에서 'ㄱ, ㄷ, ㅂ'을 'k, t, p'가 아닌 'g, d, b'로 표기하는 것이 훨씬 더 유리하다는 점에 대해서는 이미 많은 연구에서 지적된 바 있으므로 다시 재론하지 않는다. 또 이렇게 할 경우 'ㅋ, ㅌ, ㅍ'을 'k, t, p'로 표기하는 것이 가능하게 되어 종래 'kh, th, ph'나 'k′, t′, p″' 등으로 표기하는 것보다 훨씬 경제적으로 표기할 수 있게 되었다.

따라서 필자는 새로운 자음의 표기안으로 다음과 같이 제안한다.

〈표 4〉 자음표기의 통일안

ㄱ	ㅋ	ㄲ	ㄷ	ㅌ	ㄸ	ㅂ	ㅍ	ㅃ	ㅈ	ㅊ	ㅉ	ㅅ	ㅆ	ㅎ	ㄴ	ㄹ	ㅁ	ㅇ
g	k	gg	d	t	dd	b	p	bb	j	ch	jj	s	ss	h	n	r/l	m	ng

이는 기본적으로 TR11941의 남한측 입장 및 현행 남한 표기법과 유사한 방식이다. 다만 이들과 비교하여 다음과 같은 몇 가지 차이를 보인다.

1) TR11941과 비교하면, 'ㅊ'의 표기를 'c'에서 'ch'로 바꾸었다. 이는 경제성의 손상을 감수하고 사회적 관행을 존중하려는 입장이다.

2) 남한 표기법에 비하여 'ㄱ, ㄷ, ㅂ'이 모음 앞에서는 'g, d, b'로 자음 앞이나 음절말에서는 'k, t, p'로 구별 표기되는 것을 허용하지 않는다. 이와같이 구별하면 'k'는 음절말의 'ㄱ'과 모든 위치의 'ㅋ'을 동시에 표기하게 되어 1음운 1표기의 원칙을 위배하기 때문이다.

또 표기체계 내부에서 음절초와 음절말의 표기가 달라져야 하는 이유를 설명하기가 어렵다. 이에 대해 일반 언중들이 음절말의 'ㄱ, ㄷ, ㅂ'이 내파음으로 실현되는 것을 인식하고 있기 때문에 이를 구별하여

'k, t, p'로 적는다고 하는 주장도 있다(정희원, 2000). 남한 표기법의 주요 특징이 유성음과 무성음의 구별이 언중들에게 정확히 인식되어 있지 않기 때문에 이들의 구별표기를 없앤 것이다. 그런데 유성음과 무성음을 구별하지 못하는 일반 언중이 내파음과 외파음의 음성적 차이를 정확히 인식하고 이를 표기할 수 있다는 설명이 타당성이 있는지는 매우 의심스런 주장이다.

남한 표기법에 의하면 '학교'는 'hakgyo'로 표기되어야 한다. 이때 동일한 'ㄱ'을 'k, g'의 두 가지로 표기하게 되는데 이러한 이유를 구체적으로 설명하기가 쉽지 않다. 따라서 이를 'haggyo'로 표기하자는 것이다. 또 이 표기방식은 다음에 언급하게 될 경음의 표기와도 관련되어 생각해 보아야 한다.

3) 경음의 표기 'kk, tt, pp'를 'gg, dd, bb'로 바꾸었다. 이는 전자법의 특성을 채택한 것이다. 'ㄱ, ㄷ, ㅂ'을 'g, d, b'로 표기하였으므로 이를 체계적으로 대응시키고자 하는 것이다. 정희원(2000)은 이에 대해 "g, d, b는 보통 유성음을 표기하는 글자이므로 무성음인 경음을 표기하는데 적합하지 않아서 무성음 글자인 k, t, p를 겹쳐 쓰게 되었다"고 밝히고 있으나, 이미 'g, d, b'를 'ㄱ, ㄷ, ㅂ'의 표기에 대응시킨 상황에서 유성음과 무성음의 구별을 거론하는 것은 설득력이 없다.

그리고 위의 '학교'의 경우 이는 실제 발음에서 경음으로 발음된다. 그런데 'hakgyo'의 표기로는 경음의 발생을 예상할 수 없다. 왜냐하면 남한 표기법은 'ㄲ'을 'kk'로 표기하도록 했기 때문이다. 따라서 자음의 경우 음절초와 음절말의 표기를 동일하게 하면 경음의 발생도 충분히 예상하는 표기가 될 수 있다.

3.4. 모음표기

남북한 사이에 모음표기 방식은 이미 ISO의 TR11941에 합의가 되어 있는 상태이다. 따라서 이 합의내용에 크게 문제가 없는 한 이를 사용하는 것이 바람직하다. TR11941은 전자법을 원칙으로 합의된 표기안이지만 모음의 경우는 실질적으로 전자법과 전사법에 따른 표기상의 차이가 나타나지 않는다.

남한 표기법과 TR11941은 21개의 모음 가운데 '눠, ㅢ' 2개 모음의 표기가 다르다. 이들의 표기를 TR11941은 'weo, yi'로 2000년 안은 'wo, ui'로 하도록 하였다. 그런데 이들 표기를 북한의 실제표기는 모두 남한과 동일하게 표기하고 있다.[25] 전자법의 원칙에 비추면 '눠'는 'weo'로 표기하는 것이 정당하다고 하겠으나 표기의 간편성을 고려하면 'wo'로 하는 것도 용인할 수 있다.

또 'yi'의 경우 다른 이중모음의 표기에서 'y'가 '반모음 ㅣ'를 나타내는 부호로 사용되고 있다는 일반의 인식에 혼란을 초래하지 않기 위해서도 'yi'보다는 'ui'로 표기하는 것이 옳다고 생각된다. 역시 북한에서도 'ui'로 표기하고 있다.[26]

북한의 1987년의 ISO제안, 그리고 현재 실제 표기 예와 비교하여도 TR11941은 커다란 차이를 보여주지 않는다. 실제표기는 1956년 안에서 특수부호를 생략함으로 인해 'ㅓ'와 'ㅗ', 'ㅜ'와 'ㅡ'가 구별이 되지 않는다. 이런 이유로 1987년 제안은 'ㅓ, ㅗ, ㅜ, ㅡ'를 각각 'eo, o, u, eu'로 구별하도록 하여 합의가 이루어졌다. 다만 'ㅐ'의 경우 1987년 제안은 'ai'

---

25) 원산 Wonsan   위원 Wiwon
26) 의주 Uiju   희천 Huichon

이나 TR11941은 'ae'로 정하였다. 그러나 최근 실제 표기를 보면 이 표기는 북한에서도 'ae'로 표기되고 있어[27] 남한과 같이 사용하여도 문제가 없을 것으로 보인다.

그렇다면 결국 모음 표기는 남북한의 기존 합의 사항과 현재 표기사항을 고려할 때 남한의 현 표기법을 남북한 간의 통일표기방식으로 채택하는 것이 바람직하다.

3.5. 인명표기

한국인 인명의 표기 방식은 한국식으로 성과 이름의 순서로 표기하는 것이 당연하다. 북한에서 고수하고 있는 삼 음절 독립표기방식은 외국인으로 하여금 한국인의 성에 관한 오해를 야기할 소지가 있어 바람직한 표기 방식은 아니다. 다만 성의 표기는 개별 성씨의 오랜 전통과 관습이 있기 때문에 쉽사리 표기 규정을 지키도록 강요하기 어려운 것이 현실이다.

더욱이 북한의 경우 김일성 부자의 표기에 대해서는 절대적으로 현재 표기를 고수하려는 입장이기 때문에 위에서 제안한 표기규정을 들어 이를 강제하려는 것은 현실성이 없다. 따라서 성씨의 표기에 대해서는 별도의 규정을 정하는 것도 고려의 대상이 된다 하겠다.

---

27) 해주 Haeju   개성 Kaesong   남대천 R.Namdae   백로술 Paekrosul

3.6. 고유명사 표기

지명이나 문화재명 등의 후부요소를 그에 해당하는 외국어 특히 영어로 표기하는 문제는 일률적으로 결정되어져야 할 문제이다. 남한의 규정처럼 띄어쓰기 여부에 의하여 이를 구분하는 것은 단어 개념의 혼란으로 인하여 표기상의 일관성을 확보하기가 어렵게 된다. 북한처럼 모든 후부요소를 일률적으로 영어단어로 표기하는 것은 외국인으로 하여금 해당 고유명사의 성격을 분명히 한다는 점에서 매우 기능적이다. 그러나 로마자표기의 기본취지가 한국어로의 복원력을 중시하는 것이라면 '광화문'을 'Gwanghwa Gate'라고 했을 때 발생하는 문제 또한 작은 것은 아니다. 이를 해결하기 위해서는 'Gwangwhamun(Gate)'처럼 고유명사 전체를 음소표기하고 해당 지명의 의미를 ( )속에 병기하는 방식이 적절하리라고 생각한다.

4. 결론

음운체계가 상이한 언어를 동일한 문자로 완벽하게 표기한다는 것은 불가능하다. 국어의 로마자표기도 마찬가지여서 완전한 표기법은 어차피 존재할 수 없다. 현행 남북한의 로마자표기는 기본적으로 자음은 영어식, 모음은 이탈리아어식을 채택한 M-R이래의 원칙을 준수하고 있다. 이는 로마자표기를 영어표기로 인식하려는 사회적 인식과 괴리되어 있어 더욱 혼란이 야기되고 있다.

남한에서는 정부 수립 이래 4번에 걸쳐 표기법을 개정하는 과정에서 적극적인 교육과 홍보가 미흡하여 사회적으로 표기법의 혼란을 가중시켜 왔다. 반면 북한은 1956년 표기법을 규정한 이래 지금까지 동일한 규정을 사용하여 오고 있다. 그러나 북한에서도 규정에 어긋난 표기들이 많이 나타나고 있다.

현재 남북한의 표기법은 일치하지 않는다. 이로 인해 국제적으로 한국어의 동질성에 의문을 제기하는 경우가 발생하게 되고, 국제기구에 의해 표기법의 통일이 요구되기도 하였다. 따라서 로마자표기법의 남북통일은 단순히 표기법의 정리라는 어문정책상의 범위를 넘어서 국제적으로 한국어와 한국문화의 동질성을 확보하는 출발점이 된다 하겠다.

남북한 간의 로마자표기를 통일하기 위해서는 앞으로도 많은 논의가 있어야 할 것이다. 이 과정에서 남북은 정치적인 혹은 이념적인 고려를 최소화하고, 순수하게 학문적, 실용적인 입장에서 규정을 만들어 나가려는 자세가 무엇보다도 요구된다.

이를 위해 필자는 ISO/TR11941의 합의안과 남한의 현행 표기법을 골자로 하는 표기안을 제시해 본다. 이 안은 나름대로 한국어의 복원력이 우수하고, 표기 문자의 수를 최소화하여 경제성을 확보하고 있다고 판단하기 때문이다.

로마자표기의 일관성은 남북한 사이는 물론 남한 내부에서도 유지되어야 한다. 이를 위해서는 규정의 정비와 함께, 지속적이고 광범위한 교육과 홍보, 규정의 준수를 이끌어내기 위한 강력한 제도적 뒷받침 등이 뒤따라야 한다.

로마자표기법의 연구 성과와 대중화의 과제

1. 서론

이 글은 로마자표기법에 대한 연구 성과와 대중화의 과제를 다루고 있다. 국어의 로마자표기는 개화기에 외국인 선교사들이 우리나라와 관련한 사항들을 자신들의 문자 표기방식에 의해 기록하기 시작한 이래 매우 다양한 방식으로 전개되어 왔다. 일제강점기에 국내적으로는 일본인에 의하여 몇몇 표기법이 제안되었으며 1940년에는 조선어학회가 <朝鮮語音 羅馬字 表記法>을 제정하였으나 당시 우리의 사회적 환경에서 이들은 거의 주목받지 못하였다. 반면 국외에서는 1939년 미국인 매큔(G.McCune)과 라이샤워(E.O.Reischauer)가 만든 표기법인 소위 매큔-라이샤워 방식(MR)이 널리 알려지면서 현재까지 가장 중요한 표기법으로 인정받고 있다.

우리의 공식적인 로마자표기법은 1948년 대한민국 정부가 <한글을 로오마자로 적는 법>을 고시하여 최초로 공식적인 표기법을 가지게 된 이후 1959년 <한글의 로마자표기법>으로 변경되었고 이는 다시 1984년 <국어의 로마자표기법>, 2000년 <국어의 로마자표기법>에 이르러 현재 사용되고 있다.

이러한 변화는 결국 표기 원리에 대한 다양한 전문가의 의견 대립으로 인한 것이었으며 이 과정에서 구체적인 변경의 이유나 학술적 견해 등에 대해 자세히 알지 못하는 일반 대중들은 공식적인 표기법의 존재 여부 또는 표기법이 제시하는 표기원리와 관계없이 자신들의 편의대로 표기하기에 이르렀으며 이로 인해 현재 우리 사회의 로마자표기 실태는 과연 우리나라에 공식적인 표기법이 있는지조차 의심하도록 만드는 상황에 이르게 되었다.

이는 결국 전문가 그룹에 의한 학술적 연구가 대중들의 인식과 유리되어 있었음을 입증한다 하겠다. 따라서 이 글은 이러한 상황을 점검하고 이에 대한 반성적 논의를 통해 연구 성과의 대중화를 위한 과제를 제시하고자 한다.

이를 위해 이 글은 먼저 그동안 국내에서 진행된 로마자표기법에 관련된 연구 성과들을 간단히 점검해 본 다음 현재 대중들이 인식하고 있는 사항을 몇몇 보고서의 사례를 통해 점검한 뒤 이를 대중들에게 널리 확산시키기 위한 과제를 세 가지 측면에서 제시해 보고자 한다.

2. 연구경향

연구경향을 살피기 위하여 이 글에서는 로마자표기에 관한 연구들을 시기와 연구영역의 두 가지 기준으로 나누어 고찰하기로 한다. 먼저 수집된 자료[1]들을 이 기준에 따라 나누어 그 결과를 다음 <표 1>로 제시하고 논의를 이어 간다.[2]

<표 1> 로마자표기법에 관한 시기별 영역별 연구 통계

기간	표기원리		표기실태		교육·인식		어문정책		기타		계
	학위	일반	학위	일반	학위	일반	학위	일반	학위	일반	
1970	-	5	-	-	-	-	-	-	-	-	5
1980	-	16	-	1	-	-	-	2	-	-	19
1990	3	16	1	8	-	-	1	3	2	5	39
2000	2	29	4	4	5	5	1	11	3	15	79
계	5	66	5	13	5	5	2	16	5	20	142

2.1. 시기별 연구경향

연구의 흐름을 파악하기 위한 시기별 구분은 대략 다음과 같다.

1) 광복~1970년대
2) 1980년대
3) 1990년대
4) 2000년대

---

1) 연구경향을 살피는데 사용한 자료는 한국교육학술정보원(KERIS)이 제공하는 학술연구정보서비스인 RISS에 수록되어 있는 학위논문과 일반논문을 대상으로 하였다. 그러나 이 자료에 포함되지 않았더라도 필자가 개별적으로 확인하여 수집한 자료는 대상에 포함시켰다. 다만 학위논문 가운데 교육대학원의 학위논문은 자료에서 제외하였다. 교육대학원의 논문은 연구 성과라고 보기에는 대부분 미흡하였기 때문이다.
2) 표 가운데 '학위'는 석사와 박사학위 논문을, '일반'은 일반적인 국내 학술지에 게재된 논문을 뜻한다.

1)의 시기는 1948년과 1959년에 고시된 로마자표기법이 시행된 시기이나 사회적으로는 거의 사용되지 않았다. 그리고 이에 대한 연구도 그리 활발하지 않은 시기였다. 다만 1970년대 말에 이르러 당시 사용되던 표기법의 문제점을 지적하고 개정을 요구하는 논의들이 나타나기 시작하였다. 이 시기에 주목되는 논문은 김충배(1978)로, 김충배는 여기에서 바람직한 로마자표기법이 갖추어야 하는 다섯 가지 기준을 제시하여 로마자표기에 대한 객관적 평가의 틀을3) 세우고자 한 점이 두드러진다.

2)의 시기는 1984년의 로마자표기법 개정과 관련하여 이에 대한 논의가 본격적으로 시작되는 시기였다. 특히 이상억(1981, 1982), 이현복(1983), 김차균(1983)은 본격적인 표기법 관련 논의의 물꼬를 텄다는 점에서 매우 중요한 업적들이다. 표기법 개정 이후에도 이에 대한 논의는 지속되는데, 유만근(1985)도 표기법에 대한 비판적인 대안을 제시하였고, 특히 김복문(1988)은 무역실무에서 겪은 경험을 바탕으로 '모의발음법'이라는 표기법을 제안하고 있다.

3)의 시기에 들어 연구가 본격적으로 진행된다. 이 시기에 들어 도형수(1992)를 시작으로 일반대학원에서 석사, 박사 학위논문이 나오기 시작하였다. 특히 표기의 원리에 대한 논의보다는 표기실태에 관한 실증

---

3) 다섯 가지 기준은 다음과 같다. 첫째, 로마자표기의 목적이 우리말을 못하거나 읽을 줄 모르는 외국인의 communication의 수단임으로 한글보다 로마 철자 구조의 개념을 쫓아야 할 것이다. 둘째, 표기가 외국인에게 자연스럽고 분명해야 하며, 한글을 그대로 로마자로 옮겨 적기보다는 원음을 제시해 주어야 한다. 셋째, 공적인 표준 통일 표기법은 우선 일반인을 위한 사회적 용도에 적합해야 한다. 넷째, 간편해야 하고 보통 타자기로 찍을 수 있어야 하며 구별부호는 안 쓰거나 최소한으로 줄여야 한다. 다섯째, 조직적이고 일관성이 있어야 하며 상당한 언어학적 기준에 달해야 한다.(김충배, 1978 : 75)

적 연구들이 나타나기 시작하였는데, 서정수(1991)은 본격적으로 인명의 표기실태를 다루기 시작하였고 정경일(1997)과 김혜숙(1998)이 뒤를 이었다. 특히 국립국어원이 발간하는 『새국어생활』은 1997년 여름호에서 로마자표기를 특집으로 다루면서 표기법의 성격(이익섭, 1997), 표기실태(김세중, 1997), 역대 주요표기법의 비교(정희원, 1997), 일본의 표기법(강인선, 1997), 중국의 표기법(허성도, 1997) 등 폭넓은 주제를 다루고 있다.

그리고 특히 이 시기에 중요한 업적은 한글표기를 로마자로 자동전환하는 언어처리에 대한 관심이 나타나기 시작하였다는 점이다. 유경희(1991)과 이태영(1992)에서 비롯된 로마자표기의 자동화 방법에 대한 연구는 이후 지속적인 연구결과물을 산출하고 있다.

4)의 시기에 들어오면서 로마자표기에 관한 관심은 매우 다양해졌다. 종래 중요한 관심사였던 표기실태에 대한 고찰보다는 표기법의 교육과 인식, 그리고 이와 관련한 어문정책 등에 대한 관심이 늘어나면서 연구의 경향이 이론적인 측면에서 점차 실제적이고 대중화의 방향으로 선회하고 있음을 보여준다. 이런 결과가 나타난 것은 2000년의 새로운 표기법 개정의 영향으로 파악된다. 즉 이미 정해진 표기법에 대해 이론적인 논란을 벌이는 것보다는 정해진 표기법을 사회적으로 정착시키기 위한 방안의 마련이 중요하다는 인식이 확산되었기 때문이다. 한편 로마자표기법을 단순한 표기가 아니라 번역과 연관시켜 논의하기 시작하였고(김정우, 2008 ; 정호정, 2008 ; 정경일, 2011) 로마자표기의 자동전환 및 검색에 관한 연구들도 꾸준히 지속되고 있다.(김광현, 2000 ; 김홍섭, 2002 ; 송현제, 2010)

2.2. 연구영역별 연구경향

연구영역의 구분은 다음과 같이 하였다.

    1) 표기원리
    2) 표기실태
    3) 교육, 인식
    4) 어문정책
    5) 기타

각각의 영역에 대해 간략히 기술하고자 한다.

1) 표기원리에 대한 연구는 로마자표기 연구의 근간을 이루고 있는 영역으로 우리말 자음과 모음의 표기에 어떤 로마자를 배당하는가가 논의의 초점이었다. 자음의 경우 로마자와 비교할 때 유성음과 무성음이 음소적으로 구별되지 않는 반면 경음과 격음의 변별이 분명한 한국어 자음의 특성을 어떻게 로마자로 표현해 내느냐가 중요한 과제였다. 또한 모음이 5개에 불과한 로마자를 가지고 국어의 8개 단모음체계를 표기하기 위한 방안의 도출이 이어졌다. 그리고 이 과정에서 항상 비교의 대상이 된 것은 MR체계이었다. 로마자표기법이 정부수립 이후 4번에 걸쳐 개정된 것은 이런 표기원리에 대한 지속적인 논의의 산물이었다고 보인다. 이상억(1981), 이현복(1983), 유만근(1998) 등이 로마자표기의 성격에 대해서, 김복문(1991), 유만근(1998), 양병선(2000ㄱ) 등은 자신들의 독특한 표기법을 제안하였으며 허철구(2000), 양병선(2000ㄴ, 2003)은 성씨의 표기에 대해 논의하고 있다.

2) 표기실태에 대한 연구는 주로 인명과 관광안내표지, 도로표지 등

의 표기에 대해 실태를 조사하여 보고하고 있다. 김세중(1997)은 도로명과 인명, 회사명 등을 전반적으로 다루었고 정경일(1997), 김혜숙(1998)은 인명표기의 양상을 다루었다. 특히 정경일(1999)는 독립신문의 표기양상을 다루어 로마자표기의 사적 흐름을 파악할 수 있도록 하였다. 최형강(2007)은 신문의 어휘 표기 양상을 다루고 있다. 이러한 논의는 모두 실제 표기를 규범과 비교하여 표기법이 제대로 지켜지고 있지 않음을 보고하고 있다.

3) 교육과 인식에 대해서는 2000년대 들어 관심을 보이기 시작한 영역으로 정경일(2001ㄱ), 김혜숙(2001ㄱ, 2005) 등은 초중등학교의 로마자표기 교육의 문제를, 남경완(2008), 배재덕(2010)은 대학교에서의 교육문제를 다루고 있다.

4) 어문정책은 어문규범 속에서 로마자표기법의 위상과 관련된 문제와 남북한의 표기법통일, 로마자표기법과 관련된 정책적 측면들을 다루고 있다. 전동기(1986), 유목상(1990)은 어문정책 속에서의 로마자표기법의 문제를 다루었고, 송기중(1988), 정경일(2003)은 남북한 간의 표기법 문제를, 정경일(2006, 2008, 2010)은 정책적 측면을 다루고 있다.

5) 기타 영역에서는 한글의 로마자 자동전환 처리 방식에 대한 연구의 활성화가 눈에 띈다. 유경희(1991)과 이태영(1992)에서 비롯된 언어처리 기법에 대한 연구는 2000년대 들어 인터넷을 중심으로 자동변환시스템이 서비스되면서 더욱 활발하게 논의되고 있다.

3. 로마자표기법에 관한 대중의 인식 파악

앞에서 살펴 본 바와 같이 로마자표기에 관한 연구는 여러 영역에서 지속적으로 꾸준히 진행되어 상당한 연구 업적들을 축적해 오고 있다. 그러나 전문가들에 의한 이러한 연구결과의 축적에도 불구하고 현실적으로 로마자표기는 여전히 상당한 혼란과 오류를 보이고 있음도 사실이다. 왜 이런 현상이 나타났는지를 논하기에 앞서 표기법에 대한 대중들의 인식을 먼저 점검하는 것이 로마자표기법의 대중화를 위한 선결 과제이다.

로마자표기법을 포함하는 제반 어문규범에 관한 인식의 점검은 우선적으로 국어기본법에 제시되어 있는 범주를 대상으로 고찰해 보아야 한다. 2005. 1. 27에 제정된 국어기본법은 국어와 관련된 여러 정책들을 입안하기에 앞서 이들 정책의 수립에 필요한 국어능력, 국어 의식, 국어사용 환경 등에 관한 자료를 수집하거나 실태를 조사할 수 있도록 규정하고 있다.4) 좀 더 구체적으로 이러한 정책들이 국민들의 언어생활에 어떤 영향을 미치고 있는가를 평가하도록 의무화하고 있다. 평가의 내용 가운데 중요한 것은 어문규범의 필요성 및 중요성 등에 대한 국민의 인식과 어문규범으로 인한 국민의 국어사용의 변화 정도, 어문규범이 국민의 국어사용에 미치는 영향과 아울러 좀 더 구체적으로 어문규범의 현실성 및 합리성을 측정하여 어문규범에 대한 국민의 인지도 및 수용도, 만족도 등을 평가하도록 규정하고 있다.5)

---

4) 국어기본법 제9조 (실태 조사 등) : ① 문화체육관광부장관은 국어 정책의 수립에 필요한 국민의 국어능력, 국어 의식, 국어 사용 환경 등에 관한 자료를 수집하거나 실태를 조사할 수 있다.
5) 국어기본법 제12조 (어문규범의 영향평가) : ① 문화체육관광부장관은 어문규범

이에 따라 그동안 로마자표기와 관련한 몇 가지 조사가 진행되었다. 최근 국립국어원이 중심이 되어 수행한 조사 가운데 중요한 것들은 다음과 같다.

> 1) 손중선(2007), 로마자표기 현황 실태 분석
> 2) 이은영(2007), 로마자표기에 대한 외국인의 발음 분석
> 3) 박병일(2007), 외국인 대상 로마자표기법 반응 조사 결과 보고서
> 4) 한글학회(2010), 국어의 로마자표기법 영향평가
> 5) 이관규(2010ㄴ), 어문규범의 단계별 교재개발을 위한 실태조사 결과보고서
> 6) 국립국어원(2010), 국민의 언어의식 조사

국립국어원은 국어기본법이 시행되기 이전에도 이와 관련한 조사들을 꾸준히 시행해 오고 있었다. 이 가운데 로마자표기와 관련된 것으로 중요한 것들은 다음과 같다.

> 7) 민현식(2001), 국어 사용 실태 지수 개발 및 조사 방법에 관한 연구
> 8) 양명희(2005), 국민의 언어의식 조사

한편 국립국어원은 아니나 정부기관인 [국가경쟁력강화위원회]에서도 이와 관련하여 다음의 조사를 시행한 바가 있다.

> 9) 엄익상(2010), 한글 로마자표기법 해외 사용실태 조사분석 보고서

이 국민의 국어 사용에 미치는 영향과 어문규범의 현실성 및 합리성 등을 평가하여 정책에 반영하여야 한다.

이 글은 이러한 연구결과를 바탕으로 로마자표기에 관한 대중의 인식을 로마자표기법에 대한 인지도와 표기의 정확도 그리고 이러한 인식 형성의 기반이 되는 교육과 홍보의 정도라는 세 가지 측면에서 살펴보고자 한다.

3.1. 로마자표기법에 대한 인지도

이 절에서는 우리 대중들의 로마자표기법의 존재여부, 구체적 내용에 대한 인식의 정도 등을 다룬다. 한글학회(2010)은 국어기본법에 의하여 실시된 본격적인 로마자표기 영향평가이다. 국내의 전문가와 일반인을 나누어 표기법에 대한 인지여부를 조사하였는데 그 결과를 표로 제시하면 다음과 같다.6)

<표 2> 로마자표기법 인지여부

(단위 %)

	매우 잘 알고 있음	알고 있음	들어본 적 있음	모름
일반인	-	32.5	42.5	25.0
전문가	3.8	45.0	32.5	18.8

전문가의 48.8%, 일반인의 32.5%가 로마자표기법에 대해 잘 알고 있거나 알고 있다고 답하였다. 전혀 모른다는 응답자의 비율이 일반인 25.0%, 전문가 18.8%이었다.

이와 유사한 또 다른 조사를 살펴보자. 국립국어원은 2005년과 2010

---

6) 이하 한글학회(2010)의 내용에 관한 도표는 별도의 설명이 없는 한 한글학회 (2010)의 내용을 필자가 정리하여 재구성한 것임을 밝힌다.

년 두 차례에 걸쳐 우리 국민들의 언어의식을 조사한 바가 있다. 이때 조사항목의 하나로 언어규범에 대한 인지도를 조사하였다. 동일한 문항에 대한 두 번의 응답 결과를 정리하여 하나의 도표로 재구성하여 제시하면 다음과 같다.[7]

<표 3> 어문규범의 인지에 대한 언어의식 조사 결과

(단위 %)

	알고 있다	알고는 있으나 정확하게 어떤 내용인지 모른다	있을 거라고 생각은 했지만 모르고 있었다	전혀 모른다
2005	17.5	41.0	21.5	19.9
2010	12.2	29.2	25.7	32.8

조사결과를 보면 5년 사이에 전체적으로 어문규범에 대한 인지도가 대폭 낮아지고 있음을 볼 수 있다. 2005년의 조사에서는 정도의 차이는 있으나 알고 있다는 응답자가 58.5%였으나 2010년에는 이 비율이 41.4%로 낮아지고 반면 '전혀 모른다'는 응답자가 19.9%에서 32.8%로 높아졌다. 이만큼 어문규범에 대한 국민들의 의식이 낮아지고 있음을 알 수 있다.

한글학회(2010)과 언어의식 조사결과를 통해 알 수 있는 것은 우리 국민들의 언어규범에 대한 인식이 비교적 낮다는 점이다. 설문 구성상의 차이로 인하여 두 조사 결과 사이의 단순 비교는 쉽지 않으나 적어도 로마자표기법을 포함한 어문 규범에 대해 25% 내외의 국민들은 그 존재에 대해 잘 알고 있지 못함을 알 수 있다.

---

7) 이 조사 항목의 질문은 "○○님은 한글 맞춤법, 표준어규정과 같이 국어를 적는 데 필요한 어문규범이 있다는 것을 알고 있습니까?"로 되어 있어 명시적으로 로마자를 지칭하고 있지는 않다. 그러나 포괄적 의미에서 어문규범에 대한 인식을 확인하는 조사이므로 로마자표기법에 대한 인식의 정도를 알아보는데 방증자료로 원용할 수 있을 것이라 판단된다.

  어문규범의 존재에 대한 인지여부와 구체적인 내용에 대한 인지여부는 별개의 논점일 수 있다. 어문규범의 내용에 대해 구체적으로 얼마나 알고 있는가에 대한 논의는 민현식(2001)의 연구결과가 하나의 시사점을 제공해 준다. 민현식(2001)은 2000년 5월 실시된 제1회 국어능력인증시험 결과를 분석하였는데, 그 결과 인증시험의 듣기, 어휘, 어문규정, 읽기, 쓰기의 5개 영역 가운데 어문규정 영역의 점수가 가장 낮았음을 밝혀내고 있다.[8] 필자는 이 연구결과를 바탕으로 어문규범별 점수를 재구성하여 보았다.(정경일, 2010) 그 결과를 다음에 표로 제시한다. 이 표를 보면 우리 국민들의 어문규범에 대한 이해도가 그리 높지 않음을 알 수 있는데, 특히 로마자표기의 평균점수가 모든 연령대에서 가장 낮게 나타나고 있음을 볼 수 있다.

<표 4> 제1회 국어능력인증시험 어문규범 점수표

	맞춤법 1	맞춤법 2	맞춤법 3	외래어표기	로마자표기	표준어	표준발음
초등생	0.61	0.55	-	0.50	0.32	0.47	0.71
중고생	0.68	0.57	0.50	0.58	0.40	0.49	0.75
대학생	0.75	0.57	0.51	0.65	0.43	0.61	0.79
일반	0.64	0.44	0.46	0.56	0.44	0.49	0.71
평균	0.67	0.49	0.49	0.57	0.40	0.52	0.74

---

8) 민현식(2001)에 정리된 영역별 점수는 다음과 같다.

영역	문항 수	백분율 환산 점수
듣기	30	86.30
어휘	15	72.86
어문규정	15	65.24
읽기	40	80.81
쓰기	20	75.72
전체	120	78.40

결국 우리 국민들은 어문규범에 대해 잘 모르고 있을 뿐만 아니라 그 가운데에서도 로마자표기에 대해서는 더욱 낮은 인식도를 보이고 있다.

한편 로마자표기법을 실생활에서 얼마나 활용하는가를 확인하기 위하여 한글학회(2010)은 표기법의 사용여부를 조사하였다. 이 조사는 실제로 한국어를 로마자로 표기해 본 경험이 있는지와 로마자로 표기된 한국어를 읽어 본 경험이 있는지 등 두 가지를 조사하였다. 조사결과를 표로 정리하여 제시하면 다음과 같다.

<표 5> 로마자표기의 사용경험

(단위 %)

	매우 자주 씀	자주 씀	가끔 쓰는 편임	한두 번 써 본 적이 있음	사용해 본 적이 거의 없음
일반인	-	-	22.5	42.5	35.0
전문가	4.4	5.0	29.4	35.6	25.6

로마자표기의 경우 전문가들은 비교적 사용 경험이 잦은 것으로 나타나고 있으나[9] 일반인의 경우 사용빈도가 낮다. 반면 읽어 본 경험은 표기해 본 경험에 비해서는 비교적 높은 수치가 나타난다. 다음의 표를 보자.

---

9) 이 조사에 응한 전문가그룹에는 직무종사자, 언어전공자로 구성되어 있는데, 직무종사자란 국제우편업무, 여권·비자업무, 국제협력 업무 담당자 등 로마자표기법 사용에 보다 밀접한 관련이 있는 업무 종사자이므로 이들은 사용 경험이 95%가 넘고 40%가 자주 사용하고 있다.(한글학회, 2010 : 82)

〈표 6〉 로마자표기를 읽어 본 경험

(단위 %)

	매우 자주 읽음	자주 읽음	가끔 읽음	한두 번 읽어 봄	읽어 본 적이 거의 없음	무응답
일반인	–	15.0	55.0	22.5	7.5	1.9
전문가	6.9	15.6	36.3	20.0	7.5	13.8

우리 사회에는 도로표지판이나 관광안내문을 비롯한 사회 구석구석에 로마자표기법에 의한 표기물이 존재하고 있으므로 이를 전혀 보지 못할 수는 없다. 그럼에도 읽어 본 적이 거의 없다는 응답자는 표기법에 대한 무관심 때문인 것으로 해석할 수밖에 없다.

한편 우리의 로마자표기법에 대한 해외 전문가들의 견해는 어떠한가? 이에 대해 조사한 엄익상(2010)에 따르면 우리나라와 아시아를 제외한 세계 각국에서 가장 많이 사용하고 있는 표기법은 MR이다. 이러한 경향은 미국(70%)보다 유럽(72%) 및 대양주(80%)에서 더 두드러진다고 한다. KR[10]의 사용자는 대륙별로 20-22% 정도에 불과하다. 직업군별로 나누어 보면 도서관에서는 100%가 MR을 사용하고 학자군도 67%가 MR을 사용하고 있다. KR을 사용하는 학자들은 25%에 불과하다. 따라서 MR과 KR의 사용비율은 약 3 : 1에 해당한다고 한다. 그들이 MR을 선호하는 이유는 발음의 정확성과 국제사회에서의 높은 보급률, 배우기 쉽고 사용상의 편의 등을 꼽았다.

---

10) 앞으로 필요한 경우 현행 표기법을 줄여 KR(Korean Romanization)이라 표기하기로 한다.

3.2. 표기와 발음의 정확도

3.2.1. 표기의 정확도

국어를 로마자로 표기하는 주체는 원칙적으로 한국인이다. 한글학회 (2010)은 국어를 로마자로 표기할 때의 정확도를 확인하는 조사를 내국인을 대상으로 실시하였다. 일반인과 전문가로 나누어 실시하였는데 조사대상 단어는 25개였다. 이를 대상으로 단어별 표기와 음절 내 위치별 음소 표기의 정확도를 조사하였다.[11] 표기 실태 조사 결과는 다음과 같다.

〈표 7〉 내국인의 표기 정확도

(단위 %)

	단어	초성자음	중성모음	종성자음
일반인	29.1	86.0	57.8	85.5
전문가	33.0	88.1	62.9	88.8

조사 결과에 따르면 단어 표기의 정확도와 음절 내 위치별 음소의 표기 정확도가 상당한 차이가 있음을 발견할 수 있다. 개별 음소별 표기 오류가 결합되면 단어의 오류로 나타나는 것으로 볼 수 있다. 음소별 표기에서 개별적인 차이가 나타나기는 하지만 전체적으로 볼 때 모음의 정확도가 매우 낮게 나타나고 있다. 특히 로마자표기에서 항상 논란의 대상이 되는 ㅓ, ㅕ, ㅡ, ㅢ, ㅚ 등의 정확도는 평균보다 훨씬 낮게 나타나고 있다. 이들의 정확도를 표로 제시하면 다음과 같다.

---

11) 단어별 또는 음소별 표기 실태는 한글학회(2010 : 68-79)를 참조할 것.

<표 8> 내국인의 음소별 표기 정확도

(단위 %)

	ㅓ	ㅋ	ㅡ	ㅢ	ㅚ
일반인	37.3	34.0	50.4	35.0	30.0
전문가	36.3	33.2	49.2	36.5	34.6

따라서 일반 대중들이 어려워하는 이들 음소의 표기 정확도를 높이는 방안의 마련이 중요한 시점이다.

3.2.2. 발음의 정확도

로마자표기법의 가장 중요한 목적은 표기를 통한 한국어 발음의 환원이다. 이런 관점에서 한글학회(2010)은 외국인을 대상으로 표기를 통한 한국어 발음 실태를 조사하였다. 이 조사는 우선 표기를 현행 표기법과 MR표기 두 가지를 제시하고 이들의 환원성을 비교하였다. 이 이유는 현행 표기법이 시행된 지 10여 년이 지났음에도 여전히 외국에서는 MR식 표기가 사용되고 있기 때문이라는 사실과 우리의 로마자표기법 개정 논란이 있을 때마다 거론되는 표기법이 바로 MR식 표기법이기 때문이다. 조사는 모두 440명의 외국인을 대상으로 실시하였는데 재외 외국인이 220명, 재한 외국인이 220명이었다. 조사를 위해 선정된 단어는 50개이며 이를 앞서 언급한 두 가지 표기법에 맞게 표기한 뒤 발음하게 하고 분석하여 한국어 발음과의 정확도를 평가하였다.

조사결과 외국인의 발음 정확도는 다음과 같다.

<표 9> 외국인의 표기별 발음 정확도

(단위 %)

조사대상	재외 외국인		재한 외국인	
표기종류	KR	MR	KR	MR
초성자음	71.1	62.1	81.2	78.5
중성모음	49.9	57.5	73.6	77.7
종성자음	85.0	85.3	91.2	92.3

　조사 결과를 보면 먼저 자음의 경우에는 KR이 MR보다 정확도에서 다소 뛰어난 것으로 보이나, 모음의 경우는 그 반대의 현상이 나타나고 있다. 따라서 어떤 표기법이 더 우수한지에 대해서는 섣부른 판단을 하기 어렵다. 그런데 조사결과에서 흥미로운 것은 재한 외국인의 경우 재외 외국인에 비해 모든 위치에서 발음의 정확도가 더 높게 나타나고 있다는 점과, 두 가지 방식에 의한 한국어 발음 정확도 사이의 편차가 재외 외국인들에게서 나타나는 것보다 상당히 줄어들었다는 점이다. 이는 결국 외국어 발음은 표기법보다는 해당 외국어에 대한 노출의 정도에 영향을 받는다는 평범한 사실을 일깨워 주는 결과이다.

　한글학회(2010)은 외국인의 발음을 음절의 위치별로 나누어 조사하였다. 반면 이은영(2010)은 단어별로 외국인의 발음 정확도를 조사하여 보고하고 있다. 조사를 위한 단어의 표기방식은 한글학회(2010)이 KR과 MR을 비교하고 있는데 비해 이은영(2010)은 KR과 김복문의 '모의발음부호법'을 비교대상으로 삼았다. 조사목적에서 밝힌 바에 따르면 로마자표기법에 대한 개정 의견 가운데 영어식으로 개정해야 한다는 의견이 많음에 따라 영어의 음절구조에 따른 표기방법으로 제안된 모의발음부호법을 KR과 비교하게 되었다고 한다.

　조사는 20개의 어휘를 두 가지 표기법으로 전사한 뒤 이를 다양한 언어권의 243명의 외국인에게 발음하게 하고 얼마나 한국어 발음에 가깝게 실현하는가를 점검하는 방식으로 진행하였다. 그 결과 두 가지 표기에 대한 한국어 발음의 실현율은 KR에 대해서는 53.7%가, 모의발음부호법 표기에 대해서는 41.1%로 나타나 모의발음부호법보다 KR이 더 우수한 표기법으로 보고되었다.[12]

그러나 두 가지 표기법에 의한 발음의 차이보다 중요한 것은 KR에 의한 발음의 실현율이 53.7% 수준으로 나타나고 있다는 점이다. 이은영(2010)과 한글학회(2010)은 조사 대상이 다르기 때문에 상호비교는 적절하지 않다. 그리고 위에 언급한 표기 정확도의 예에 비추어 보면 개별 자음의 정확도보다 이들을 결합하여 단어로 발음할 때의 정확도가 더 낮아질 것이라는 점은 쉽게 유추할 수 있다. 이런 점을 감안한다 하더라도 50% 수준의 실현율이라고 하는 점은 그 원인과 정확도의 향상을 위한 방안 마련에 대해 충분한 검토가 필요한 수치라고 판단된다.

3.3. 교육과 홍보의 정도

로마자표기법의 교육과 홍보에 대한 필요성은 모든 조사와 보고서에 공통적으로 다루어지고 있다. 한글학회(2010)은 교육과 홍보 경험 여부

---

12) 이은영(2010 : 54)은 실현율을 '정확'과 '이해가능'의 두 가지 기준으로 분석하였다. 이 기준을 적용하면 전체 실험 대상자의 실현율은 다음 표와 같이 나뉜다. 이 표에 의하면 정확도에서 KR이 훨씬 더 우수하다.

	KR	모의발음부호법
정확	47.9%	27.6%
이해가능	5.8%	13.5%
합계	53.7%	41.1%

를 내국인과 재한 외국인으로 나누어 조사하였다. 조사 결과를 표로 제시하면 다음과 같다.

<표 10> 로마자표기법의 교육/홍보 접촉여부 및 접촉빈도

(단위 %)

	없다	있다			
		1회	2회	3회 이상	기타
일반 내국인	87.5	10.0	-	2.5	-
재한 외국인	75.5	12.3	3.3	5.5	3.3

이 조사 결과를 보면 내국인보다 외국인이 더 로마자표기에 대한 교육/홍보의 기회가 많았던 것으로 나타난다. 이는 외국인들이 로마자표기를 통하여 정보를 획득해야 하는 입장에 있기 때문에 좀 더 적극적으로 이에 대한 관심을 가질 수 있었다고 추론할 수 있으나 전체적으로 75.5%가 이러한 기회가 없었음은 매우 심각한 상황이라고 할 수 있다.

그런데 이 조사 결과에서 필자가 주목하는 바는 위에 소개한 구조적인 질문에 대한 조사결과 이외에 응답자가 KR에 관한 의견을 자유로이 기록하도록 한 '기타의견'에 나타난 결과이다.(한글학회, 2010 : 89-93) 전문가의 경우, 로마자표기의 홍보가 필요하다는 의견이 25.0%이었고 교육의 필요성을 강조한 의견도 10.6%에 달하고 있다. 그런데 비록 소수의 의견이기는 하나 '표기방식의 통일이 필요하다'(9.4%)거나 '공식적으로 어떻게 표기하는지 모르겠다'(0.6%), '정확한 표기가 필요하다'(0.6%)는 물론 '정식 표기법이 필요하다'(0.6%) 등은 이미 KR을 시행한 지 10여 년이 경과했음에도 불구하고 표기법 자체에 대한 무지로 판단할 수 있다. 이와 같은 현상은 일반인에게서도 마찬가지로 나타난다. 일반인의 경우 역시 홍보와 교육의 필요성에 대한 의견이 각각 12.5%와 5.0%로 나타나고 있다.

그리고 일반인의 의견에서 주목되는 것은 '로마자라는 기본 의미조차 모르겠다'(2.5%)라는 의견이다. 이는 비록 소수 의견이기는 하나 매우 중요하다. 실제로 일반인들은 '로마자'를 '영어'와 혼동하고 있다. 전문가들 사이에서도 로마자표기를 아예 영어식 표기로 바꾸자는 의견도 제시되고 있을 정도이다.[13] 우리가 로마자표기법을 유지하기 위해서는 로마자와 영어의 차이를 분명히 인식시키기 위한 방안이 마련되어야 한다.

4. 대중화의 과제

3장에서 필자는 KR에 대한 일반 대중들의 인식을 인지도와 정확도, 교육과 홍보의 정도 등 세 가지 측면에서 살펴보았다. 이 결과를 통해 KR에 대한 일반 대중의 인식은 매우 낮은 것으로 나타났다. 정확도에서 초성과 종성 자음의 경우 비교적 높은 정확도를 보여주고 있으나 이는 KR에 대한 인식이라기보다는 영어교육의 영향으로 판단하는 것이 더 타당할 것으로 보인다.

로마자표기법에 관한 대중들의 이러한 인식을 개선하여 대중화를 이루기 위한 과제로 필자는 인지도의 개선이 먼저 이루어져야 할 것이라

---

13) 대표적으로 김복문(1991), 양병선(2000, 2006, 2009) 등이 있다.

는 점에서 교육과 홍보의 강화가 가장 우선되어야 할 것으로 생각한다. 물론 로마자표기법 자체를 대중들이 이해하기 쉽게 개정, 보완하는 것도 중요한 과제이다. 그리고 이는 표기의 정확도라는 측면에서 매우 중요하다. 아울러 표기법 관련 제도와 규정들의 정비도 반드시 수행되어야 한다. 그러나 필자가 교육과 홍보를 가장 우선시하는 것은 로마자표기가 지니는 한계로 인해 어떠한 표기 방식으로 바뀐다 해도 모든 대중들이 완벽히 이해하고 수용할 수 있는 표기법은 이루어질 수 없다는 전제 하에, 가장 수용 가능한 표기법을 제정하고 불완전하기는 하나 이를 널리 알려 사용하도록 하는 것이 더 중요하다고 판단하였기 때문이다.

4.1. 교육과 홍보의 강화

4.1.1. 교육의 강화

앞서 논한 바와 같이 KR의 대중화에서 가장 중요한 것은 표기법의 존재 자체와 그 구체적 내용에 관한 인식이 가장 중요하다. 이를 가장 효과적으로 수행하기 위한 방법이 학교의 정규교과 과정을 통한 교육이다. 이때 먼저 생각해 보아야 하는 것이 이를 어떤 시기에 다룰 것인가 하는 점이다. 로마자표기에 대한 교육은 초등 교육과정에서 이루어져야 한다. 이미 우리의 교육과정은 초등학교 3학년부터 영어교육을 실시하고 있다. 이때 많은 학생들이 자신의 이름을 비롯한 고유명사를 영어로 표기하기 시작한다. 그러므로 이 시기에 정확한 표기원리를 알려 주는 것이 필요하다.

아울러 로마자표기는 범교과적인 협동교육을 통해 진행되어야 한다. 현재 적용되고 있는 제7차 교육과정에서는 로마자표기를 어문규범의 일종으로 보아 국어 교과의 '생활문법' 과목 속에 '국어와 삶' 부분을 두어 이 속에서 가르치도록 규정하고 있다. 그러나 학습자들은 표기수단인 로마자를 영어로 인식하는 경우가 대부분이기 때문에 오히려 영어 교과에서 교육하는 것이 더 효과적일 수 있다. 그러므로 로마자표기에 대해서는 국어교과와 영어교과의 두 교과에서 동시에 진행하여야 효과적일 것이다.

교육과정에서 로마자표기에 대해 교육하도록 규정하고 있음에도 불구하고 실제 교육 현장에서는 이것이 제대로 이루어 지지 않고 있다.[14] 교육이 이루어지지 않는 중요한 이유 가운데 하나가 어문규범 관련 교재나 교사용지도서 등이 없다는 점이 그동안 문제로 지적되어 왔었다. 특히 외래어표기나 로마자표기에 관해서는 이런 현상이 더욱 심하여 일부 관심있는 교사들이 개인적으로 강의안을 작성하여 사용한 정도이었다.

그런데 최근 국립국어원은 이런 문제를 극복하기 위한 대안으로 어문규범 교육을 위한 교재개발에 착수하였다. 이를 위한 연구를 수행한 이관규(2010ㄱ)은 4대 어문규범을 초중고교에서 어떻게 교육하여야 하는가에 대한 지침을 제안하고 있다. 그동안 교육과정에서는 제시되어 있었으나 현실적으로 교육이 이루어지지 않았던 점에 비추어 보면 이관규(2010ㄱ)은 비록 아직도 교재 집필 지침의 단계에 머물러 있기는 하나 구체적 어문교육용 교재개발이라는 방향으로 일단 진일보했다는 측면

---

14) 교육현장의 로마자표기법 교육에 관해서는 정경일(2001ㄱ, 2008) 등을 참조.

에서 매우 긍정적인 평가를 할 수 있다.

이런 연구결과를 통해 교재가 집필되면 더욱 효과적이고 활발한 교육이 이루어질 것으로 보인다.

4.1.2. 홍보의 강화

홍보의 강화를 위해서는 세 가지 측면의 고려가 있어야 한다.

첫째, 홍보수단의 다양화이다. 종래 국립국어원이 수행한 KR에 대한 홍보는 2000년 제정·고시 이후 발행한 표기법 내용 소개 책자인 『로마자표기법 이렇게 바뀌었습니다』와 『로마자표기 용례사전』, 『로마자표기법 소식』 등의 한글 책자와 『The Revised Romanization of Korean』, 『Korean Romanization』 등의 영어 책자가 전부였다. 더구나 이들은 배포처가 정부부처와 지방자치단체, 각 언론사 등에 국한되어 있어 일반인이 접할 기회가 전적으로 막혀 있었다. 앞으로는 책자 위주의 홍보보다는 인터넷을 기반으로 하는 홍보활동이 필요하다. 예를 들어 국어의 로마자 자동전환 싸이트를 개설하여 제공하고 휴대전화에 사용하는 편리한 응용프로그램(Application Program)을 보급하는 등 대중이 쉽게 접근할 수 있는 방법의 개발이 필요하다.

둘째, 홍보대상의 변화이다. 종래의 홍보는 주로 내국인을 대상으로 이루어져 왔다. 그러나 앞으로는 내국인과 외국인을 모두 대상에 놓고 홍보전략을 세워야 한다. 외국인은 로마자표기를 통해 한국에 관한 정보를 획득하는 대상이다. 그러므로 이들에 대한 홍보는 로마자표기법의 성패를 좌우할 만큼 중요하다. 외국인은 다시 재외 외국인과 재한 외국인으로 나누어 볼 수 있다. 재외 외국인은 외국에서 한국관련 업무를 담당하거나 학문을 연구하는 사람들이 주 대상이 된다. 앞선 논의처럼 이들은 대부분 MR을 선호하고 있다. 특히 도서관 업무 종사자와 언론 종사자들의 영향력은 매우 강하다. 이들을 대상으로 하는 홍보는 지속적이고 꾸준하며 논리적인 접근이 필요하다. 예를 들어 단순한 홍보물의 배포보다는 이들을 대상으로 하는 표기법 세미나의 개최나 집단적인 설명회 등을 통하여 KR의 특성과 장점을 구체적으로 설명하여 보이는 등의 논리적 접근이 필요하다.

재한 외국인은 한국 내에서 생활하면서 직접적으로 각종 표기와 접촉하는 대상이다. 이들 가운데 관광 등의 목적을 가진 단기 체류자에게는 입국 시 KR을 소개하고 KR표기의 발음방식을 안내하는 책자를 배포하여 도로표지판이나 관광 안내문 등을 읽을 수 있도록 안내하여야 한다. 아울러 국내에 거주하거나 근무하는 장기체류자에게는 안내책자의 배포와 아울러 재한 외국인 커뮤니티를 활용한 KR소개 홍보행사를 지속적으로 진행해 나가야 한다.

내국인은 로마자표기의 주체로 표기를 통해 우리 사회와 문화의 각종 정보를 외국인에게 알리는 역할을 수행한다. 그러므로 로마자표기법의 원리를 내국인이 정확히 이해하고 활용할 수 있도록 로마자표기법의 개념과 통일된 표기의 필요성과 효율성 등을 지속적으로 홍보하여야 한다. 또 개인에 대한 홍보뿐만 아니라 각종 기관과 단체를 대상으로 하는 통일된 노력이 있어야 하며 우선적으로 정부부처나 국가를 대표하는 단체, 외국에 자주 노출되는 스포츠 관련 단체에 대한 홍보와 교육이 긴요하다. 일례로 국제경기에 출전하는 국가대표 선수의 인명표기가 각 경기단체마다 다르게 되어 있다거나, 선수의 유니폼에 새겨진 인명과 방송용 자막의 표기가 다른 경우를 우리는 너무 자주 접하게 되는데 우리 국민은 물론이고 전 세계에 노출되는 방송에 나타나는 이런 혼란상을 보면서 과연 우리에게 로마자표기법이 존재하는가에 대해 의심이 들 정도이다.

셋째, 홍보는 지속적으로 이루어져야 한다. 어문규범에 대한 홍보는 일시적인 홍보에 그치면 효율이 떨어진다. 인터넷과 언론을 활용한 지속적인 홍보가 필요하다. 일례로 국립국어원이 직접 나서지 않더라도 일반인들을 대상으로 발행되는 각종 정기간행물의 협조를 얻어 어문규범 관련 캠페인을 일정규모 이상 실을 수 있도록 하는 방안도 추진해 볼 수 있다. 현재 방송에서 진행하는 국어순화 캠페인이나 우리말 관련 퀴즈 프로그램 등에도 로마자표기와 외래어표기에 대한 내용을 삽입하면 효과적일 것이다.

4.2. 로마자표기법의 정비

4.2.1. 표기방식의 개정

로마자표기법을 대중화하기 위해서는 대중들이 쉽게 이해하고 사용할 수 있도록 표기법을 개선하는 작업이 필요하다.

KR이 지니고 있는 문제점에 대해서는 이미 수많은 논의를 통해 음소의 대응과 표기방식 등에 대한 다양한 문제점과 이에 대한 개선 방안 등이 제기되어 왔기 때문에 이 글에서는 다시 이를 재론하지는 않는다. 다만 대중화라는 관점에서 볼 때 반드시 해결해야만 하는 문제 몇가지를 제기하고자 한다.

먼저 음소표기에서 표기원칙을 통일하여야 한다는 점이다. 현재 KR

은 '전사법(Transcription)'을 원칙으로 하면서도 '전자법(Transliteration)'적인 요소를 포함하고 있다. 이에 따라 일반명사의 경우에는 음운변화가 일어날 경우 이를 소리나는 대로 표기하는 전사법을 취하면서도 이름의 경우에는 이를 인정하지 않고 전자법을 채택하고 있다. 이와 관련하여 우리는 로마자표기 학습의 초기에 학습자들이 표기하게 되는 대상이 무엇인가를 생각해 보아야 한다. 가장 먼저 표기하게 되는 대상은 자신과 가족, 친지들의 이름일 것이다. 그러므로 그들이 인지하게 되는 표기법의 원리는 전자법이 될 것이다. 그후 표기의 범위가 넓어지면서 점차 전사법 위주의 표기를 접하게 될 때 상당한 혼란이 일어나게 됨은 충분히 예상이 가능하다.

또 격음을 표기할 때 'ㄱ, ㄷ, ㅂ, ㅈ'이 'ㅎ'과 합하여 거센소리로 소리나는 경우 이를 소리대로 표기하면서도 체언에서 'ㄱ, ㄷ, ㅂ' 뒤에 'ㅎ'이 따를 때에는 'ㅎ'을 밝혀 적는다. 이에 따라 '좋고[조코]'는 'joko'로, '놓다[노타]'는 'nota'로, '잡혀[자펴]'는 'japyeo'로 표기하면서도 '묵호'는 'Mukho'로, '집현전'은 'Jiphyeonjeon'으로 적도록 하고 있다.

그런데 KR의 주요 표기 대상은 인명이나 지명, 단체명, 문화재명 등의 체언이고 실제 용언의 활용 등을 표기하는 경우는 극히 드물기 때문에 체언을 예외로 두는 이러한 규정을 수정하여 하나로 통일하는 것이 필요하다. 체언이나 용언이냐와 같은 문제들은 전문가의 관점일 뿐 이를 사용하는 대중들에게는 중요한 문제가 아니기 때문이다. 이러한 문제는 MR식 표기의 주요 특징인 자음의 유성음과 무성음을 구별하는 것이 음성학자들에게는 매우 이상적인 표기이나 대중들이 보기에는 매우 이해하기 어려운 표기였기 때문에 현행 표기에서 이를 채택하지 않았던 점과 동일한 맥락이다.

또 음소대응에서 로마자와 한글의 1문자 1음소 대응 원칙이 지켜져야 한다. /ㄱ, ㄷ, ㅂ/의 경우 이들이 초성에 쓰일 때는 /g, d, b/로 표기되나 종성에 쓰일 때는 /k, t, p/로 표기된다. 그런데 /k, t, p/는 /ㅋ, ㅌ, ㅍ/의 표기에도 사용된다. 하나의 국어 자음의 표기를 분포 환경에 따라 구별하고 또 하나의 로마자가 동시에 두 가지 음소의 표기에 사용되는 이런 방식을 일반 대중들이 어느 정도 이해할 수 있을 것인가를 고려하여 수정되어야 한다.

다음으로 자연 지물명, 문화재명, 인공 축조물명 등의 표기방식에 대해 개선이 필요하다. 이들 명칭은 형태적으로 볼 때 전부요소와 후부요소의 이중적 구조로 되어 있다. 그런데 현행 표기법은 이들을 표기할 때 전부요소와 후부요소에 대한 구별을 두지 않고 하나의 단위로 인식하여 적도록 하고 있다.15) 그러나 이로 인해 지나치게 표기가 길게 되어 시각적으로 인지하기가 불편한 경우가 발생하고 있다. 이러한 문제점에 대해 손중선(2007)은 KR에 관한 외국인들의 인식을 자문회의 형식을 빌어 조사하였다. 두 차례에 걸친 회의를 통해 현재 로마자표기가 가지고 있는 여러 문제점에 대한 나름대로의 의견이 제시되었고 주목할 만한 몇 가지 해결책이 제시되었다. 두 번째 회의에서 나온 의견 가운데 주목할 만한 것은 로마자로 표기된 고유명사 뒤에 나오는 '분류개념'(class)을 나타내는 표시어 앞에 붙임표(-)를 넣자는 의견이었다.(손중선, 2007 : 86-89) 이 방식은 지명이나 음식명 등 모두에 사용될 수 있다. 다음에 지명과 음식명의 몇 예를 보인다.

---

15) 3장 제6항 : 자연 지물명, 문화재명, 인공 축조물명은 붙임표(-) 없이 붙여 쓴다.

1) 지명

Hallasan → Halla-san '한라산'

Nakdonggang → Nakdong-gang '낙동강'

Geumjeongsanseong → Geumjeong-sanseong

혹은 Geumjeongsan-seong '금정산성'

2) 음식명

Galbijjim → Galbi-jjim '갈비찜'

Gamulchihoe → Gamulchi-hoe '가물치회'

Doenjangjjigae → Doenjang-jjigae '된장찌개'

이렇게 할 경우 음절구성의 복잡성, 모음충돌의 가능성, ng분절의 불명확성 등을 상당히 해소할 것이라고 주장하였다.16) 이러한 주장은 그동안의 여러 연구에서 지적되지 않은 내용이었다. 이러한 성과들은 향후 대중화를 전제한 표기법의 개정에서 반드시 논의에 포함되어야 할 내용이다.

결국 로마자표기법의 정비에서 가장 중요한 것은 표기법이 전문가용이 아니라 일반 대중들이 이해할 수 있는 수준에서 결정되어야 한다는 사실을 유념하는 것이다.

---

16) 손중선(2007)은 이외에 일부에서 주장하는 영어식 발음법을 고집할 필요가 없다는 의견과, 안내표지판에 대한 외국인들의 불만은 표기법보다는 표지판의 설치와 관리 등에 더 문제가 많은 것이므로 표기법에 대해서는 불만이 그리 크지 않을 것이라는 점, 또 로마자표기에 세밀한 친절 즉 주문진항의 표기는 'Jumunjin-hang'이면 충분하고 거기에 'Harbor'을 덧붙이는 것은 지나친 친절이라는데 의견이 모아졌다. 그리고 지명을 영문으로 번역할 때 지나치게 세밀하게 번역하지 말 것을 주문하였다. 예컨대 '5층 석탑'은 'Five story stone pagoda'보다는 'Pagoda'로 충분하며 나머지 부수적인 요소들은 직접 보고 느끼는 것이 더 중요하다고 하였다.

4.2.2. 인명표기의 정비

한편 현재 로마자표기법에서 가장 논란이 되어있는 것이 성씨를 포함하는 인명표기방식의 제정이다. KR은 인명을 '성+이름'의 이원적 구조로 표기하도록 하였다.[17] 그런데 실제 이를 표기할 때는 '성'과 '이름' 모두를 표기 원칙의 예외적 존재로 인정하고 있다.

앞서 잠깐 언급한 바와 같이 3장 4항 (1)은 "이름에서 일어나는 음운변화는 표기에 반영하지 않는다"고 하였고 (2)는 "성의 표기는 따로 정한다"고 하여 모두를 예외적인 존재로 처리하였다. 그런데 이러한 태도는 표기법 자체에 문제를 야기하고 있다.

먼저 (1)의 경우 이름에서 일어나는 음운변화를 인정하지 않겠다고 하는데 그렇다면 성과 이름 사이에서 일어나는 음운변화는 어떻게 하는가? 규정을 보면 명시적으로 인정하지 않는다는 표명이 없으므로 이 경우는 변화를 인정한다는 취지로 해석하는 것이 온당하다. 그런데 (2)를 살펴보면 이런 해석 역시 불가능하다. 그렇다면, 예를 들어 '박민호', '곽나연' 등에서 일어나는 음운변화는 어떻게 적겠다는 것인가? 표기법의 원칙대로 음운변화를 인정할 것인지? 아니면 인정하지 않을 것인지? 이를 분명히 하여 "인명에서 일어나는 음운변화는 표기에 반영하지 않는다"고 명시할 필요가 있다.

한편 KR은 제4항에서 "성씨의 표기는 따로 정한다"고 명시한 이후 이를 위한 공청회를 2001년 6월과 2009년 6월, 두 차례에 걸쳐 열고 의

---

17) 3장 제4항 "인명은 성과 이름의 순서로 띄어 쓴다. 이름은 붙여 쓰는 것을 원칙으로 하되 음절 사이에 붙임표(-)를 쓰는 것을 허용한다". 아직도 우리 사회에는 인명의 통상적인 3음절 체계 속에서 각각의 음절을 독립적으로 인식하여 로마자로 표기하는 경우가 더 많은 것이 사실이기는 하나 표기법의 정한 바와 같이 이원적 구조로 인식하는 것은 올바른 방향이라고 생각된다.

견수렴을 시도하였으나 현재까지도 결정을 하지 못하고 있다. 이는 성씨를 포함하는 인명표기가 개인의 표현의 자유와 연계되어 있어 로마자표기에서 가장 강제하기 어려운 부분임을 보여주는 것이기는 하나 규범이 규범으로서 기능하기 위해서는 일단 갖추어야 할 내용은 모두 규정되어야 한다고 본다. 성씨 표기를 비롯한 인명표기 방식의 정립이 긴요하다. 참고로 한글학회(2010)에 나타난 성씨표기에 관한 선호도는 다음 표와 같다.

<표 11> 로마자 성씨 표기 방식에 대한 선호

(단위 %)

	현행표기에 맞게 통일	복수표기 한정 허용	자유표기 허용	기타
일반인	32.5	40.0	27.5	–
전문가	40.6	36.9	21.3	1.3

4.3. 제도적 정비

<국어의 로마자표기법>은 국가가 규정한 어문규범의 하나이다. 그러므로 국가는 이를 국민들에게 알려 국가가 제정·고시한 규범으로서의 위상을 가지고 쓰여 질 수 있도록 만들어 나가야 하는 책무가 있다. 이를 위하여 국가는 여러 정책적 수단을 동원하여야 한다. 현재 로마자표기를 둘러싸고 있는 제도적, 정책적 환경은 우선 두 가지로 나누어 볼 수 있다.

하나는 직접적 환경으로 이에는 정부에서 제정·고시한 각종 규정과 공교육기관에서의 교육 그리고 정부기관이 담당하는 홍보 등이 포함된

다. 간접적으로는 언론의 표기, 각종 시험 등을 고려할 수 있다.

4.3.1. 제 규정의 정비

먼저 규정의 문제를 살펴보자. 현재 시행되고 있는 수많은 법률과 시행령, 시행규칙 등 각종 규정에서 로마자표기와 관련된 사항을 포함하고 있는 규정들을 분류하여 보면 다음과 같이 나누어 볼 수 있다.

    1) 로마자표기법의 준수를 의무화하고 있는 규정
       가. 옥외광고물 등 관리법 시행령[18]
       나. 도로명주소법 시행규칙[19]
       다. 도로표지규칙[20]
    2) 로마자표기를 규정하나 표기법의 준수에 관한 사항은 언급하
       지 않은 규정
       가. 국제환규칙[21]
       나. 도로명주소대장규칙[22]
       다. 상업등기규칙[23]

---

18) 제13조 (광고물 등의 일반적 표시방법) ①광고물의 문자는 한글맞춤법·국어의 로마자표기법·외래어표기법 등에 맞추어 한글로 표시함을 원칙으로 하되, 외국문자로 표시할 경우에는 특별한 사유가 없는 한 한글과 병기하여야 한다.
19) 제5조 (도로명의 부여·변경의 세부기준) 4. 도로명의 로마자표기는 문화체육관광부장관이 정하는 국어의 로마자표기법을 따르고, 도로명의 영문 약어는 다음 각 목과 같이 표기한다.
20) 제5조 (글자의 표기) ③고유명사의 영문표기는 문화체육관광부장관이 정하는 국어의 로마자표기법에 의하고, 보통명사에 대한 영문표기 및 약어의 표기는 국토해양부장관이 따로 정한다.
21) 제7조 (송금신청) ②송금청구서에 기재하는 송금인 및 수취인의 주소, 성명은 로마자와 아라비아숫자로 기재하여야 한다.
22) 제6조 1. 표시부 라. 도로명(한글 도로명과 로마자로 표기한 도로명)
23) 제2조 ② 제1항에도 불구하고 상호와 외국인 성명은 대법원예규로 정하는 바에 따라 한글 또는 한글과 아라비아숫자로 기록한 다음 괄호 안에 로마자, 한자,

　　라. 도로명주소안내시설규칙[24]

　　마. 특별사법경찰관리 집무규칙[25]

　　바. 공직선거법[26]

　　사. 항공법 시행규칙[27]

　3) 다른 어문규범에 대해서는 준수하도록 강제하고 있으나 로마
　　자표기에 대해서는 강제하지 않은 규정.

　　가. 상품소개 및 판매방송 심의에 관한 규정[28]

　　나. 방송광고심의에 관한 규정[29]

　위의 규정들 가운데 1)의 옥외광고나 도로명 주소, 도로표지 등을 제외하면 나머지 규정들은 대중들과 직접적인 관계는 없다. 대중들과 직접적인 관계를 갖고 있는 것으로 가장 중요한 것은 도로표지에 관한 규정이 있다. 현재 도로표지는 대부분 표기의 원칙이 잘 지켜지고 있다고 보인다. 그러나 지명이나 기관명의 후부요소 표기에서 지방자치단체들과 중앙행정부처 사이에도 규정이 서로 달라 혼선을 빚는 경우도 있다.(정경일, 2006) 이들에 대한 정밀한 통일이 필요하다. 그리고 2)의 경우는 규정의 적용범위가 특수한 분야에 국한되기는 하나 준수하도록

　아라비아숫자 그리고 부호를 병기할 수 있다.

24) 제5조 ① 2. 로마자 도로명

25) 제16조 5. 지명·인명 등을 혼동할 우려가 있거나 그 밖에 특히 필요하다고 인정되는 때에는 그 다음에 괄호를 하고 한자·로마자 등을 기입하거나 설명을 붙일 것.

26) 제218조의 4. 4. 거소(로마자 대문자로 적되, 구체적인 방법은 중앙선거관리위원회 규칙으로 정한다. 이하 제218조의 5. 제2항 제4호에서 같다)

27) 제117조(등록부호) ① 법 제39조 제2항에 따른 국적기호는 장식체가 아닌 로마자의 대문자 "HL"로 표시하여야 한다.

28) 제37조 (언어) ①상품소개 및 판매방송은 표준어를 사용하는 것을 원칙으로 하며, 한글 맞춤법 및 외래어표기법을 준수하여야 한다.

29) 제21조(언어) ① 방송광고는 표준어를 사용하는 것을 원칙으로 하며, 한글 맞춤법 및 외래어표기법을 준수하여야 한다.

명문화되어야 할 것이다. 3)의 경우는 방송이 사회에 끼치는 영향력이 심대하므로 이 또한 반드시 준수하도록 규정되어야 한다.

특히 3)의 규정과 관련하여, 언어생활과 직접 관련이 있는 분야에 대해 어문규범의 준수를 강제하는 규정의 보완이 시급하다. 예를 들어 개별 상품의 상품명(Brand Name)은 상표법에 의하여 특허청에 상표등록을 필하여야만 법적 보호를 받을 수 있다. 그런데 상표법에는 상표 표기문자는 물론 어문규범의 준수에 관한 아무런 명시적 규정이 없다. 따라서 상품명을 로마자로 등록하는 경우에 표기법의 준수를 의무화할 수도 있다. 그리고 이렇게 규정에 의하여 등록된 상품명들이 방송을 통해 광고될 때 표기법의 정착을 기대할 수 있다.

또한 단체나 학교, 기업의 명칭 등을 새로이 정하여 등록할 때에도 이를 준수하도록 제도화 할 필요가 있다. 이들 외에도 현재 로마자표기법과 관련하여 논란의 대상이 되어 있는 주민등록증이나 신용카드, 여권 등의 인명표기에 대한 규정의 정비가 필요하다. 개인의 인명표기에 대한 국가 수준의 강제성 부여가 과연 타당하느냐에 대해서는 이미 많은 논의가 있었고 향후 지속될 것으로 보이나[30] 이미 제도적으로 제정, 고시된 규범의 활성화를 위해서는 이에 따른 필요한 조치의 정비가 요구된다. 그리고 이로 인해 파생되는 문제점의 해소는 적극적이고 지속적인 교육과 홍보를 통해 해결해야 한다.

---

30) 대표적으로 2009.6.25에 국립국어원이 주관하여 진행한 '성씨 로마자표기 방안 마련을 위한 토론회'에서 토론자로 나선 안선재 교수는 "국어심의회에서 표준안을 정하는 것 자체가 큰 의미가 없다는 결론에 도달하였다"고 하였으며 외교부 여권과 관계자는 위헌의 소지까지 논의할 정도로 반대 의견이 있음을 주장하였다.

4.3.2. ISO표준안의 결정

앞에서 언급한 상품명의 로마자표기 의무화를 위해서 반드시 해결해야 할 과제가 남북한 간의 로마자표기 표준안을 만드는 것이다. 남한과 북한은 ISO의 권고에 따라 1985년부터 이 문제에 관해 논의를 진행하여 1996년에 일차적으로 남한의 의견과 북한의 의견을 수용하여 절충한 잠정적 합의안을 도출하여 ISO에 문서번호 ISO/TR11941로 등록한 바가 있다. ISO/TR11941은 ISO가 국제적으로 유통되는 상품의 표기에 사용하고자 하는 목적에서 제정이 추진되었다.31) 이 표기법은 전자법을 전제로 한, 제한적 용도의 로마자표기법이라는 한계가 지적되고 있기도 하나(김세중, 2000) 남북한의 어문규정 가운데 최초로 구체적이고 진지한 논의의 과정을 거쳐 합의안을 도출하였다는 점에서 그 역사적 의의를 평가하게 된다. 그러나 이 합의안은 ISO가 남북한에 허용해 준 최종 합의안 도출 기간인 2002년 말이 경과함에 따라 자동적으로 폐기된 상태이다.32)

현재 남북한의 로마자표기는 서로 각각 다른 규정에 의해 표기되고 있다. 더욱이 합의안 도출의 최종시한이 다가오던 2000년에 남한은 새로운 표기법을 개정·고시함으로써 남북한 간의 표기법 차이는 더욱 심화되고 말았다. 이에 따라 국제적으로는 KR을 사용하는 것보다 MR을 사용하는 것이 더 효과적이라는 빌미를 제공하고 있기도 하다.

그러므로 국제적으로 동일한 한국어/한글에 대한 동일한 표기법을 만들어가기 위한 남북한의 협조와 노력이 새로이 요구된다.

---

31) 따라서 이 합의안의 제정에는 어문정책 담당부서가 아닌 국가 기술 표준을 담당하는 공업진흥청(현재 산업자원부 기술표준원)이 주관부서가 되어 진행하였다.
32) ISO합의안에 대한 자세한 논의는 김복문(1996ㄴ), 정경일(2001ㄴ)을 참조할 것

4.3.3. 언론표기의 통일과 각종 시험의 어문규범 출제 강화

로마자표기 대중화의 간접적 과제로 언론표기의 통일을 기해야 할 필요가 있다. 현재 국내에서 발행되는 영어신문의 경우 신문사마다 서로 다른 기준을 가지고 표기하고 있다.[33]

한편 국가나 지방정부에서 시행하고 있는 각종 시험의 국어 관련 과목에 어문규정 관련 문제의 강화가 필요하다. 현재 문화체육관광부에서 공인받은 한국어능력시험은 KBS한국어진흥원이 주관하는 'KBS한국어능력시험', (재)한국언어문화연구원이 주관하는 'TOKL 국어능력인증시험' 그리고 (사)한국국어능력평가협회가 주관하는 '한국어실용글쓰기검증' 등이 있다. 이런 시험을 포함하여 각종 공무원 채용 시험 등에 로마자표기법을 포함하는 어문규범 관련 문항의 출제가 강화되면 자연스레 이들 규범에 대한 사회적 관심이 증대될 것이다.

5. 결론

우리 학계가 최근 로마자표기법에 대하여 매우 활발하게 연구 성과를 축적하고 있음에도 불구하고 로마자표기 또는 로마자표기법에 대한 대중의 인식은 매우 저조한 것으로 판단된다.

로마자표기법의 대중화와 관련하여 가장 중요한 것은 교육과 홍보이다. 표기법의 정비는 로마자표기법이 갖는 근본적인 한계로 인해 제한

---

33) 국내외 신문의 로마자표기 실태에 관해서는 별도의 원고로 정리하여 발표할 예정이다.

적인 효과만 거둘 수 있다. 또 제도적인 강제 또한 용이하지 않다. 그러므로 사회 구성원들이 자발적, 능동적으로 이를 지켜 나가도록 만들어 가는 것이 무엇보다 중요하다.

위에 제시한 세 가지 측면의 과제는 직접적으로 대중화를 위한 과제이다. 그러나 이를 뒷받침하기 위해서는 로마자표기법에 대한 연구의 활성화도 다양한 방면에서 지속적으로 진행되어야 할 과제이다. 특히 한국사회와 한국어의 특성에 가장 적합한 표기원리를 찾아내는 일은 여전히 중요한 과제이다. 그러나 지나치게 이론적인 논쟁과 언어 외적인 이유로 인한 표기법의 잦은 개정은 오히려 사회적으로는 표기법 자체에 대한 불신을 초래하게 되고 준수하지 않아도 되는 규정이라는 인식을 심어주게 된다. 그러므로 로마자표기에 관한 연구는 연구 결과를 일반인이 쉽게 이해하고 준수할 수 있도록 이를 널리 알리고 사회적으로 로 사용될 수 있는 환경을 만들어나가는 것이 더 중요하다.

Georges Mounin 지음, 이승권 옮김(2002), 『번역의 이론적 문제점』, 고려대학교 출판부.

Hurh, Won Moo.(1998), *The Korean Americans*, Westport, CT, Greenwood Press.

ISO/TR11941(1996), "Information and documentation—Transliteration of Korean script into Latin characters"

Kenneth Katzner(1975), *The Languages of the World*, New York, Funk & Wagnalls.

Kenneth R, Beesley.(1997), *Romanization, Transcription and Transliteration*.
http://www.xrce.xerox.com/competencies/content-analysis/arabic/info/romanization.html

Sohn, Ho-min et al.(1981), Report of the workshop Conference on Korean Romanization, Korean Studies, Vol.4, Honolulu : Center for Korean Studies.

Wellisch, Hans H.(1978), *The Conversion of Scripts - Its Nature, History, and Utilization*, New York, John Wiley and Sons.

강인선(1993), 「일본의 언어정책」, 『세계의 언어정책』, 국어학회편, 태학사, 65~113쪽.

강인선(1997), 「일본 로마자표기법의 어제와 오늘」, 『새국어생활』 7-2, 국립국어연구원, 73~95쪽.

강헌규·신용호(1990), 『韓國人의 字, 號 硏究』, 계명문화사.

건설교통부(2005), 『도로표지관련규정집』, 건설교통부.

고영근(1985), 「로마자표기안집성」, 『역대한국문법대계』 제3부 1책, 탑출판사.

고정언(1992), 「제주지역의 로마자 오기실태 조사연구―도로 및 관광안내표지에 한정하여」, 『제주전문대 논문집』 13, 제주전문대학, 163~193쪽.

교육부(1999), 「제7차 교육과정에 따른 2종 교과용도서 집필상의 유의점」(중학교).

국립국어연구원(1996), 『국어의 로마자표기 자료집』, 국립국어연구원.

국립국어연구원(2000), 『로마자표기 용례사전』, 국립국어연구원.

국립국어연구원(2010), 「국민의 언어의식 조사」, 국립국어연구원.

국회사무처(1996), 『국회수첩』.

金忠培(1978), 「우리말 로마자표기 문제」, 『언어』 3-2, 71~85쪽.

김광현(2000), 「로마자표기 한글 인명의 검색 방법」, 숭실대학교 대학원.

김명식(2000), 「확고한 의지, 광범하고 꾸준한 홍보」, 『새국어생활』 10-4, 국립국어연구원, 63~73쪽.

김민수(1973), 『국어정책론』 고려대학교 출판부

김민수(1980), 『신국어학사』 전정판, 일조각.

김민수(1984), 『국어정책론』, 고려대학교 출판부.

김민수(1984), 『국어정책론』, 탑출판사.

김민수(1985), 『신국어학』(전정판), 일조각.

김복문(1988), 「한글의 Romanization 로마자표기법 관련 제 문제와 무역영어」, 『學術發
    表大會論文集』, 한국무역학회, 277~330쪽.

김복문(1991), 「모의발음부호법에 입각한 한글의 로마자 신표기법안과 무역교신」, 『産
    業과 經營』 4, No.1, 1~47쪽.

김복문(1995), 「충북지역내소재 무역상사명의 영문로마자표기실태와 그 오류誤謬에 관
    한 연구」, 『産業과 經營』 8, No.1, 1~39쪽.

김복문(1996), 『한·일 로마자표기의 비교연구』, 무역출판사.

김세중(1997), 「국어의 로마자표기 실태」, 『새국어생활』 7-2, 국립국어원, 45~58쪽.

김세중(1998), 「외래어의 개념과 변천사」, 『새국어생활』 8-2, 국립국어연구원, 5~20쪽.

김세중(1999), 「국어의 로마자표기법」, 『국어문화학교』 5, 국립국어연구원.

김세중(2000), 「국어의 로마자표기법 개정 경위」, 『새국어생활』 10-4, 국립국어원,
    5~18쪽.

김세중(2001), 「성씨의 로마자표기 시안」, 『도로명의 사이시옷 표기, 성씨의 로마자표
    기 공개 토론회 자료집』, 국립국어연구원.

김세환(1998), 「국어(한글)의 로마자표기법 개정에 대한 소견」, 『논문집』 제1집, 한국
    어표기법연구회, 91~100쪽.

김정우(2008), 「번역의 관점에서 본 외래어 표기법과 로마자표기법」, 『번역학연구』
    9-2, 67~93쪽.

김차균(1983), 「우리말 로마자표기법의 근본문제와 그 해결 방안」, 『語文研究』 12, 25~
    46쪽.

김혜숙(1998), 「한국 인명의 로마자표기 순서 및 표기 양상」, 『사회언어학』 6-1, 89~
    111쪽.

김혜숙(2001ㄱ), 「초등학교의 로마자 인명표기 교육에 대한 제언」, 『영어어문교육』
    7-2, 한국영어어문교육학회.

김혜숙(2001ㄴ), 「한국인의 로마자 인명표기의 통일성과 일관성―『영어영문학』 게재자
    를 중심으로」, 『영어학』 1-3, 한국영어학회, 417~435쪽.

김혜숙(2005), 「초등학교의 로마자표기 교육」, 『사회언어학』 13-2, 127~148쪽.

김홍섭(2002), 「웹기반하의 국어의 로마자 전사 표기 자동 변환 시스템」, 『韓國컴퓨터 情報學會論文誌』 7-4, 108~114쪽.

김효중(1998), 『번역학』, 민음사.

남경완(2008), 「대학 글쓰기 교육 속에서 이루어지는 어문 규정 교육의 현황 분석과 방향 모색」, 『우리어문연구』 31, 우리어문학회, 7~41쪽.

도형수(1992), 「한글의 로마자 表記에 關한 硏究」, 曉星女子大學校 대학원.

문화관광부(2000), 「국어의 로마자표기법」.

문화관광부(2001), 「도로명의 사이시옷, 성씨의 로마자표기 공개 토론회 자료집」.

문화관광부 · 국립국어연구원(2000), 『로마자표기 용례사전』

민현식(2001), 『국어 사용 실태 지수 개발 및 조사 방법에 관한 연구』, 문화관광부.

박병일(2007), 「외국인 대상 로마자표기법 반응 조사 결과 보고서」, 국립국어원.

박병철(1999), 「도로명 후부요소 명칭부여에 관한 연구」, 『지명학』 2, 한국지명학회, 109~133쪽.

배양서(1975), 「로마字化와 英語化」, 『명지대 논문집』 8, 명지대학교, 117~136쪽.

배재덕(2009), 「국어 로마자표기법에 나타난 문제점과 개선 방안」, 『동북아 문화연구』 21, 동북아문화학회, 129~146쪽.

배재덕(2010), 「한국 대학생들의 국어 로마자표기 산출 능력과 인식에 관한 연구」, 『동북아 문화연구』 25, 93~111쪽.

서울특별시(2006), 「한글명칭 영문표기 기준」, http://englishname.seoul.go.kr.

서정수(1991), 「우리말 이름의 로마자표기에 관하여」, 『새국어생활』 1-1, 국립국어연구원, 104~113쪽.

세계문자연구회(1997), 『세계의 문자』, 범우사.

小倉進平(1934), 「諺文のローマ字 表記法」, 『小田博士頌壽紀念 朝鮮論集』, 大阪屋號書店.

손중선(2007), 「로마자표기 현황 실태 분석」, 국립국어원.

손지봉(2007), 「번역과 문화교류」, 『이화여자대학교 통역번역대학원 설립10주년 기념식 및 국제학술대회』, 이화여자대학교 통역번역연구소, 101~114쪽.

송기중(1988), 「북한의 로마자표기법」, 『국어생활』 15, 107~124쪽.

송철의(1998), 「외래어의 순화방안과 수용 대책」, 『새국어생활』 8-2, 국립국어연구원, 21~40쪽.

송현제(2010), 「확률 모델과 웹 검색을 결합한 로마자-한글 음차표기」, 경북대학교대학원.

신창순 외(1992), 『국어표기법의 전개와 검토(Ⅰ)』, 한국정신문화연구원.

양명희(2005), 『국민의 언어의식 조사』, 국립국어원.

양병선(2000ㄱ), 「국어의 영문표기 및 로마자표기에 관한 제언」, 『번역학연구』 1, 145~167쪽.

양병선(2000ㄴ), 「한국 인명 로마자표기법 연구」, 『언어학』 8-3, 281~302쪽.

양병선(2001), 「언어간 음자번역으로서의 국어의 로마자표기법 연구」, 『언어학』 Vol.9 No.3, 대한언어학회, 25~50쪽.

양병선(2003ㄱ), 「성씨의 로마자표기에 관한 제언」, 『인문과학연구』 7, 전주대학교 인문과학종합연구소, 157~195쪽.

양병선(2003ㄴ), 「전주지역 도로표지판 영문표기 현황 및 개선방안」, 『인문과학연구』 9, 전주대학교 인문과학연구소.

양병선(2006), 「한글이름 로마자표기에 관한 제언」, 『현대문법연구』 43, 201~224쪽.

엄익상(2010), 「한글 로마자표기법 해외사용실태 조사분석 보고서」, 국가경쟁력강화위원회.

유경희(1991), 「한글의 로마자표기법 통일안 및 그에 의한 통신방법 개발」, 한국통신학회 전기통신학술연구과제 보고서.

유만근(1980), 「외래어의 국자 표기와 그 발음」, 『어문연구』 8-3, 어문연구회.

兪萬根(1985), 「標準 韓國語 精密表音 로마字 맞춤法硏究」, 『언어』 10-1, 171~202쪽.

유만근(1998), 「한글 로마자의 번자법과 우리말 로마자 표음법」, 『논문집』 제1집, 한국어표기법연구회, 71~82쪽.

유명규(1975), 「중국 문자개혁의 사적 고찰」, 『중국연구』 1, 한국외국어대학교, 7~78쪽.

유명우(2000), 「한국의 번역과 번역학」, 『번역학연구』 창간호, 번역학회, 229~248쪽.

柳穆相(1990), 「文化國民을 위한 語文政策을 생각한다」, 『국어생활』, 20, 2~10쪽.

이관규(2010ㄱ), 「어문규범의 단계별 교재집필 지침서」, 국립국어원.

이관규(2010ㄴ), 「어문규범의 단계별 교재개발을 위한 실태조사 결과보고서」, 국립국어원.

이광린(1983), 「개화사상의 보급」, 『한국사』 16, 국사편찬위원회.

이상억(1981), 「국어의 로마자표기법 문제 종합 검토」, 『언어와 언어학』 7호, 한국외대 언어연구소, 15~48쪽.

이상억(1982), 「한국어 로마자표기 '82」, 『언어』 7-1, 한국언어학회, 165~188쪽.

이상억(1998), 「2원적 로마자표기법의 필요성」, 『논문집』 제1집, 한국어표기법연구회,
   39~70쪽.

이상억(2001), 「2000년 한국어 로마자표기의 현 상황과 성씨의 표기」, 『도로명의 사이
   시옷 표기, 성씨의 로마자표기 공개 토론회 자료집』, 국립국어연구원.

이석규 외(2002), 『우리말답게 번역하기』, 역락.

이은영(2007), 「로마자표기에 대한 외국인의 발음 분석」, 국립국어원.

이익섭(1992), 『국어표기법 연구』, 서울대학교 출판부.

이익섭(1997), 「로마자표기법의 성격」, 『새국어생활』 7-2, 국립국어연구원, 5~26쪽.

이태영(1992), 「한국어 초록 작성의 자동화에 관한 연구」, 연세대학교 대학원.

이현복(1981), 「한국어의 로마자표기법」, 『말소리』 제3호, 대한음성학회.

이현복(1983), 「로마자표기법의 음성학적 실상과 허상」, 『말소리』 제6호, 대한음성학회,
   28~34쪽.

이현복(1998), 「로마자표기법의 실상과 허상」, 『논문집』 제1집, 한국어표기법연구회,
   1~38쪽.

임병빈(1996), 「문화유적지 영문 안내문의 언어학적 분석Ⅱ-로마자표기법·문법·어
   휘·전달 내용 및 문체의 적절성을 중심으로」, 『응용 언어학』 12, 한국응용언
   어학회, 161~188쪽.

全東基(1986), 「우리 나라 語文政策의 座標」, 『국어생활』 6, 국립국어연구원, 69~82쪽.

정경일(1997), 「한국 인명의 로마자표기 양상에 대하여」, 『한국언어문학』 39, 한국언
   어문학회, 171~186쪽.

정경일(1999), 「독립신문의 로마자표기 방식」, 『한국어학』 9, 한국어학회, 259~284쪽.

정경일(2001ㄱ), 「국어의 로마자표기법의 인식과 교육실태」, 『이중언어학』 18, 이중언어
   학회, 303~322쪽.

정경일(2001ㄴ), 「남북한 로마자표기법의 통일방안」, 『국제 고려학회 서울지회 논문집』
   3, 국제고려학회 서울지회, 69~93쪽.

정경일(2002), 「영어교과서의 로마자표기양상」, 『21세기 국어학의 현황과 과제』 박영
   순교수 회갑기념 논문집 간행위원회, 월인, 497~516쪽.

정경일(2003), 「로마자표기법의 남북통일방안」, 『우리어문연구』 20, 우리어문학회, 121~
   149쪽.

정경일(2005), 「미국 한인사회의 로마자 인명표기」, 『우리어문연구』 25, 우리어문학회,
   35~68쪽.

정경일(2006), 「지명과 도로명의 로마자표기에 관한 제언」, 『한국어학』 33, 한국어학
　　　회, 309~335쪽.

정경일(2008), 「로마자표기법의 언어정책적 현실」, 『한국어문학연구』 50, 한국어문학
　　　연구학회, 37~68쪽.

정경일(2010), 「로마자표기의 규범과 현실」, 『한국학연구』 33, 고려대학교 한국학연구
　　　소, 63~91쪽.

정경일(2011), 「번역표기의 일관성과 로마자표기」, 『어문논집』 63, 민족어문학회, 49~
　　　76쪽.

정태충(1998), 「한글의 로마자표기법의 표기 형식에 관한 연구」, 『논문집』 제1집, 한국
　　　어표기법연구회, 101~108쪽.

정호정(2008), 「번역된 문화텍스트의 정보성 등가와 로마자표기 방식의 문제점」, 『통
　　　역과 번역』 10-1, 161~188쪽.

정희원(1997), 「역대 주요 로마자표기법 비교」, 『새국어생활』 7-2, 국립국어연구원,
　　　27~43쪽.

정희원(2000), 「새 로마자표기법의 특징」, 『새국어생활』 10-4, 국립국어연구원, 19~34쪽.

정희원(2009), 「성씨 표기안 제정 추진 경과 및 표기 시안」, 『성씨 로마자표기 방안 마
　　　련을 위한 토론회 자료집』, 국립국어원.

차재은 외(2003), 『방송 언어와 국어 연구』, 월인.

채수원(1994), 「영문 명함에 이름 쓰는 법」, 미출판 원고.

최형강(2007), 「신문의 어휘와 문자 사용 양상-외래어, 외국어와 로마자, 한자의 사용
　　　양상을 중심으로」, 『사회언어학』 15-2, 한국사회언어학회, 187~213쪽.

한국관광공사(2005), 『외국어 관광안내표기 용례집』, http://www.knto.or.kr/

한글학회(1984), 『한글맞춤법』(붙임 : 우리말 로마자 적기), 한글학회.

한글학회(2010), 「국어의 로마자표기법 영향평가」, 국립국어원.

행정자치부(2000), 「도로명 및 건물번호 부여사업 실무편람」,
　　　http://www.mogaha.go.kr/

행정자치부(2001), 「도로명 및 건물번호 부여에 관한 규정」, http://www.klaw.go.kr/

허명수(2003), 「세계화와 번역」, 『번역학연구』 4-2, 한국번역학회, 131~153쪽.

허성도(1993), 「중국의 국어정책에 대하여」, 『세계의 언어정책』, 국어학회편, 태학사,
　　　41~64쪽.

허성도(1997), 「중국의 로마자표기 실태」, 『새국어생활』 7-2, 국립국어연구원, 59~72쪽.

허철구(2000), 「성(姓)의 로마자표기 방안」, 『새국어생활』 10-4, 75~93쪽.
현대리서치연구소(2005), 어문규범 영향평가 결과보고서, 현대리서치연구소.
홍인표(1994), 『중국의 언어정책』, 고려원.

▌1부 : 로마자표기의 실상

- 「한국 인명의 로마자표기 양상에 대하여」, 『한국언어문학』 39호, 한국언어문학회, 1997, 171~186쪽.
- 「독립신문의 로마자표기 방식」, 『한국어학』, 9호, 한국어학회, 1999, 259-284쪽.
- 「로마자표기법의 교육과 인식실태에 대하여」, 『이중언어학』, 18호, 이중언어학회, 2001, 303~322쪽.
- 「로마자표기의 규범과 현실」, 『한국학연구』, 33호, 고려대학교 한국학연구소, 2010, 63~91쪽.
- 「미국 한인사회의 로마자 인명표기」, 『우리어문연구』, 25호, 우리어문학회, 2005, 35~68쪽.
- 「영어 교과서의 로마자표기 양상」, 『21세기 국어학의 과제 』, 한국문화사, 2002, 497~516쪽.
- 「韓·中·日의 로마자표기」, 『우리어문연구』, 22호, 우리어문학회, 2004, 55~79쪽.
- 「번역표기의 일관성과 로마자표기」, 『어문논집』 63호, 민족어문학회, 2011, 49~75쪽.

▌2부 : 로마자표기의 과제

- 「지명과 도로명의 로마자표기에 관한 제언」, 『한국어학』 33호, 한국어학회, 2006, 309~331쪽.
- 「로마자표기법의 남북통일방안」, 『우리어문연구』 20호, 우리어문학회, 2003, 121~147쪽.
- 「로마자표기법의 연구 성과와 대중화의 과제」, 『어문학』 114호, 한국어문학회, 2011, 175~206쪽.